CIÊNCIA DO DIREITO, NORMA, INTERPRETAÇÃO E HERMENÊUTICA JURÍDICA

REIS FRIEDE

Desembargador Federal.
Professor Adjunto da Faculdade Nacional
de Direito da Universidade Federal
do Rio de Janeiro – UFRJ.
Mestre e Doutor em Direito.

CIÊNCIA DO DIREITO, NORMA, INTERPRETAÇÃO E HERMENÊUTICA JURÍDICA

9ª EDIÇÃO

Manole

EDITOR-GESTOR: Walter Luiz Coutinho
EDITORA RESPONSÁVEL: Sônia Midori Fujiyoshi
PRODUÇÃO EDITORIAL: Luiza Bonfim, Rodrigo Botelho
EDITORA DE ARTE: Deborah Sayuri Takaishi
CAPA: Tereza de Almeida
PROJETO GRÁFICO: Deborah Sayuri Takaishi
Editoração eletrônica: Tkd Editoração Ltda.

Dados Internacionais de Catalogação na Publicação (CIP)
(Câmara Brasileira do Livro, SP, Brasil)

Friede, Reis
Ciência do Direito, norma, interpretação e hermenêutica jurídica / Reis Friede. – 9. ed. – Barueri, SP: Manole, 2015

Bibliografia.
ISBN 978-85-204-4099-5

1. Direito – Filosofia 2. Hermenêutica (Direito) I. Título.

14-13147 CDU-34.12

Índice para catálogo sistemático:
1. Filosofia do direito 340.12

9ª edição – 2015

Editora Manole Ltda.
Av. Ceci, 672 – Tamboré
06460-120 – Barueri – SP – Brasil
Tel.: (11) 4196-6000 – Fax: (11) 4196-6021
www.manole.com.br
juridico@manole.com.br

Impresso no Brasil
Printed in Brazil

Aos meus mestres.

Prefácio

Ao lançar mais uma edição da obra *Ciência do Direito, Norma, Interpretação e Hermenêutica Jurídica*, a Editora Manole mantém ao alcance dos leitores mais um trabalho do magistrado Reis Friede, cuja trajetória intelectual revela um jurista de formação sólida, interesses diversificados e um fecundo trabalho de produção científica.

Reis Friede é magistrado federal, professor adjunto da Universidade Federal do Rio de Janeiro (UFRJ), e possui, entre outros, o título de mestre em Direito Constitucional e em Direito Administrativo pela Universidade Gama Filho, bem como o de mestre e doutor em Direito Público pela Universidade Federal do Rio de Janeiro.

Graduado em Ciências Jurídicas, sua ansiedade pelo conhecimento o levou a navegar em outras águas, para aportar nos cursos de Administração (FCM), Engenharia (UERJ/USU), Arquitetura (USU) e Economia (UFRJ).

Sua extensa produção literária atesta sua qualidade de magistrado empenhado em atingir o cerne das questões jurídicas, evitando as facilidades de apenas contemplar a superfície.

A obra que ora entra em sua nona edição (evidência de seu merecido reconhecimento público) é mais um fruto de sua inquietação científica e, certamente, continuará sendo uma referência essencial a todos aqueles que fazem do direito dos homens seu ideal de vida.

Ministro ANTÔNIO DE PÁDUA RIBEIRO
Ex-Presidente do Superior Tribunal de Justiça

Apresentação

O presente livro de Reis Friede, ilustre magistrado e professor, com uma elogiável produção intelectual, sobre a Ciência Jurídica, a norma, a interpretação e a hermenêutica é, na realidade, um erudito e substancial curso de introdução ao estudo do Direito, denominação que substituiu com desvantagem, em 1972, a de introdução à Ciência do Direito, que vigorava desde 1931, quando a disciplina foi implantada.

Reis Friede reexamina, meticulosamente, conceitos básicos, dando-nos sua visão pessoal a respeito de inquietantes problemas epistemológicos e axiológicos, sem perder contato com o Direito Positivo.

Indubitavelmente, o Direito é a questão nuclear da Filosofia e da Ciência Jurídicas, sob ângulos diversos, definindo-o com precisão Claude du Pasquier, professor das universidades de Neuchatel e Lausanne, atento à elaboração doutrinária ibero-americana, como o "ordenamento social e imperativo da vida humana orientado para a realização da justiça" (*Introdución al Derecho*, Lima, 1983, p. 4).

Representando o conhecimento filosófico "um grau a mais em abstração e em generalidade" (Paulo Nader, *Filosofia do Direito*, 2. ed., p. 6), nesse rumo se orienta a sensibilidade teórica de Reis Friede, que se detém, ainda, em percucientes e amadurecidas considerações sobre a hermenêutica jurídica, cuja aplicação à *Lex Magna*, por sua especificidade, tem chamado a atenção de autores americanos (Harry H. Wellington, *Interpreting the Constitution*, e Edward Levy, *Introduction to legal reasoning*, entre outros), argentinos (Aristides Corti e Rubens Calvo), preocupados com o Direito Constitucional Econômico e, entre nós, de Luiz Roberto, em valiosa monografia.

Acolhendo o Direito como "um produto cultural", a obra de Reis Friede se apresenta, indubitavelmente, como o desejava Paul Cuche, como um guia seguro para o estudo da Ciência e da Filosofia do Direito.

Desembargador FERNANDO WHITAKER DA CUNHA

Prólogo

Ciência do Direito, Norma, Interpretação e Hermenêutica Jurídica é, em síntese, um estudo completo e atualizado – e, sob certo aspecto, até mesmo inédito – sobre os prismas fundamentais do *Direito*, sob a ótica estrita de cunho técnico-científico.

É sobremaneira uma obra de caráter didático e, também, pedagógico que objetiva, em última análise, dotar os iniciantes da *Ciência Jurídica* (como bem assim, os principais *operadores do Direito*) de instrumental preciso e confiável para o desempenho eficiente da *advocacia* e da *judicatura* (além das funções ministeriais) dentro do contexto efetivo do *Direito Normativo* e da correta *aplicação* (e interpretação) das normas vigentes no atual ordenamento jurídico.

O Autor

Sumário

Parte 1

Do Direito como Ciência

Sumário

1. Conceito de Ciência
2. Classificação binária das Ciências
3. Classificação da Ciência do Direito
4. Axiologia jurídica e projeção comportamental do Direito

Notas complementares

1. O Direito como subsistema da Ciência Política
2. Noção de Ciência Política
3. Direito como Ciência e como objeto de uma Ciência
4. A disciplina do Direito como Ciência
5. Acepções múltiplas do vocábulo "Ciência"
6. Acepção particular de Paulino Jacques sobre o Direito
7. Concepção mecanicista de Ciência
8. Raciocínio binário
9. Modelos de desenvolvimento científico
10. Ciência do macrocosmo
11. Ciência do microcosmo
12. Ciências sociais
13. Ciência não hermenêutica
14. Ciência hermenêutica
15. Conceito de fato (e fato jurídico)
16. Ciência instrumental matemática
17. Definição ampla de ciências sociais
18. Comentários relativos à conceituação básica da Ciência do Direito
19. Ciência Jurídica e Ciência do Direito
20. Ciência do Direito como ciência normativa

Diagramas explicativos

Não obstante a tese segundo a qual o *Direito* se constitui em efetivo *ramo científico* ter sido negligenciada no passado por expressiva parcela de estudiosos, na atualidade é praticamente unânime (se não, pelo menos, amplamente majoritária) a posição doutrinária que entende o *Direito* como autêntica e genuína *ciência autônoma*.[1,2]

Ainda que se possa discutir se o *Direito* constitui-se na própria *ciência* efetiva ou, ao contrário, é apenas o *objeto de uma ciência* (a chamada *Ciência do Direito*),[3] a verdade é que poucos são os autores que ousam desafiar a visão dominante do *Direito* como ciência e suas principais consequências,[4] especialmente após o advento da notável obra de Hans Kelsen, *Teoria Pura do Direito*, em que o autor logrou demonstrar, como mentor do positivismo jurídico moderno, a *pureza jurídica* do *Direito* em seu aspecto tipicamente científico.

Mesmo assim, entre nós ainda existem aqueles que simplesmente defendem o ponto de vista do *Direito* como uma *forma não científica*, desafiando não só o caminho lógico-evolutivo do estudo do *Direito*, mas, particularmente, a acepção mais precisa (e correta) do vocábulo ciência.[5]

> [...] não é rigorosamente científico denominar o *Direito* de *ciência* [...]. As pretensas *ciências sociais*, com ranço comtiano, onde se costuma incluir o *Direito* [...], não oferecem princípios de validez universal que

> lhes justifiquem a terminologia [...] (Paulino Jacques, *Curso de introdução ao estudo do Direito*, p. 10-1).[6]

> "*O Direito não é ciência*, mas *arte*; como também ramo da *moral*" (Gény, *Ciência et téchnique en Droit prive positif*, t. I, p. 69-71 e 89).

> As regras do Direito são preceitos artísticos, normas para fins práticos, determinações, ordens, que se impõem à vontade. *Não se confundem com as afirmações científicas, que se dirigem à inteligência* (Pedro Lessa, *Estudos de Philosophia do Direito*, Rio de Janeiro, 1912, p. 46).

> *A Ciência Jurídica é considerada ora como "scientia", pelo seu aspecto teórico, ora como "ars", pela sua função prática.* Outros ainda dão ao problema uma solução eclética (Maria Helena Diniz, *A Ciência Jurídica*, 3. ed., São Paulo, Saraiva, 1995, p. 6).

1. Conceito de Ciência

A questão central, nesse contexto de atuação, ao que tudo indica, parece ser, sob o prisma de sua própria especificidade, os múltiplos e variáveis conceitos de *ciência*, bem como as possíveis e diferentes traduções do vocábulo em epígrafe.

Nesse sentido, resta oportuna a lição de Tercio Sampaio Ferraz Jr. (*Direito, retórica e comunicação*, p. 159-60), para quem:

> a expressão *ciência* não é *unívoca*; não obstante de com ela se pretender designar um tipo específico de conhecimento, não há um critério único e uniforme que determine sua extensão, natureza e caracteres, devido ao fato de que os vários critérios têm fundamentos filosóficos que extravasam a prática científica.

De qualquer sorte, o que caracteriza a *ciência*, na acepção atual, não pode ser, em nenhuma hipótese, como deseja Paulino Jacques, uma pretensa e utópica *validez universal de seus princípios*, independentemente de meridianos e paralelos, uma vez que, de forma absolutamente diversa, a noção contemporânea de *ciência* reside *no escopo próprio de sua atuação*, ou seja, *na busca, constante e permanente, da verdade* (ou, ainda, em outras palavras, na perene explicação evolutiva dos diversos fenômenos naturais e sociais).[7]

Nesse contexto, por força do *raciocínio binário* – *vide* nota 8 –, é lícito, inclusive, consignar o conceito antagônico à *ciência* que se traduz modernamente pela *crença*. Enquanto a *ciência*, reconhecendo que não possui a *verdade*, objetiva, de forma constante e permanente, encontrá-la (por intermédio da busca incessante da explicação *verdadeira* dos fenômenos fáticos e de suas consequentes ocorrências no mundo real), a *crença*, por sua vez, ciente de que já possui a *verdade* – ou seja, a correta explicação para os fenômenos fáticos do mundo real –, simplesmente impõe a sua explicação (interpretação), como única e insuperável tradução da realidade, permitindo, neste sentido, a concepção básica da denominada *fé* (que é sempre imposta), como fator último a impedir o próprio desenvolvimento da crença. Não é por outra razão, inclusive, que a essência da *fé* (na qualidade de fator basilar da *crença*) traduz-se pelo *acreditar em algo que não pode ser provado*, tornando, por efeito, toda a *crença* (por exemplo, a *religião*) igualmente válida (não permitindo, consequentemente, padrões de comparação qualitativa) e determinante sob a ótica de sua própria abrangência.

Em essência – é oportuno ressaltar –, inexiste, de forma insofismável, a efetiva possibilidade de se ter *fato* gerando *normas* de *validade sinérgica*, acima de qualquer possibilidade de contestação no espectro temporal-evolutivo.

Muito pelo contrário, o que a *ciência* realiza, no âmbito de sua atuação, é exatamente *conceber*, caracterizando e criando por meio de interpretações próprias (porém, com escopo de generalização), a melhor explicação de um dado fenômeno particular (natural ou social), em um considerado momento histórico (no qual aspectos culturais, geográficos, organizacionais etc. necessariamente possuem sua esfera – maior ou menor – de influência).

Assim é que, nos primórdios da *Física*, a melhor explicação científica para o fenômeno da queda de um objeto em direção ao chão não passava pela atual e complexa teoria da *gravitação universal*, preferindo, por ausência de melhor interpretação, os "cientistas" da época entenderem o *fato* – na qualidade de efetivo acontecimento no mundo real – por intermédio da singela concepção da existência de uma pretensa "mão invisível" que simplesmente empurrava todo e qualquer objeto em direção ao solo. Mas, mesmo com todo o desenvolvimento da *ciência da Física*, o homem ainda não foi capaz de explicar, de forma inequívoca, o simples fato da queda de um objeto em direção ao chão, considerando, sobretudo, que a vigente *lei da gravidade* – corolário da teoria da gravitação universal – parte de um *princípio básico* de validez universal amplamente contestável e que poderia ser resumido, não obstante algumas complexidades que deixaremos ao largo, da seguinte maneira: um corpo de *massa menor* é sempre *atraído* em direção ao corpo de *massa maior*, determinando, em consequência, que qualquer objeto – de massa relativa desprezível – simplesmente "caia" em direção ao centro do planeta – que possui massa infinitas vezes maior –, sendo contido apenas pelo obstáculo natural que é exatamente a sua superfície – ou seja, o chão). Como o pressuposto básico da *atração gravitacional*, como concebida na contemporaneidade, pressupõe a existência de *corpos com massa*, a *Física* atual simplesmente não é capaz de explicar a descomunal *atração gravitacional* que exercem os chamados "buracos negros", na qualidade de corpos celestes desprovidos de matéria, e, por consequência, de *massa*.

A concepção básica de *ciência* (incluindo seu conceito específico), por efeito consequente, não pode considerar a existência de *princípios de validez universal*, tendo em vista que a validade intrínseca dos princípios e pressupostos científicos é sempre mutável no tempo e no espaço, em decorrência da própria e necessária *evolução* dos conceitos científicos.

É evidente que os denominados *Princípios Gerais do Direito* não são universais ou mesmo permanentes – até porque os fenômenos sociais que os instruem são nitidamente mais complexos que os fenômenos naturais, objetos de outras ciências –, muito embora, no mundo atual de notável capacidade de comunicação e intercâmbio, essa realidade tenda naturalmente a um ponto de aproximação semelhante à pretensa universalização de concepções tipicamente estudadas pela Física, Química, Astronomia etc. O próprio conceito axiológico de justiça, como valor intrínseco do Direito, é conveniente ressaltar, vem sendo nitidamente universalizado, não obstante as diversas culturas e os diferentes estágios evolutivos das várias sociedades em convivência temporal comum.

Por efeito consequente, a *ciência* não pode, sob pena de sublime subversão lógico-conceitual, ser encarada como algo que se traduz por uma *verdade absoluta*, mas, ao contrário, necessariamente deve ser entendida como algo que *busca*, de forma constante e permanente, a *verdade* (em sua acepção plena), aproximando-se cada vez mais dela, porém sem nunca poder atingi-la ou mesmo tangenciá-la com plena segurança.

É exatamente nesse sentido que alguns autores observam a existência, em matéria científica, das denominadas "verdades relativas", ou, em outras palavras, "verdades" com validez limitada ou restrita, no tempo e no espaço, a uma dada e/ou considerada situação fática.

2. Classificação binária das Ciências

Se é plenamente correto afirmar, nesse diapasão, que as *ciên*cias, de modo geral, não se traduzem em *verdades absolutas* (ou, sob outra ótica, em princípios imutáveis e intangíveis de validez permanente e universal), mas apenas e limitadamente na busca incansável destas mesmas *verdades* (no sentido da explicação correta e absoluta para cada fenômeno natural ou social), não menos acertada se mostra, nesse contexto, a afirmação segundo a qual o *raciocínio binário humano*[8] se constitui no principal fator limitante do próprio desenvolvimento científico.

Sob uma ótica puramente matemática, nesse sentido, seria até mesmo lícito afirmar que o *raciocínio binário* corresponde, como uma sinérgica limitação humana, a uma progressão geométrica de razão igual a *dois*. Em essência, o número *a* índice *n*, último numeral da progressão, corresponderia ao *infinito*, demonstrando, claramente, a efetiva *possibilidade* humana de desenvolvimento. Porém, a *velocidade* desse mesmo desenvolvimento, correspondente à razão *q* da progressão, seria a menor possível, ou seja, dois, equivalente numeral ao *raciocínio binário*.

Como a contingência (ainda que eventual) de superação da *limitação binária* tem se mostrado, nos inúmeros séculos de desenvolvimento da humanidade, tarefa impossível de ser concretizada, restou, de forma inexorável, ao gênero humano conceber e adaptar todos os modelos de desenvolvimento científico[9] a esta forma única e exclusiva de pensar.

Por conseguinte, todas as *classificações* de cunho científico forçosamente tiveram de se adaptar – e efetivamente se adaptaram – à imposição do *binarismo*, incluindo, no desenvolvimento peculiar de sua atuação, neste particular, a própria *classificação das ciências* no sentido amplo.

Nesse contexto, as *ciências*, quanto ao seu objeto, passaram, de maneira amplamente majoritária, a ser classificadas em dois principais grupos: as denominadas *ciências da natureza* (cujo foco de observação são fenômenos naturais) e as *ciências da sociedade* (cujo foco de observação cinge-se a fenômenos sociais). As *ciências naturais*, por sua vez, passaram a admitir uma subdivisão peculiar em *ciências do macrocosmo*[10] (cujo foco de observação são fenômenos naturais externos aos seres vivos) e em *ciências do microcosmo*[11] (cujo foco de observação são fenômenos naturais internos aos seres vivos), ao passo que as *ciências sociais*,[12] por seu turno, passaram a acolher subdivisão em *ciências não hermenêuticas*[13] e em *ciências hermenêuticas* (ou interpretativas).[14]

No primeiro grupo (ciências naturais do macrocosmo), encontramos a *Física*, a *Química*, a *Astronomia* etc.; no segundo grupo (ciências naturais do microcosmo), deparamo-nos com a *Medicina*, a *Biologia* etc.; no terceiro grupo (ciências sociais não hermenêuticas), achamos a *Sociologia*, a *Antropologia* etc.; e, finalmente, no quarto grupo (ciências sociais hermenêuticas), encontramos o *Direito*.

Muito embora os menos avisados possam questionar onde estaria, neste espectro classificatório, posicionada a *Matemática*, a verdade é que essa pseudociência, por não possuir o escopo próprio de atuação das *ciências* (ou seja, a valoração intrínseca – e interpretativa – de um *fato*[15] – natural ou social –, concebendo uma *norma*), melhor se encontra classificada como genuína *linguagem* científica ou, como preferem alguns, efetiva *ciência instrumental*.[16]

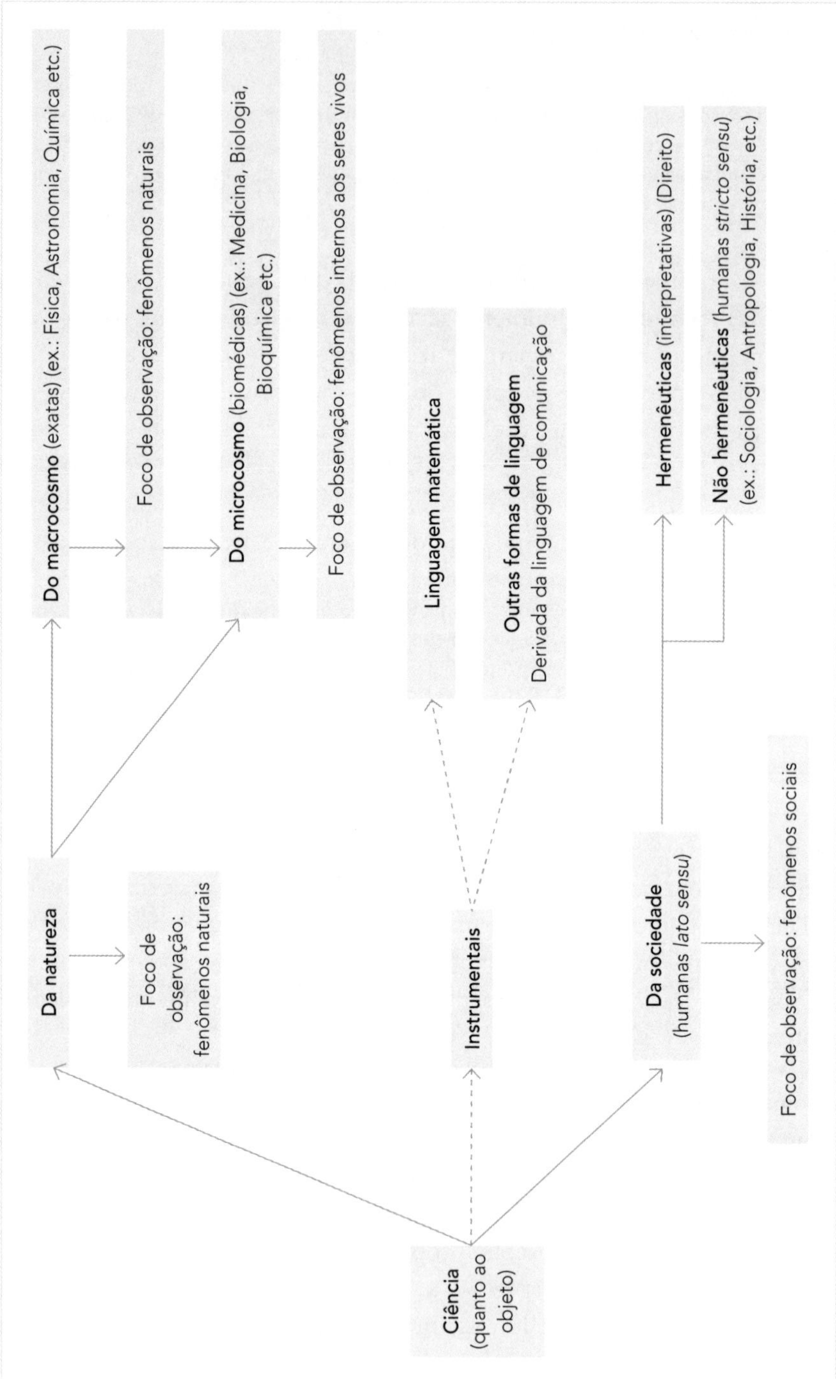

Diagrama 1. Classificação das ciências (quanto ao objeto de observação).

3. Classificação da Ciência do Direito

Em um quadro analítico mais amplo, a *Ciência do Direito* tem sido corretamente classificada como efetiva *ciência social*[17] *hermenêutica*, considerando, especialmente, não só possuir foco de observação em fenômenos sociais, mas, sobretudo, por desenvolver um sistema peculiar de interpretação de *fatos sociais* que não se limita, de nenhuma maneira, à simples *valoração* intrínseca deles, concebendo *norma* (fase legislativa), mas, ao contrário, permite ultrapassar a concepção fundamental interpretativa, reprocessando a *conclusão* (ou, em outras palavras, a própria *norma*) e concebendo, desta feita, uma *segunda norma* (de aplicação) no contexto de um sinérgico processo hermenêutico (fase judicial).[18]

A verdade é que o *Direito*, como ciência, possui, em uma aproximação para fins didáticos, dois diferentes *momentos interpretativos*. O primeiro – comum a todas as *ciências* e que se processa por intermédio da tríade *fato/valor/norma* – caracteriza um processo tipicamente *legislativo* de *criação* da própria *norma abstrata*. O segundo – peculiar à chamada *Ciência Jurídica* – desenvolve um processo genuinamente *judicial* de *aplicação* efetiva da *norma abstrata* por meio da caracterização – por meio de um complexo hermenêutico de mecanismos de interpretação da norma jurídica – da *norma concreta* – ou efetiva.

Todavia, não obstante a inerente complexidade do assim concebido *processo hermenêutico*, o *Direito*, sob o prisma classificatório, não pode se restringir (e de fato não se restringe) à simples designação de *ciência social hermenêutica*, posto que a denominada *Ciência Jurídica*[19,20] também se caracteriza, de forma diversa das demais ciências, por ser uma ciência particular de *projeção comportamental* (ou, como preferem alguns autores, ciência de projeção de um mundo ideal – meta do dever-ser)[21] e por ser uma ciência inexoravelmente *axiológica* (valorativa).[22]

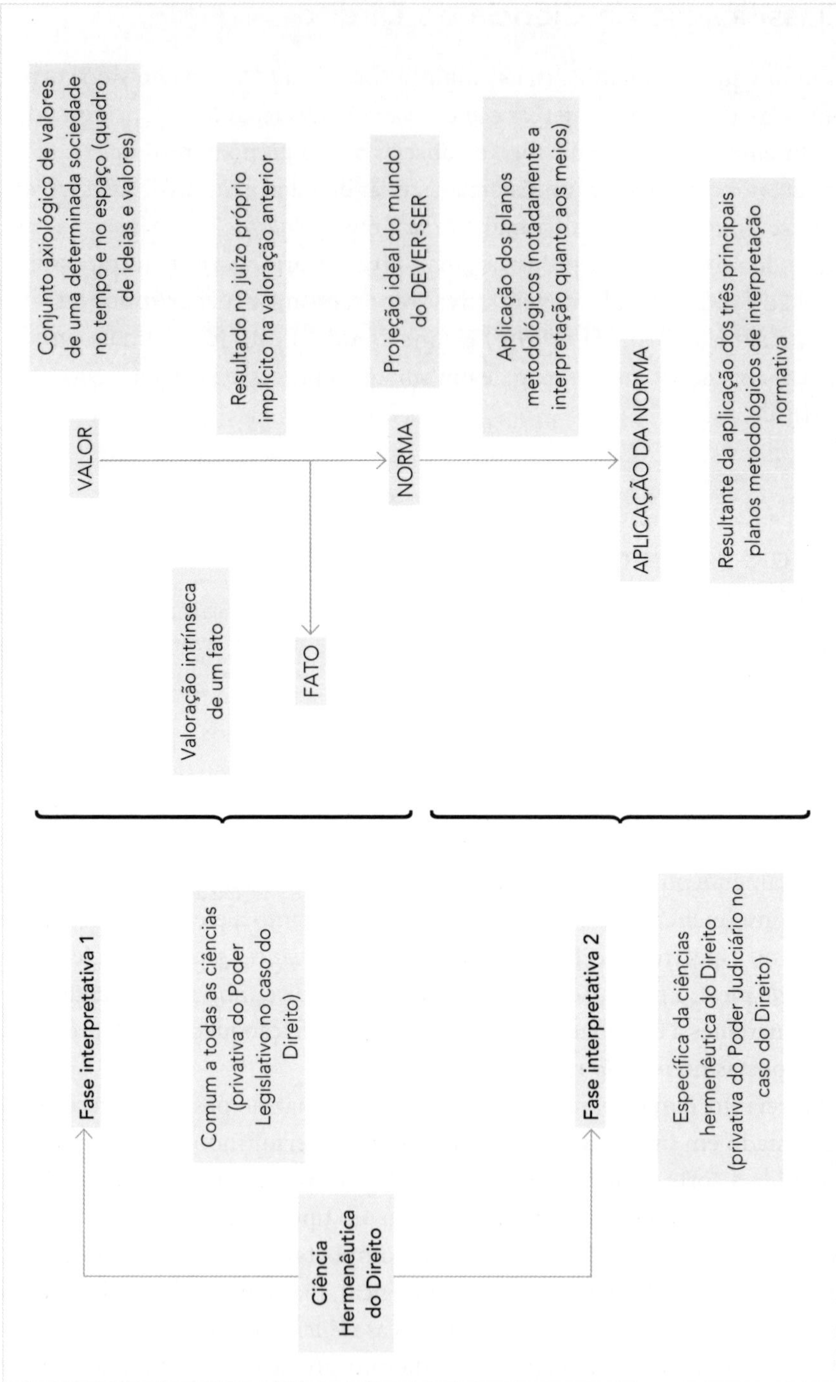

Diagrama 2. Caracterização da ciência hermenêutica do Direito.

Sob a ótica *axiológica*, em particular, cumpre esclarecer que o *Direito* se exterioriza, no âmbito científico, por intermédio de um específico e complexo processo de *valoração factual* que inclui *parcelas intrínsecas* – notadamente a *segurança* das relações sócio-político-jurídicas e a busca da *justiça* (ou da decisão justa) –, cuja ponderação se concretiza, de maneira diferenciada, por intermédio dos diversos *ramos científicos* do *Direito*. Assim, o *Direito processual*, que, incontestavelmente, constitui-se em uma inexorável unidade (como sempre defenderam os unitaristas, ou monistas, como Hans Kelsen), passou a ser dividido em *Direito Processual Penal* – no qual, no eventual confronto entre os valores axiológicos da justiça e da segurança, prepondera o *valor da justiça* (razão pela qual inexiste, por exemplo, prazo decadencial para o ajuizamento da competente ação autônoma de impugnação – revisão criminal – contra sentença condenatória transitada em julgado[23]) – e em *Direito Processual não Penal* (Direito Processual Patrimonial ou Civil *lato sensu*) – no qual, no mesmo confronto, prepondera o *valor da segurança* (razão pela qual há, no âmbito do *Processo Civil*, em situação análoga, prazo decadencial de dois anos para o ajuizamento da competente ação autônoma de impugnação – ação rescisória – contra sentença transitada em julgado na esfera cível).

4. Axiologia jurídica e projeção comportamental do Direito

Inegavelmente, as características *axiológicas* e de *projeção comportamental* (meta do dever-ser) do *Direito*, muito mais do que a própria *vertente hermenêutica*, foram responsáveis, por muitos anos (e mesmo séculos), pela grande dúvida no tocante ao específico posicionamento enciclopédico do *Direito*. Havia no passado remoto razoáveis dúvidas (e algumas com sobrevida mesmo no passado recente) a respeito dessas características particulares da *Ciência Jurídica*, notadamente no que alude à sua específica operacionalidade prática, forjando, em consequência, uma forte incompreensão quanto à efetiva possibilidade de se ter, no espectro classificatório, uma autêntica *ciência social* de projeção de um *mundo ideal*, a partir de premissas valorativas (de cunho nitidamente axiológico), inerentes a um quadro de *ideias* (com forte feição ideológica), presentes e decompostas no *mundo real*.

Entretanto, o que aparenta ter sido *dúvida* primaz no passado parece ter se transformado em inconteste *certeza* no presente, permitindo que o *Direito* – a par de toda a sorte de inegáveis especificidades –posicione-se, com invejável segurança, na atualidade contemporânea, em um tipo particular de *ciência*, com características especiais [hermenêutica, comportamental – projeção de um mundo ideal (meta do dever-ser) – e axiológica], mas nem por isso distante do *factum* característico fundamental de todas as *ciências*, ou seja, a busca permanente e contínua da verdade, por meio da interpretação de fatos (naturais ou sociais), por intermédio da necessária e insuperável *valoração* intrínseca de um dado *fenômeno*, originando uma *norma* ou *tese* (explicativa e/ou comportamental).

Notas complementares

1. O Direito como subsistema da Ciência Política

Muito embora entre os estudiosos da *Ciência do Direito*, em particular, seja praticamente pacífico o entendimento segundo o qual o *Direito* se constitui em inconteste *ramo científico autônomo*, alguns autores, especialmente pesquisadores de outras áreas do conhecimento humano, têm sustentado ser o *Direito*, em essência, um subsistema da *Ciência Política*, e não propriamente uma verdadeira *ciência autônoma*.

Segundo esta ótica – minoritária em sua relatividade intrínseca, mas expressiva em sua amplitude efetiva –, o *Direito* (e a denominada *Ciência Jurídica*) nada mais seria que um *instrumento* para a consecução dos objetivos primordiais da *Ciência Política*, ou seja, a *convivência harmônica em sociedade*, ou, em outras palavras, a manutenção da *paz social* (por meio da permanente ratificação da *ordem estabelecida*).

> "É o *Direito* um instrumento necessário da *Política*" (CARNELUTTI, *Teoria General del Derecho*, p. 38).

> "O *Direito* não é um fim em si mesmo, mas um meio ou, mais precisamente, uma técnica social específica de realização de fins determinados pela *Política*" (HANS KELSEN, *The Law of United Nations*, p. XIII).

2. Noção de Ciência Política

Segundo magistério de SALVADOR GINER, "a noção de Ciência Política é muito recente. Em essência, começaram a aparecer expressões afins em meados do século XVIII. Nessa época, por exemplo, publica-se na França *La Science du Gouvernement*, de G. DE RÉAL DE CURBAN (Paris, 1751-65). Na Alemanha, um século depois, aparece o *Das Staats Lexikon*, de K. W. R. VON ROTTECK (Leipzig, F. A. Brockhaus, 1834-36, 8 v.). O termo *Staatswissenschaften*, ou ciências do Estado, mantém-se naquele país, sobretudo depois da publicação do *System det Staatswissenschaften*, de L. J. VON STEIN (STUTTGART, J. G. COTTA, 1852-56). Esta obra inclui a Teoria Geral do Estado, o Direito Político e Constitucional e a história política, além de se ocupar de muitas áreas consideradas de atribuição especial da Ciência Política tal como se entende hoje (G. STAVENHAGEN, *Staatswissenschaften: Staats Lexikon*, v. VII, p. 626).

A generalização do uso dessa expressão se deve talvez à pretensão de objetividade que atingiu todas as disciplinas sociais, de modo que, paulatinamente, a expressão 'ciência política' foi substituindo as expressões 'teoria política' ou 'filosofia política'. O resultado não foi a eliminação destas últimas, mas a distinção de dois novos campos: o da ciência e o da teoria política, em nenhum caso incompatíveis.

Em alguns países continuou-se a utilizar uma terminologia antiquada para o estudo de fenômenos que claramente pertencem ao campo da Ciência Política. Na Espanha, por exemplo, o Direito Político equivale em numerosos casos à Ciência Política. Na França, a confusão entre *Droit Politique* e *Science Politique* foi felizmente superada. Nos países anglo-saxões o problema não existe.

Na Alemanha é considerável a confusão entre *Politologie, Allgemeine Staatslehre, Politische Wissenschaften* e outras expressões. E. Fraenkel e K. D. Bracher reconhecem a precária situação da Ciência Política na Alemanha, 'que ainda luta por seu reconhecimento como disciplina autônoma. As deficiências de investigação empírica no plano da política influíram tanto mais negativamente quanto – em grande parte sob a influência dos neokantianos – ressaltou-se, uma vez ou outra, que a jurisprudência tem caráter de ciência do dever-ser e não do existencial' (*Staat und Politik*, p. 10).

O fato é que nas últimas décadas a expressão substituiu por completo aquelas que inicialmente expressaram seu conteúdo, como 'ciência do governo', 'Direito Político' ou ainda como a antiga e clássica 'arte de governar'. Tudo isto não quer dizer que a Ciência Política seja em si coisa nova. Pode-se dizer que foi fundada por Protágoras e por Górgias quando tentaram estabelecer certa arte de política, que para eles era como uma forma de vida pessoal. Foi Aristóteles, porém, na sua *Política*, quem passou de metafísico ao empírico no campo político, criando, assim, a primeira grande obra de Ciência Política (H. Heller, "Political Science", in *Encyclopedia of the Social Sciences*, p. 207).

Como assinalam vários autores, na expressão Ciência Política, nem o conceito de ciência nem o de política têm uma conotação precisa (cf. Ibid., p. 207). Isso torna impossível uma definição exata. A busca de um novo termo, como *politologia*, não solucionaria o problema, pois a disciplina continuaria a se ocupar de temas díspares, ainda que se achassem sempre centrados no estudo da vida política (F. A. Heydte, "Freiherr von der. Politische Wissenschaften", in *Staats Lexikon*, v. VI, p. 380-1). Não obstante, o termo politologia se faz cada vez mais frequente, assim como politólogo, para designar o profissional que estuda a política.

Em princípio, a Ciência Política é 'a parte da ciência social que trata das bases do Estado e dos princípios do governo" (definição de P. Janet, citada por J. W. Garner, in *American Journal of Sociology*, 12(3):341, nov. 1906). Mas essa definição – ainda em voga – é a que permitia a um F. H. Giddings afirmar que a Sociologia, a Economia e a História eram ciências políticas (J. W. Garner, ob. cit., p. 341). Atualmente, a Ciência Política se concentra no estudo da consecução, consolidação e distribuição do poder político (H. Heller, ob. cit., p. 209), e isto é o que a diferencia das outras disciplinas. Por exemplo, a teoria político-sociológica do Direito é a parte da Ciência Política, mas não a jurisprudência dogmática, nem o Direito Constitucional estrito. A diferença fundamental entre Ciência Política e outras disciplinas afins consiste em que, como assinala Heller, o seu especialista 'está inclinado a limitar-se a examinar, em termos descritivos, aquelas atividades políticas e formas institucionais de atividades que pressupõem um poder exercido independentemente e não predeterminado como rígido pelas normas jurídicas' (Ibid., p. 209). Portanto, além de ajudar, a par de outras disciplinas, temas tais como soberania, independência política, liberdade, governo, a Ciência Política dá ênfase especial às relações desses fenômenos com as situações reais determinadas pelas classes sociais, a geografia, a religião e os tipos de controle econômico, político ou psicológico que entram em jogo.

No sentido análogo de ciência do poder há a conhecida definição de M. Duverger, além de outras por ele selecionadas: 'O objeto da Ciência Política não apresenta grandes dificuldades; é a ciência da autoridade dos governantes, do poder'. 'Política significa para nós aspiração à participação no poder ou à influência sobre sua divisão, seja entre Estados, seja no interior de um Estado entre os grupos humanos nele compreendidos' (M. Weber). 'Política é o estudo das relações de autoridade entre os indivíduos e os grupos, da hierarquia de poderes que se estabelece no interior de todas as comunidades numerosas e complexas' (R. Aron). 'Se se pode definir brevemente a Ciência Política, é pelo poder...' (G. Vedel). (M. Duverger, *Métodos de las ciencias sociales*, p. 580).

Ciência Política e *Filosofia Política*. Enquanto a primeira estuda a formação, formas e processos dos Estados e do governo, a segunda, também chamada Teoria política, estuda o Estado e o governo em geral, como fenômenos universais (cf. W. W. White, *Political dictionary*, p. 220). A linha divisória flutua (H. Heller, ob. cit., p. 209).

Ciência Política e *Sociologia Política*. A Sociologia Política deve investigar *in loco* a conduta política das pessoas ou dos grupos. Como indica C. J. Friedrich, a Ciência Política, ao contrário, só pode estudar informações sobre os fatos, e não os próprios fatos (C. J. Friedrich, "Filosofia política, ideologia e impossibilidades", in *Revista de Direito Público e Ciência Política*, p. 46-68). A linha de demarcação é pouco clara também neste caso, pois, à medida que a Ciência Política se objetiviza, tende a adotar muitos elementos sociológicos e grande parte dos métodos e descobertas da Sociologia" (Salvador Giner, *Dicionário de ciências sociais*, p. 183-4).

3. Direito como Ciência e como objeto de uma Ciência

Segundo magistério de Eros Roberto Grau (*Direito, conceitos e normas jurídicas*, p. 20-1):

> O *Direito* não se constitui propriamente em uma *ciência*.
>
> O Direito é estudado e descrito; é, assim, tomado como objeto de uma ciência, a chamada *Ciência do Direito*.

Essa a primeira verificação que cumpre sublinhar: *o Direito não é uma ciência, porém, o objeto de uma ciência.*

O Direito é normativo. O Direito não descreve: o Direito prescreve.

Ainda quando uma norma jurídica *descreve* uma coisa, estado ou situação é *prescritiva*. Ela descreve para prescrever que aquela é a descrição de que cogita.

A ciência que o estuda e descreve não é, no entanto, normativa. É, como toda ciência, descritiva.

Impõe-se distinguirmos, assim, o Direito e a Ciência do Direito. Esta última descreve – indicando como, porque e quando – aquele.

Essa distinção é de importância fundamental e, inúmeras vezes, deixam de percebê-la os estudiosos do Direito. Por isso se perdem, também inúmeras vezes, esses estudiosos, em raciocínios contraditórios e equivocados. Um dos temas, por exemplo, para cujo tratamento é basilar a distinção é o referido aos *princípios*. Há que ter bem distintos, porque diversos são, entre si, os *princípios do Direito* e os *princípios da Ciência do Direito*.

O Direito – objeto da Ciência do Direito – é um produto do homem, um produto cultural.

O Direito não é resultado de nenhuma vontade, é uma invenção do homem. Invenção contudo, produto cultural, resultante da atuação das forças sociais – ou de uma delas, com poder de dominação sobre as demais. Por isso que o *Direito legítimo* não é somente poder e não deve nem pode a vontade do Estado ser considerada a fonte do *Direito legítimo*.

4. A disciplina do Direito como Ciência

É importante salientar, em sinérgica ratificação às teses mais contemporâneas, que o *Direito* – à luz da acepção contemporânea que a sociedade consagrou – é, atualmente, entendido como autêntica *ciência*, com todas as consequências que essa caracterização naturalmente impõe.

Importa dizer que o *Direito* – a exemplo de todos os demais ramos científicos – não possui a *verdade* (que, em essência, somente pode ser encontrada, em sua vertente tradução, no âmbito das *crenças*), na medida em que, a todo momento (de forma contínua e permanente) visa a obter.

Por efeito, o *Direito* – e, de forma especial, *a ciência que o informa* – nutre-se de suas próprias *dúvidas e contradições*, em um genuíno exercício espiral e infinito – dentro de um contexto determinado, necessariamente dinâmico e com dialética própria – sem que tenha como fim último a busca de sua origem, de seu destino, de seu fundamento e, principalmente, de sua certeza, ainda que sabidamente seja impossível chegar a esses utópicos desideratos.

O cerne do *Direito*, portanto, não se encontra propriamente em sua precisão que, em substância, inexiste; mas, ao contrário, na riqueza de suas inúmeras controvérsias (e, por extensão, de suas amplas dúvidas) que, embora aparentem conduzir a uma determinada solução que seja reputada como a "solução correta", em essência apenas traduzem a realidade limitada e imprecisa do *Direito*, a exemplo do que ocorre em todas as demais ciências.

5. Acepções múltiplas do vocábulo "Ciência"

Segundo Plácido e Silva (*Vocabulário jurídico*, p. 428):

> *Ciência* é o vocábulo usado para indicar o fato de estar a pessoa no conhecimento de qualquer assunto, seja de seu interesse ou de interesse alheio, pelo que não pode, posteriormente, alegar que o desconhece ou não sabe.
>
> Na técnica testemunhal, a ciência pode ser própria ou pode ser de ouvida alheia.
>
> É *própria*, quando o conhecimento decorre da própria vista ou audição da pessoa, que tem ciência do fato.
>
> É de *ouvida alheia*, quando o soube por narração de outrem, não por o ter presenciado ou ouvido.
>
> Juridicamente, quando se quer levar ao conhecimento da pessoa a *ciência* de qualquer ato ou fato, por determinação legal, a ciência será *provocada* por intimação, notificação ou qualquer outro meio equivalente.
>
> E tanto se mostre que o meio utilizado para tal foi cumprido, tem-se a *ciência*.

"Já em ciência social, o termo 'ciência', segundo o *Dicionário de ciências sociais* (p. 182-3), designa, na atualidade, 'o estudo sistemático e objetivo dos fenômenos empíricos e o acervo de conhecimentos daí resultante. Os cientistas sociais consideram que suas disciplinas são, nesse sentido, ciências e que, a própria ciência, como atividade humana, é objeto de pesquisa em ciência social'.

A maioria dos cientistas sociais contemporâneos concorda pelo menos argumentativamente com a definição de ciência dada acima, mas surgem dificuldades no tocante a cada um dos objetivos que a qualificam: *sistemática, objetiva* e *empírica.*

Historicamente nas *ciências sociais* tem havido uma discordância entre os: *a)* partidários da tese segundo a qual a qualidade sistemática da ciência se aplica principalmente ao conjunto de proposições inter-relacionadas de referência empírica que constituem a teoria e *b)* que acham que ela se aplica fundamentalmente ao domínio dos métodos de pesquisa. Mesmo na atualidade há uma separação entre a pesquisa feita pelos que valorizam a teoria e a dos que valorizam os métodos de pesquisa. Em disciplinas como a Economia, a ênfase parece recair basicamente nos modelos teóricos. Em outras, como a Sociologia, há um grande acervo de pesquisas feitas de acordo com as regras do método quantitativo que ainda não se articula com a teoria mais sistemática. O tom nessa área já não é tão polêmico como outrora e já se procura, por um lado, tornar a teoria pesquisável, se possível de maneira quantitativa, e por outro, elaborar métodos teóricos – embora ainda não se articulem com a teoria sistemática mais antiga, porque os métodos são, em sentido altamente técnico, frequentemente, quantitativos.

Essa controvérsia repousa em parte no significado do termo mensuração – ato ou processo pelo qual se determinam a amplitude, as dimensões, a quantidade, o grau, ou a capacidade de um objeto – e na argumentação dos que se voltam para os métodos em que a mensuração é a própria essência da ciência. Essa controvérsia tem-se também atenuado desde que os teóricos sistemáticos passaram a admitir que a mensuração é fundamental e os que se interessam principalmente pelo método reconheceram que fenômenos qualitativos podem de certo modo ser medidos como atributos presentes ou ausentes.

A controvérsia tem girado sobre o próprio método. Os que se interessam principalmente pela teoria sistemática elaboraram métodos de pesquisa; mas é também verdade que a maior parte desses métodos não foi codificada e é ainda seriamente contestada no que se refere ao nível de fidedignidade e validade que podem atingir. Os teóricos acusaram aqueles que elaboraram métodos mais sistemáticos de sacrificar o conhecimento dos fenômenos estudados às exigências do método considerado. Aqui também parece haver possibilidade de reconciliação, à medida que os teóricos tentarem codificar os métodos e torná-los mais precisos e os interessados no método reconhecerem que na pesquisa científica há campo para uma análise "irrestrita" do problema da luta com os dados significativos.

Finalmente, debate-se nessa área se o termo sistemático significa forçosamente generalização. Há quem afirme que a ciência é sempre nomotética, no sentido de que procura criar conjuntos sistemáticos de proposições generalizantes. Atualmente, porém, está em vigor na ciência social, como remanescente histórico da ênfase idealista alemã na *Geisteswissenschaften*, o ponto de vista de que se pode acentuar em certos casos a compreensão do fato histórico único desde que o objeto estudado seja empírico e que se reconheça os conceitos gerais como importantes para os fenômenos. Há ainda uma diferença entre os que acham que as ciências sociais devem ser primordialmente históricas ou biográficas e os que acham ser a tarefa fundamental a criação de uma disciplina generalizante. Atualmente, porém, essa é basicamente uma diferença de intensidade, e não uma discordância quanto ao que pode ser feito cientificamente (ver, por exemplo, C. W. Mills, *The sociological imagination*).

A objetividade – que é a capacidade de um observador científico poder ver o mundo empírico como realmente é, e a qualidade resultante do acervo de conhecimentos – tem sido objeto de controvérsias em ciências sociais, principalmente no que diz respeito às práticas de valor absoluto do cientista, embora se tenham aventado dúvidas radicais sobre ela no que diz respeito a interesses econômicos e outras forças sociais e psicológicas por algumas das formas mais extremadas da sociologia do conhecimento. A afirmação mais famosa sobre o problema da relação entre os valores e o conhecimento em ciência social é a de M. Weber ("The meaning of ethical neutrality", *Sociology and Economics*, 1917. In: *Max Weber on the methodology of the social sciences*, p. 1-47). Em função das ambiguidades desse trabalho, Weber foi citado por ambas as partes em debate. Não há dúvida de que Weber opunha ao ensino a reivindicação de validade científica para os julgamentos éticos de valor e a mistura de tais julgamentos. Há alguma dúvida, em vista de sua concepção da importância dos valores para a seleção de problemas, sobre verdades não empíricas normativamente válidas tomadas como base para a ciência empírica, e, finalmente, sobre as decisões básicas por meio das quais o homem escolhe seu destino.

Isso pode, do ponto de vista weberiano, separar completamente essas decisões básicas, as suposições não empíricas e o valor-importância dos problemas dos modelos teóricos nos quais os dados fatuais são interpretados, como afirmam os defensores mais aguerridos do valor-liberdade da ciência atual. Assim, T. Parsons (*The structure of social action*, p. 593) assinala, embora discordando, que para teórico alemão o processo de análise que conduz à estruturação de conceitos gerais 'não resulta em um sistema fundamentalmente uniforme de conceitos gerais, mas em tantos sistemas quantos forem os pontos de vista de valor ou outros que sejam importantes para o conhecimento. *Não pode haver nenhum sistema universalmente válido de teoria geral nas ciências sociais*'.

T. Parsons (ibid., p. 594-7) acha que o desenvolvimento de uma única ciência social objetiva se dará a partir de: separação lógica entre fato e valor; dependência da demonstração das relações causais a um esquema formal de experiência que é independente de qualquer sistema de valor exceto aquele de verdade científica; tendência das estruturas teóricas da ciência para se fecharem. G. Myrdal acha que apesar da presença dos elementos mencionados por Parsons – os quais, supõe, ampliarão o consenso científico – a pesquisa científica nas ciências sociais deve ser relacionada com os sistemas de valores das pessoas interessadas (*Value in social theory*). Em um estilo um tanto diferente, W. L. Kolb argumenta que os modelos teóricos da ciência social estão mais relacionados com as práticas básicas do cientista e da sociedade de que faz parte do que a maioria dos cientistas sociais pensa, mesmo que os elementos citados por Parsons estejam presentes e que a única experiência legítima de um modelo seja sua produtividade científica ("Images of man and the sociology of religion", *Journal for the Scientific Study of Religion*, v. I, p. 1-29).

Os cientistas sociais concordam que os fenômenos empíricos são fenômenos que podem ser observados por cientistas treinados. No entanto, historicamente, tem havido constante desacordo quanto à necessidade de se lidar com fenômenos que, apesar de não poderem ser diretamente observados, podem ser inferidos de um grupo de observações e confrontados com um grupo diferente de observações previstas. Isso tem tomado diferentes formas. Há quem argumente que somente os fenômenos passíveis de observação direta devem ser transformados em conceitos em ciências sociais. Para F. Adler o conceito de valor é desnecessário e indesejável em Sociologia ("The value concept in sociology", *American Journal of Sociology*, v. LXII, p. 272-9). Outros sustentam que, embora a conceituação das variáveis intervenientes possa ocorrer, não se deve atribuir nenhuma realidade a elas. Contra isso se colocou a tradição de que as variáveis centrais das ciências sociais são frequentemente subjetivas, tais como valor e motivo.

Nos últimos anos, essa controvérsia quase desapareceu à medida que os que atribuem importância às variáveis subjetivas passaram a reconhecer que elas precisam sempre ser inferidas e confrontadas com as variáveis objetivas, e que os índices de tais variáveis são sempre necessários; e à medida que os defensores das variáveis objetivas passaram a reconhecer que foram forçados a lidar com os mesmos complexos de problemas dos que lidam com variáveis subjetivas.

Outra controvérsia com respeito ao mundo social empírico versa sobre a questão do relacionamento do cientista social com esse mundo. Alguns simplesmente afirmam que o propósito da ciência é a previsão e o controle dos fenômenos empíricos. Outros sustentam que essa posição, combinada com uma ênfase absoluta na libertação dos valores, conduz à manipulação e à oferta da ciência social ao melhor lance. Têm sustentado que a ciência social precisa, ao menos em parte, julgar a sociedade e servir de instrumento de emancipação humana.

Como foi indicado na parte que tratou da definição, a ciência é não só um objeto de pesquisa de ciência social como também uma concepção do que a ciência social deveria ser. A sociologia da ciência é basicamente uma parte da sociologia do conhecimento. Em geral, a origem da ciência social e sua distorção (em decorrência da situação social dos cientistas sociais) tem merecido menos realce do que os modos de conhecimento não dirigidos para o mundo empírico. Sente-se, no entanto, que as ciências sociais estão muito mais subordinadas a essa origem e distorção do que as ciências naturais e físicas e, em alguns casos extremos, essa determinação é quase completa. Em geral, a sociologia da ciência tem-se voltado para o estudo da ciência como um empreendimento social. Os estudos de R. K. Merton sobre a relação do protestantismo com a ciência e sobre as prioridades em descobertas têm sido mais típicos nesse campo de estudo do que os de C. W. Mills, como *The Professional ideology of social pathologists* (R. K. Merton, "Puritanism pietism and science", *Social theory and social structure*, Glencoe, Ill., Free Press, 1957, p. 574-606; R. K. Merton, "Priorities in scientific discovery", *American Sociological Review*, v. 22, p. 635-59; C. W. Mills, ob. cit., *American Journal of Sociology*, v. XLIX, p. 164-80)." (William L. Kolb).

6. Acepção particular de Paulino Jacques sobre o Direito

Segundo lições de Paulino Jacques,

Foi com a obra dos jurisconsultos, nomeadamente Q. Mucius Scaevola, que escreveu 18 livros sobre o *Jus Civile* e *Servius Sulpicius, 180 trabalhos* – no último século da era pagã – e, posteriormente, Celsus, Gaius, Papinianus, Ulpianos e Paulis – no primeiro, segundo e terceiro séculos da era cristã – que se constituiu em definitivo a *Jurisprudentia* romana, isto é, a *Ciência do Direito*

A emancipação relativa do Direito da Filosofia e da Religião, que os romanos promoveram, impôs denominação própria a esse novo tipo de conhecimento autônomo, e nenhuma melhor que *Jurisprudentia*, tendo em vista a noção imprecisa que tinham de *ciência*, visto como o que não era *Religião*, nem *Filosofia*, só podia ser *Ciência*, para os romanos daqueles tempos, quando a arte e a política existiam apenas empiricamente.

Com a expansão do Direito Romano, que inspirou e acabou subjugando o próprio Direito bárbaro, a noção de *Jurisprudentia* universalizou-se e incorporou-se ao Direito germânico, vindo, séculos após, denominar-se *Rechtswissenschaft*, como notou Kirchmann em famosa conferência que pronunciou em 1847.

À falta de mais adequada denominação, e inexistindo, ainda, noção verdadeiramente científica de "ciência", foi mantida a terminologia tradicional, *Ciência do Direito.*

O que caracteriza a ciência é a validez universal de seus princípios, independentemente de meridianos e paralelos. Assim, dois mais dois são quatro, nos EUA e na antiga URSS (a Matemática é, realmente, uma ciência); os corpos caem pela ação da gravidade, na Inglaterra e na China continental (a Física também é uma ciência); duas porções de hidrogênio com uma de oxigênio geram água, na França e no Japão (a Química ainda é uma ciência); os seres são gerados da mesma forma na Alemanha e na Indonésia (a Biologia é, finalmente, uma ciência). A Matemática, a Física, a Química e a Biologia – apesar de as profundas transformações que, na atualidade, apresentam – continuam a reger-se por princípios válidos em toda parte, isto é, por leis científicas, que, no afamado conceito de Montesquieu, são as relações necessárias que derivam da "natureza das coisas". Por isso, podem e devem ser chamadas "ciências", *com plena exatidão.*

Ao contrário, o *Direito não possui princípios de validez universal*, porque tais variam com os paralelos e meridianos. Nada há menos geral que os chamados "princípios gerais do Direito". De fato, era "justo" (mesmo dignificante), na antiga URSS, que o filho denunciasse os pais por atividades anticomunistas, e a quem o Governo erguia uma estátua em praça pública para glorificar a fidelidade ao Partido, enquanto, em qualquer outro país de civilização cristã, isso constituía ignomínia, ação visceralmente injusta. Onde está o princípio geral de "justiça", com o seu pretenso caráter científico, de validez universal?!

Na Índia budista, a "equidade" admite que monges se queimem em plena rua, como protesto contra atos governamentais, quando, na totalidade dos demais povos, cristãos ou mesmo pagãos, tal ação é iníqua. Onde fica o princípio geral da "equidade"?!

A "liberdade" permite, em alguns Estados maometanos, como a Líbia e a Arábia, que o homem se case até com quatro mulheres, ao mesmo tempo, atendidas as exigências legais, ao passo que, na grande maioria das nações civilizadas, esses conúbios são criminosos e escravizantes. Como conciliar o princípio geral da liberdade com o crime e a escravidão?!

A "igualdade" autoriza, pelo menos de fato, que, em alguns Estados-membros da Federação Americana, separem-se, em estabelecimentos públicos, em centros de diversões ou mesmo em conduções, homens de cor branca de homens de cor preta, sendo certo que, entre nós, tais ações são criminosas, em face do que prescreve a Lei Afonso Arinos (Lei n. 1.390, de 3 de julho de 1951). O preconceito racial jamais poderá harmonizar-se com o princípio geral da igualdade, o que, entretanto, não impede que exista dito preconceito em alguns Estados civilizados, como os EUA e a Inglaterra, a Alemanha, Israel, e em povos semicivilizados do centro africano. Que "igualdade" é essa que desiguala até pela cor da epiderme?!

Eis por que disse, com razão, Aristóteles, que "o Direito não é como o fogo, que arde do mesmo modo na Pérsia e na Grécia". A crepitação do Direito varia não só com a lenha que se põe no fogo do convívio humano, como também com o modo de fazê-lo e alimentá-lo. As labaredas, o braseiro e a fumaça apresentam, à sua vez, configuração e colorido diferentes, variando com as condições históricas, sociológicas e culturais de cada povo.

Assim, *não é rigorosamente científico denominar o Direito "ciência"*, a menos que se entenda por "ciência" o que não deve ser tido como tal. As pretensas "ciências sociais", com ranço comtiano, nas quais se costuma incluir o Direito, ao lado da Sociologia e da Economia, com as ditas "ciências da cultura", com *bafio* ditheyano, nas quais também se introduz o Direito, não oferecem princípios de validez universal que lhes justifiquem a terminologia. Ainda menos a "ciência normativa", com hálito kelseniano, que é expressão, redundante, porque toda ciência se funda em leis, normas na acepção genérica. Se, ainda, se falasse em "ciência política", poder-se-ia aceitar a denominação, como a seguir o fazemos.

No fim do século XVIII, BENTHAM já havia pressentido o caráter político do Direito, quando chamou a "Legislação" de "Política Nomoteticoscópica", e a "Administração", de "Política Aneunomoteticoscópica" (PAULINO

JACQUES, *Do conceito do Direito*, p. 169). Na segunda metade do século XIX, KIRCHMANN, em conferência que pronunciou em Berlim, em 1847, demonstrou o "desvalor da jurisprudência como Ciência", uma vez que "a lei positiva é rígida, o Direito é progressivo" e "o povo pode viver sem Ciência Jurídica, mas nunca sem Direito". GÉNY, na segunda década de nosso século, não foi menos categórico quando assegurou que "*o Direito não é ciência p.d., mas arte; como também, ramo da moral*" (*Science et Téchnique en Droit Privé Positif*, t. I, p. 69, 70, 71 e 89), concordando com PEDRO LESSA que, pouco antes, já havia acentuado que "as regras do Direito são preceitos artísticos, normas para fins práticos, determinações, ordens que se impõem à vontade. *Não se confundem com as afirmações científicas, que se dirigem à inteligência* (*Estudos de Philosophia do Direito*, p. 46). No mesmo sentido pronunciou-se ROUBIER (*Théorie Générale du Droit*, p. 158). Também negamos ao Direito o caráter de arte, a menos que se confunda arte com técnica, indústria ou ofício, o que, em boa razão, não pode ser aceito, porque o Direito não cuida de representar sentimentos, nem tampouco se restringe a formular normas, mas também vela pela sua execução, a fim de que o convívio humano seja realidade existencial.

Em nossos dias, LUNDSTEDT, em obra famosa (*Die Unwissenschaftlichkeit der Rechtswissenschaft*, Erster und Zweiter Band), demonstrou a "*incientificidade da Ciência do Direito*", tendo em vista a relatividade de leis e a singularidade de seus princípios gerais. O nosso Queirós Lima, entrementes, advertiu, com toda a razão, que "a Moral e o Direito, tomados como conjuntos de normas reguladoras da conduta dos homens em sociedade, não são, não podem ser, ciências. As regras de Direito, os preceitos de Moral não podem ser teóricos ou especulativos; são puramente, exclusivamente, práticos. São disciplinas, não de nossa inteligência, mas de nossa atividade. Têm por fim não a investigação de verdades, mas a realização de utilidades. Obedecem à lei de finalidade, orientadora das ações humanas" (*Princípios de Sociologia Jurídica*, p. 78). Não menos categórico foi DABIN, ao observar que "é um erro opor o Direito – o Direito de Estado – à Política; o Direito, regra da sociedade política, é necessariamente subordinado aos fins da Política" (*Théorie Générale du Droit*, p. 17, n. 17), tanto quanto CARNELUTTI, quando concluiu que "*é o Direito um instrumento necessário da Política*" (*Teoria General del Derecho*, p. 38). O mestre da "pureza jurídica", pai do positivismo jurídico contemporâneo, KELSEN, com toda a sua insuspeição, reconheceu e proclamou que "*o Direito não é um fim em si mesmo, mas um meio ou, mais precisamente, uma técnica social específica de realização de fins determinados pela Política*" (*The Law of United Nations*, p. XIII). E o mestre da Sociologia Criminal brasileira, ROBERTO LYRA, vem, há cerca de 30 anos, afirmando, sem rodeios, que "a Política Criminal não é, autonomamente, ciência nem arte, nem ao mesmo tempo, ciência e arte, mas o capítulo da Política Social relativo à prevenção e à repressão da criminalidade por obra dos poderes do Estado, o Executivo (iniciativa de leis, regulamentos e providências administrativas, de ordem policial e penitenciária), o Legislativo (elaboração de leis) e o Judiciário (processo e julgamento)" (*Direito Penal, Parte Geral*, p. 9-10; e *Criminologia*, p. 14). Tudo é política, no domínio do Direito, mesmo no campo da criminologia, pois que o estudo da criminalidade visa, em última análise, a melhorar as condições de vivência entre os homens, defendendo a sociedade contra aqueles que violam a ordem ético-jurídica estabelecida e segregando-os com o objetivo de corrigi-los e recuperá-los pelos meios adequados e eficazes.

Assim, o caráter científico-positivo que se tem imprimido ao Direito, sobre ser destituído de fundamento científico (agora, cabe o vocábulo), conforme demonstramos, constitui verdadeira ideia fixa, sendo tabu que os cultores da *Jurisprudentia* devem repelir, libertando o Direito da Ciência, que lhe embaraça o desenvolvimento e lhe restringe o campo de ação, para colocá-lo sob a inspiração da Política, cujos princípios são flexíveis e os horizontes sem limites, permitindo àquele existencialidade plenária (veja, de PAULO BONAVIDES, *Ciência Política*, e de DANTE PACINI, *Política e Direito*, cap. I e II). Todavia, para alcançar esta, o Direito necessita da colaboração não só dos demais sub-ramos da Política – a História, a Sociologia, a Economia e a Moral – como também da Arte, da Ciência, da Filosofia e da Religião, enfim, de todo o conhecimento, de cuja pirâmide, embasada pela Religião e enfacetada pela Filosofia, pela Ciência e pela Arte, o Direito faz o vértice dominador.

O Direito é mais que Ciência, Arte ou mesmo Filosofia e Religião, porque Política, a mais alta e complexa forma do conhecimento, que mobiliza constantemente as demais para servir o convívio humano. "Se quiserem uma denominação enfática para o Direito, deem-lhe aquela sugerida, com propriedade, por Lévy-Bruhl – 'Jurística' – nunca, porém, Ciência do Direito, que o rebaixa, em vez de elevá-lo, na enciclopédia do conhecimento" (Paulino Jacques, *Curso de introdução ao estudo do Direito*, p. 8-13).

7. Concepção mecanicista de Ciência

É importante salientar, em virtual oposição ao magistério dos chamados autores exclusivamente teóricos (e filosóficos) que, de nenhuma maneira, é possível, no contexto próprio e específico (e, sobretudo, *contemporâneo*) do conceito efetivo de *ciência*, entender, como deseja, por exemplo, EROS ROBERTO GRAU (*Direito, conceitos e normas jurídicas*, p. 25 e segs.) que o "conceito rigoroso de *ciência* permite afirmar que os enunciados científicos são apodíticos, o que quer dizer que são *verdadeiros* e podem resistir contra qualquer tentativa de demonstração de sua *falsidade*", posto que, em um mundo real de permanentes e constantes mutações, impossível seria admitir algo que, por si só, fosse perfeitamente estático e, por consequência, imutável.

A verdade é que a *ciência*, em uma linguagem objetiva, é um simples *compromisso* com a busca de uma *certeza*, que, em uma análise realística, sequer existe de fato.

8. Raciocínio binário

Não obstante todo o desenvolvimento da humanidade desde os primórdios, a única forma de *pensar* do gênero humano continua sendo, de maneira inexorável, o *raciocínio binário*.

Em outras palavras, para nós, seres humanos, para cada caso vertente sempre existem *duas* diferentes e únicas hipóteses. Assim, quando qualquer questionamento nos é formulado, a resposta naturalmente limita-se a uma *afirmativa* ou a uma *negativa*. De igual modo, quando um engenheiro eletricista nos apresenta um projeto de instalação elétrica, as ligações somente podem ser feitas em *série* ou em *paralelo*. Nesse sentido, há o *branco* e o *preto*, o *claro* e o *escuro*, o *belo* e o *feio*, o *alto* e o *baixo* etc.

Tão profundas são as raízes binárias de nosso raciocínio que a própria linguagem empregada na *informática* obedece a esta virtual limitação humana: o *zero* e o *um*.

É bem verdade que o *homem* sempre procurou escapar desta efetiva limitação imposta pelo *Criador*; todavia, não menos verdadeira é a constatação de que o *homem* jamais encontrou uma forma de pensar que não esbarrasse no *binarismo*. Assim é que entre a *ligação em série* e a *ligação em paralelo*, da engenharia elétrica, há a *ligação mista*; entre o *preto* e o *branco*, existe o *cinza*; entre o *alto* e o *baixo*, há o *médio* etc.

Ainda assim, a terceira hipótese (tão procurada pelo gênero humano), quando existente, traduz-se em simples combinação das duas hipóteses básicas, não correspondendo, de nenhum modo, a uma autêntica e genuína hipótese alternativa, capaz de superar a sinérgica restrição binária.

9. Modelos de desenvolvimento científico

Em decorrência da denominada *limitação binária*, os modelos científicos (como estruturas modelares) são mais bem esquematizados por intermédio das chamadas *tríades*, ou modelos triangulares.

A motivação fundamental do fenômeno resta evidente, considerando não só ser o *triângulo* a figura fechada (da geometria plana) com o menor número de vértices, mas, sobretudo, por ser a única figura fechada em que cada vértice corresponde, com exclusividade a apenas outros dois, representando, desta feita, de maneira fidedigna, a ideia básica de duas únicas hipóteses vertentes para cada situação efetiva.

Não é por outra razão que expressiva parte dos modelos jurídicos se encontra calcada nas chamadas tríades: *ação, jurisdição* e *processo* (trilogia básica do processo); *Executivo, Legislativo* e *Judiciário* (acepção tríade do exercício funcional do Poder); *juízes, advogados* e *membros do Ministério Público* (acepção tríade da Justiça como instituição); *juiz, autor* e *réu* (relação processual triangular) etc.

10. Ciência do macrocosmo

A *ciência do macrocosmo* (designação técnica) também é conhecida, em linguagem coloquial, como *ciência exata*, não obstante a tradicional denominação comportar, em si mesma, flagrante paradoxo, uma vez que a pretensa exatidão de uma ciência significaria simplesmente o reconhecimento da existência de uma *verdade* absoluta, destruindo o próprio objetivo (ou seja, o compromisso insuperável) de todas as ciências, que é exatamente a busca – permanente, contínua e eterna – desta mesma *verdade*.

11. Ciência do microcosmo

A denominada *ciência do microcosmo* é reputada, sob o ponto de vista terminológico, tradicionalmente como *ciência biomédica*, embora esta designação limite sobremaneira o vasto campo de atuação da *ciência* em epígrafe, que tem como foco de observação, fenômenos naturais internos aos seres vivos.

12. Ciências sociais

As ciências sociais também são conhecidas, em linguagem não técnica, como "*ciências humanas* lato sensu". O equívoco da denominação se encontra exatamente no fato de que toda e qualquer ciência é fruto de observação (de cunho interpretativo) humana, não sendo possível a existência de uma *ciência* que, sob este aspecto, não seja efetivamente humana.

13. Ciência não hermenêutica

Toda *ciência* é, em síntese, *interpretativa*, tendo em vista que o escopo de atuação científica se processa exatamente por meio da interpretação de fenômenos naturais ou sociais.

Nesse contexto, a chamada *valoração* intrínseca de um dado *fato* (natural ou social), criando uma tese ou *norma*, nada mais é do que o resultado último de uma *interpretação* em sentido amplo.

Por efeito, quando se afirma que uma determinada *ciência* é classificada como *não hermenêutica* isso não significa dizer que inexiste, *in casu*, interpretação, mas apenas que não se processa, na hipótese, um mecanismo de "*sobreinterpretação*" (ou dupla interpretação), caracterizadora do denominado, *processo hermenêutico*.

14. Ciência hermenêutica

A denominada *ciência hermenêutica*, de que o *Direito* é o melhor exemplo, caracteriza-se pela existência de um processo complexo de interpretação. Inicialmente há, como em todas as demais ciências, a *valoração* intrínseca de um *fato* criando uma dada *norma* ou tese. Todavia, de forma diversa das demais espécies científicas, a *norma* produzida pelo sistema interpretativo básico não pode ser, de imediato, aplicada, sendo necessária uma espécie de "*sobreinterpretação*" (ou seja, a *norma* concebida originariamente é reinterpretada por intermédio de um novo e diferente processo) para se chegar, finalmente, à interpretação final e definitiva (no contexto específico de uma "verdade relativa").

15. Conceito de fato (e fato jurídico)

O conhecimento básico de *fato* pode ser traduzido como todo e qualquer acontecimento no mundo real.

Sob o prisma do *Direito*, em particular, o *fato* pode ser *jurídico* (se relevante, de alguma forma, ao mundo jurídico) ou *não jurídico* (no sentido de não produzir efeitos para o mundo jurídico). O *fato jurídico*, por sua vez, pode ser *humano* (caso seja produzido pela ação humana, e, nesse caso, passa a ser denominado *ato*) ou *não humano* (natural).

O *fato jurídico humano* (ou ato jurígeno), por seu turno, pode ser *lícito ou ilícito.* Quando *lícito*, é denominado, pela Ciência do Direito, "*ato jurídico* lato sensu" e se subdivide no "*ato jurídico* stricto sensu" (no qual há a prevalência do conteúdo da lei) e no *negócio jurídico* (no qual há a prevalência do conteúdo da vontade).

Finalmente, o "*ato jurídico* stricto sensu" pode ser *material* (no qual é irrelevante a participação de terceiro para a caracterização do ato) ou *participativo* (no qual há sinérgica necessidade de participação de terceiro para a efetivação plena do ato) e o *negócio jurídico* pode ser *unilateral* (no qual existe apenas uma manifestação de vontade – testamento) ou *plurilateral* (no qual existe mais de uma manifestação de vontade – contratos).

16. Ciência instrumental matemática

Por se tratar de uma *linguagem científica*, a *Matemática* tem sido referida por diversos autores como autêntica *ciência instrumental*, uma vez que – embora não possua como escopo de atuação a *valoração* intrínseca de um *fato* concebendo uma *norma* (ou uma tese) – ela se efetiva como um indispensável instrumental para o conhecimento (e a compreensão) plena de, praticamente, todas as *ciências* (ainda que com ênfase nas *ciências naturais*), complementando o espectro de apoio analítico das ciências, ao lado das denominadas *linguagens não matemáticas*, como o chamado *direitês*, o *economês* e

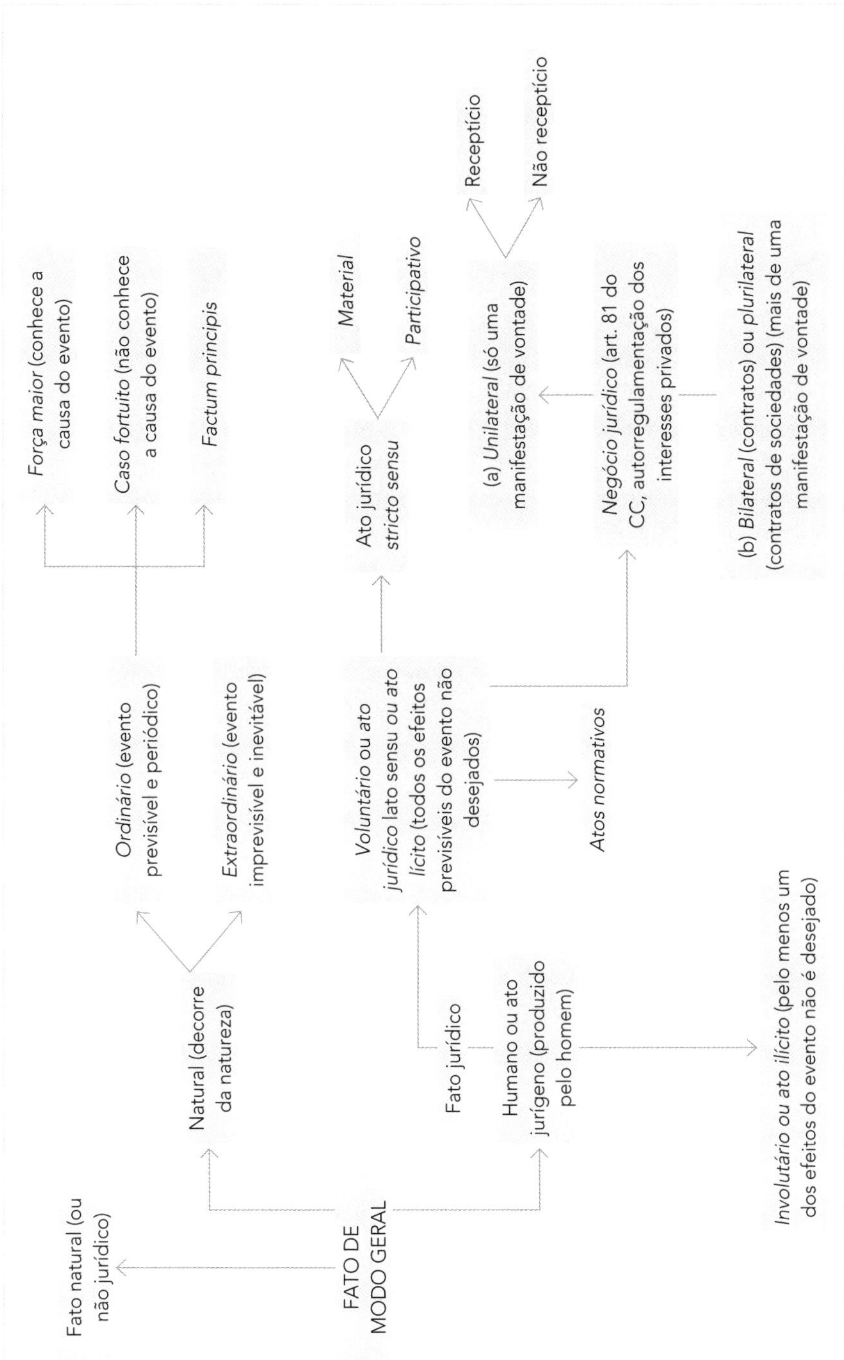

Diagrama 3. Teoria dos fatos e atos jurídicos.

outras *linguagens técnicas* (derivadas das diversas *linguagens de comunicação* – português, inglês, francês etc.).

Ainda assim – mesmo não sendo uma *ciência pura* e, portanto, não tendo o compromisso da *busca*, de forma constante e permanente, de uma *verdade* (em sua acepção plena) ou, em outras palavras, o objetivo próprio e específico de *conceber*, caracterizando e criando, por intermédio de interpretações peculiares (porém com escopo de generalização), a melhor explicação de um dado fenômeno particular (natural ou social), em um considerado momento histórico (no qual aspectos culturais, geográficos, organizacionais etc. necessariamente possuem sua esfera – maior ou menor – de influência) –, não possui também a *Matemática* a tão propalada validez universal e absoluta de seus princípios (ou mesmo a inexorável *precisão* de seus conceitos), considerando existir, no âmbito de sua atuação, efetivos problemas e imprecisões que se apresentam, até o presente momento, insuperáveis.

A título de ilustração, poderíamos comparar duas diferentes (e corretas, sob o ponto de vista da geometria plana) conclusões sobre a vigente teoria numérica.

A questão central seria questionar *quantos números* (partindo da premissa básica matemática de que a cada ponto de uma reta, ou de um segmento de reta, corresponde um número) existem entre *0* (zero) e *1* (um) e entre *0* (zero) e *2* (dois), concluindo se há a mesma quantidade ou, ao contrário, se existem mais números entre *0* e *2*.

Inicialmente, colocando ambos os segmentos de reta paralelamente, e passando uma vertical no ponto de interseção caracterizado pelo algarismo *1* (um), verifica-se claramente a existência de uma maior quantidade (x+ y) provavelmente o dobro – de números entre *0* (zero) e *2* (dois) em relação comparativa à reta entre *0* (zero) e *1* (um) (quantidade de *x* números).

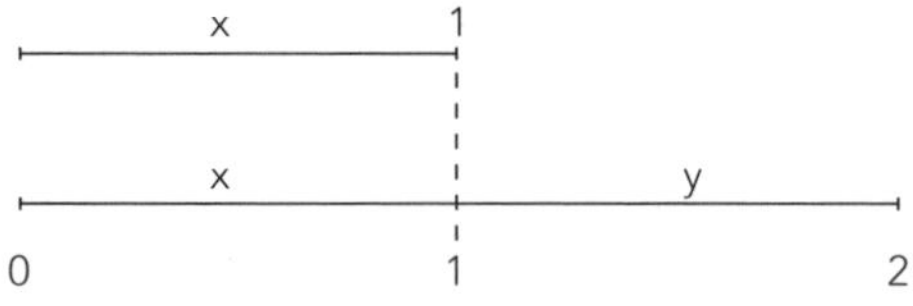

A conclusão, no entanto, apresenta-se absolutamente diversa quando apresentamos os dois segmentos de reta em forma de *círculos concêntricos* e, nesta hipótese, não conseguimos encontrar um só ponto (correspondente a um dado número) entre *0* (zero) e *2* (dois) que ligado ao centro não encontre um correspondente entre *0* (zero) e *1* (um), provando que entre *0* (zero) e *2* (dois) há a mesma quantidade de números do que entre *0* (zero) e *1* (um).

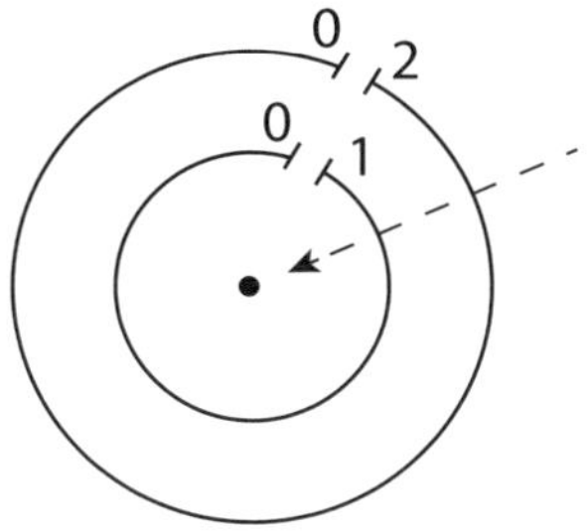

Mais difícil de explicar, ainda, é como é possível estarem compreendidos entre *0* (zero) e *1* (um) todos os *inversos* de todos os números presentes entre *1* (um) e ∞ (infinito).

Trata-se, *in casu*, de forma indiscutível, de insuperável *imprecisão* da ciência instrumental *Matemática*, posto que conseguimos caracterizar e provar duas situações efetivamente antagônicas.

Na própria *teoria dos conjuntos*, suporte maior da própria *linguagem matemática,* encontramos também problemas insolúveis, como a caracterização dos números *irracionais* (números que não podem ser colocados em forma de fração), em decorrência, por exemplo, da não restrição quanto à quantidade de algarismos diferentes para a formação de uma *dízima* (ou, em outras palavras, a possibilidade de todo número ser potencialmente *racional* – fracionário –, inexistindo, nesse diapasão, os chamados números *irracionais*).

Essa problemática, levada a seus extremos, acabou por obrigar-nos, na ciência instrumental matemática, a conceber o chamado conjunto dos números *reais,* que simplesmente é conceituado a partir da adição dos conjuntos primitivos dos números *racionais* e *irracionais*, eliminando, por vias transversas, a dúvida insuperável quanto à existência ou não de números *não fracionários* (irracionais).

Não obstante toda a sorte de efetivas imprecisões e problemas afetos à *linguagem matemática*, esta efetiva *ciência instrumental*, a exemplo de outras *ciências* (ainda que puras), também possui ferramentas altamente confiáveis e *relativamente precisas* (inexiste, como já tivemos a oportunidade de afirmar, nesta obra, precisão – ou verdade – absoluta em matéria de *ciência* – ou mesmo validez universal e absoluta de princípios científicos).

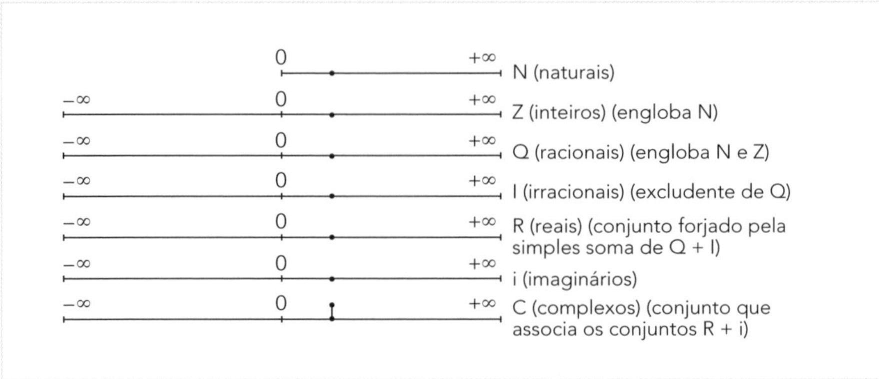

Diagrama 4. Evolução dos conjuntos matemáticos.

A teoria dos números arábicos, por exemplo, segue uma lógica intrínseca à geometria angular que, até o presente momento, ninguém conseguiu, com sucesso, desafiar. Assim, cada algarismo da sequência decimal é ilustrado por uma figura geométrica que contém o exato número de ângulos que, em última análise, representa.

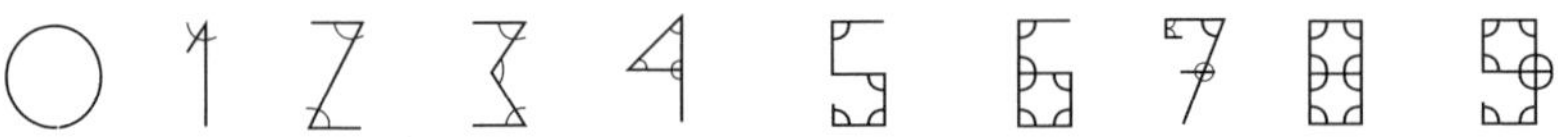

17. Definição ampla de ciências sociais

Consoante as lições de José Arthur Rios (*Dicionário de ciências sociais*, p. 184-6),

> a expressão *ciências sociais* pode ser traduzida como um conjunto de disciplinas que tentam, de forma objetiva, estudar os sistemas e estruturas sociais, os processos políticos e econômicos, as interações de grupos ou indivíduos diferentes, com a finalidade de fundamentar um *corpus* de conhecimentos passível de verificação, ou seja, é um conjunto de disciplinas que têm como traço comum um hipotético fato ou fenômeno social, objetivos na definição positivista, uma conduta humana no sentido behaviorista, substituída nas teorias de M. Weber e de T. Parsons por uma ação humana. As principais ciências sociais são a Antropologia, a Economia, a Ciência Política, a Psicologia Social, a Sociologia, a Demografia. Alguns autores incluem entre elas a Geografia Humana e certos aspectos da Linguística e da Criminologia.
>
> *Ciências sociais*, sob certa ótica, não é idêntica à *ciência social* ou *ciência do social*, que para alguns seria a busca de um conceito comum a todas essas

ciências, ou uma perspectiva especial sobre os aspectos e conteúdos por elas versados. A diferença está entre uma mera rubrica ou rótulo classificatório e uma diferença essencial, caracterizando um método abrangente de conhecimentos. Seria uma tentativa de unificar as disciplinas enumeradas, cada uma das quais teve formação, procedência e data diversas.

A concepção da sociedade como um fato natural data de Aristóteles, mas só renasce no século XVIII com Montesquieu, que afirma a necessidade de uma lei derivada da natureza das coisas. Os economistas foram os primeiros a proclamar a necessidade das leis sociais, comparando-as às leis físicas, e fizeram desse axioma a base de uma ciência; o nivelamento dos preços pela concorrência compara-se à queda dos corpos na vertical, ou à refração dos raios luminosos quando atravessam meio de densidade desigual. As leis civis, feitas pelo homem, só fariam exprimir essas leis naturais, mas não poderiam nem guiá-las nem alterá-las. A natureza, em suma, seria indiferente aos esforços dos homens. Somente assim considerados, os fatos do convívio humano seriam passíveis de estudo pela ciência positiva. A. Comte retoma as teses dos economistas e reafirma que as leis sociais são naturais, atribuindo à sociedade a mesma realidade que a de um organismo vivo, defendendo o caráter específico do ser social, produto dos relacionamentos humanos. Ao sustentar a tese do consenso universal que se manifesta na vida social, Comte acentuava a solidariedade de todos os fatos sociais, morais, jurídicos, econômicos e, portanto, das diversas ciências que os estudam. "Em vez de lutar com fenômenos classificados, por assim dizer, em séries lineares, exteriormente umas às outras e só se encontrando por acaso, achamo-nos em presença de um enorme sistema de ação e reação nesse equilíbrio sempre móvel que é a vida" (É. Durkheim, *La Science Sociale et l'action* p. 87).

Vale consignar que os positivistas tentaram pela primeira vez identificar o objeto das ciências sociais por intermédio do conceito de fato ou fenômeno social. Embora aspirassem a estabelecer uma diferença entre elas e as ciências naturais (por exemplo, Física, Química e Geologia), impregnaram as ciências sociais de um empirismo restritivo, que na realidade as nivelava às ciências naturais. Foram contestados pelos sociólogos da vertente idealista que, com fundamento em W. Dilthey, defenderam o valor da interpretação (*Verstehen*), da compreensão e da empatia (M. F. Scheler, M. Weber, E. Cassirer) como método próprio das ciências sociais, distinto da explicação, e que se aplicaria às ciências da natureza. Esse antagonismo conceptual prolonga-se atualmente nos representantes de extremos metodológicos: de um lado, os que procuram reduzir as relações humanas a probabilidades estatísticas, tratando-as de forma matemática (cf. P. F. Lazarsfeld e R. Boudon); e, de outro, os que quase dissolvem essas ciências em um ensaísmo social, ainda que nutrido de

Sociologia, Antropologia, Política Econômica etc. Os praticantes das diversas ciências podem situar-se desigualmente em relação a esses extremos e, por isso, merecer críticas desfavoráveis, conforme se aproximem de um ou de outro.

Os economistas tendem, por exemplo, a se tornar econometristas; os antropólogos podem tornar-se friccionistas; os sociólogos correm o risco de escrever ensaios de crítica social, ou de cair no reformismo ou no revolucionarismo. Nada disso tira a validade de cada um dos dois ângulos ou perspectivas de análise do homem em sociedade, se enquadrados seus resultados em uma teoria, ou verificados no confronto constante com a realidade.

O primeiro grupo de cientistas sociais vê as ciências naturais e as sociais como tendo objetivos ou métodos comuns, isto é, a explicação, a previsão e o domínio cada vez maior dos acontecimentos. Daí o emprego de escalas numéricas de medida, o uso generalizado de técnicas estatísticas, a busca de uma correlação entre variáveis e a construção de modelos matemáticos que representem estruturas e processos em investigação. É o caso dos que se dedicam a um tipo de planejamento baseado em modelos matemáticos, os que acreditam em uma engenharia social como campo de aplicação rigorosa dos resultados das ciências ou dos que defendem uma formalização matemática da Sociologia. Todos os positivistas, behavioristas ou neopositivistas preservam de certa forma uma orientação introduzida por A. COMTE, e levada às últimas consequências por É. DURKHEIM ao caracterizar o fato social como coisa, ao adotar o empirismo como método e ao tentar – contra G. TARDE – uma reificação da sociedade distinta e sobreposta às consciências e contingências individuais. O outro grupo vê as ciências sociais na perspectiva tradicional das humanidades, isto é, buscando antes de tudo ampliar a autocompreensão do homem, o que se manifesta em certas formas de Sociologia da cultura, da arte, da literatura e do conhecimento e as suas ramificações praticadas na atualidade. Esse ângulo também inclui o que atualmente se chama hermenêutica.

De época em época cada uma das ciências sociais – e uma ou outra das ciências naturais que lhes são vizinhas – tenta exercer sobre as demais uma ação dominadora. Foi o caso, entre estas, da Biologia, por exemplo, cujo progresso de tal maneira impressionou certos pensadores sociais que tentaram transpor suas concepções para o estudo da sociedade, assemelhando-a a uma espécie de organismo. Algo semelhante ocorreu com a Física. Foi o caso de H. SPENCER, A. V. ESPINAS e outros. COMTE chegou a chamar a Sociologia de física social. Contra isso insurgiu-se DURKHEIM, defendendo a tese de que os fatos sociais só podem ser explicados por outros fatos sociais. E. CASSIRER, de formação neokantiana, tentou resolver um dos problemas das ciências sociais, que é o caráter individual dos fatos que lhes servem de fundamento e a dificuldade de, a partir daí, generalizar regularidades. "Cada universal na esfera da cultura – descoberto na linguagem, na arte, na religião ou na filosofia – é tão individual quanto universal. Pois nesta esfera só se percebe o universal dentro da atualidade do particular; só nele pode o universal cultural encontrar sua atualização, sua realização como universal" (E. Cassirer, *The logic of the humanities*, p. 25). Para Cassirer, portanto, conceitos naturais e conceitos culturais distinguem-se nitidamente, assim como os conceitos de forma e causa.

K. R. Popper, no entanto, sustenta a tese da unidade do método, quer se trate das ciências naturais, quer das ciências sociais. "Esse método consiste sempre em propor explicações causais destrutivas e em verificá-las (por meio de previsões). Foi chamado de *método destrutivo hipotético*, ou, mais amiúde, o *método da hipótese*, pois não logra certeza absoluta para nenhuma afirmação que verifica; ao contrário, essas afirmações sempre conservam o caráter de hipóteses preliminares, ainda que esse caráter preliminar deixe de ser óbvio depois de atravessar grande número de severas verificações" (D. Braybrooke, *Philosophical problems of the Social Sciences*, p. 33). K. R. Popper, cujo pensamento concorda nesse ponto com o de F. A. von Hayek, afirma que a tarefa da teoria social é construir e analisar modelos sociológicos em termos descritivos ou nominalistas, isto é, em termos de indivíduos, de suas atitudes, expectativas, relações etc., postulado que se pode chamar de individualismo metódico. Contrapõe-se, dessa forma, ao que chamou de essencialismo metodológico, que seria característico dos historicistas, para quem a principal tarefa da ciência social seria descobrir as "essências" de entidades e instituições sociais, a fim de responder a indagações corretas sobre, por exemplo, o que seja Estado, sociedade, cidadania etc.

Apesar de reconhecer que as ciências sociais exigem um conhecimento do que se passa no interior da unidade ou objeto do conhecimento, insiste Popper na tese de que, de qualquer forma, todo conhecimento limitado dos dados dessa situação complexa teria de usar sempre o que chama de método destrutivo, baseado na eliminação, pela observação, de acontecimentos impossíveis. A objeção da complexidade não é suficiente para descartar, segundo Popper, essa unidade metodológica. Não concorda em que as situações sociais sejam mais complexas que as físicas. Julga que a fonte desse erro se acha na ideia de que a descrição de uma situação social deve incluir necessariamente os estados físicos e mentais de todas as pessoas nela comprometidas, ou, pelo menos, que deveriam ser redutíveis a elas. Contra essa aparente complexidade, argumenta com a racionalidade intrínseca a todas as situações sociais. Os seres humanos nunca agem de modo inteiramente racional, utilizando, por exemplo, todas as informações disponíveis para atingir seus propósitos – mas de qualquer maneira agem de modo mais ou menos racional: isso permite construir modelos relativamente simples de sua ação e interação, usando-os como aproximações.

A diferença entre ciência natural e social estaria na impossibilidade da adoção de um modelo pressupondo a racionalidade completa de todos os indivíduos interessados e a avaliação dos desvios do comportamento das pessoas a partir desse modelo. Esse racionalismo, é claro, nada tem a ver com o cartesiano. F. A. von Hayek defende tese idêntica (*Droit, législation et liberté, in règles et ordre,* p. 11 e segs.). Em outra oportunidade, Popper caracterizou o método das ciências sociais, como o das ciências naturais, a partir da experimentação de possíveis soluções para certos problemas. Recusa-se a aceitar o caráter indutivo do método das ciências naturais e sua objetividade, que chama de "naturalismo equivocado" (K. R. Popper, *Misère de l'historicisme,* p. 16-8). A Sociologia é uma ciência autônoma que deve explicar as consequências involuntárias da ação humana. É também autônoma por não ser redutível à Psicologia. Neste ponto, Popper daria razão a Durkheim contra Tarde. A finalidade das ciências sociais é a compreensão objetiva das ações humanas, entendendo-se por isso a "que consiste em considerar qual a ação objetivamente apropriada à situação" (ibid.), isto é, qual a que foi suficientemente analisada para que os elementos aparentemente psicológicos, tais como desejos, motivações etc., transformem-se em elementos da situação. Essa lógica da situação baseia-se, sobretudo, nas instituições que constituem fundamentalmente o mundo social. São elas que determinam o caráter social específico do ambiente. Este consiste de todas as realidades sociais do mundo-ambiente que de alguma forma corresponde às "coisas" do homem físico (ibid., p. 31-3).

Essas dificuldades conceituais reproduzem-se e ampliam-se no campo de cada uma das disciplinas particulares, a tal ponto que um sociólogo definiu humoristicamente o objeto da Sociologia como tudo que escrevem certos indivíduos que se chamam sociólogos. Por outro lado, as pretensões à universalidade em Sociologia são bastante relativas, como demonstram as sociologias nacionais, que continuam elaborando conceitos próprios de uma determinada sociedade e não se despiram de todo etnocentrismo, como verifica todo aquele que se dedica a traduzir um texto sociológico elaborado em contexto nacional diverso.

Na classificação de A. Comte, a física social, que mais tarde chamou de Sociologia, examinava os fenômenos mais intrincados, *concretos* e de maior interesse imediato para o homem. Para Comte, a Sociologia utiliza os resultados das outras ciências na sua classificação e ocupa o domínio de todas as outras ciências sociais. Na visão do fundador do positivismo, os fenômenos sociais são indivisíveis e devem por isso ser estudados como um todo por uma ciência única. Essa posição tem sido muito combatida, mas parece conter um elemento de verdade. "Até que os fenômenos sociais sejam vistos como um todo, o cientista social não saberá se as diretrizes adotadas pelas disciplinas separadas se encaminham no sentido da possibilidade de uma explicação última" (H. Cairns, "Sociology and the social sciences"). H. Spencer adotou concepção um pouco diversa, aceitando as ciências sociais como subciências legítimas, cujos resultados seriam sintetizados pela ciência-mãe em uma teoria geral da sociedade. Colocava por isso a meta da Sociologia em "aprender o vasto agregado heterogêneo" – ideia amplamente aceita nos EUA e em outros países. Na Sociologia norte-americana, por exemplo, essa ideia incorporou-se à teoria de A. W. Small, que via a Sociologia como "uma tentativa de organizar e generalizar todo o conhecimento disponível sobre as influências que penetram as associações humanas". Do mesmo modo, L. F. Ward sustentou que a Sociologia não é uma síntese das ciências sociais especiais, mas o composto criado por essa síntese: não é nenhuma das ciências sociais isoladas, nem todas em conjunto. F. H. Giddings, no entanto, sustentou que a Sociologia é uma ciência distinta, sem nenhuma soberania quanto às ciências sociais especiais. Contenta-se em estudar exaustivamente o campo de todas, deixando para outros pesquisadores suas infinitas combinações; não é a soma das ciências sociais, mas sua base comum. Seus princípios são os postulados das ciências especiais e estes se tornam diferenciações da Sociologia. Em suma, a Sociologia foi considerada por alguns dos seus mais ilustres representantes como: *a*) a única ciência social; *b*) a síntese das ciências sociais separadas; e *c*) a ciência social básica. Mais recentemente defendeu-se a tese de que ela é apenas um método utilizado por todas as ciências sociais para estudar os fenômenos sociais. Também é importante salientar que a moderna tendência é defender a interdependência das ciências sociais e considerar dependentes apenas aquelas cujo conteúdo é historicamente posterior à Sociologia, ou quando os elementos que estudam representam uma diferenciação dos conceitos sociológicos. Seria o caso da Ciência Política e da Economia, o que foi, por certo, asperamente contestado pelos estudiosos dessas ciências.

A posição atual é de um intercâmbio, fugindo às posições dominadoras. É o que acontece nas relações entre a Sociologia e a História, entre a Sociologia e a Antropologia, entre a Sociologia e a Economia, entre a Ciência Política e o Direito. A ideia da integração das ciências sociais, no entanto, não desapareceu do horizonte sociológico, e a busca de um denominador comum entre elas continua incessante. H. Cairns sugeriu como solução possível a criação de uma filosofia das ciências sociais, cuja temática seria constituída pelas próprias disciplinas especiais. Teria o tríplice objetivo de fazer: *a*) a

> análise dos métodos empregados pelas ciências sociais individuais; *b*) a análise crítica dos conceitos básicos e dos postulados primários, buscando uma justificativa racional para eles; e *c*) a tentativa de uma síntese dos diversos conceitos. (José Arthur Rios, ob. cit., p. 184-6).

18. Comentários relativos à conceituação básica da Ciência do Direito

Segundo lições de Maria Helena Diniz (*A Ciência Jurídica*, p. 8-13),

> para muitos autores [Bobbio (*Teoria della Scienza Juridica*, p. 53) cita os que assim pensam; por exemplo: Chamberlain, Nusbaum, Max Rumpf e, principalmente, Julius Herman Von Kirchmann, como se pode ver em sua obra *La jurisprudencia no es ciencia*], *a Ciência do Direito não é, na realidade, uma ciência, porque o seu objeto (o Direito) modifica-se no tempo e no espaço e essa mutabilidade impede ao jurista a exatidão na construção científica*; o naturalista, por sua vez, tem diante de si um objeto permanente ou invariável, que lhe permite fazer verificações, experiências e corrigir os erros que porventura tiver cometido.
>
> Para outros, que constituem a maioria, *é a jurisprudência uma ciência* (entre outros, Henrich Rickert, *Ciencia Cultural y Ciencia Natural*; Wundt, *Introdução às Ciências do Espírito;* Recaséns Siches, *Tratado General de Filosofia del Derecho*; Larenz, *Metodologia de la Ciencia del Derecho*).
>
> É mister salientar que a *ciência jurídica* só veio a se consolidar no século XIX. Inúmeras são as concepções epistemológico-jurídicas relativas à cientificidade da jurisprudência, todas elas peculiares ao pensamento jusfilosófico do século passado e do atual. Cossio procurou concentrá-las em seis direções fundamentais: *racionalismo metafísico* ou *jusnaturalista, empirismo exegético, historicismo, sociologismo eclético, racionalismo dogmático* e *egologia existencial* (Machado Neto, *Teoria da Ciência Jurídica*, p. 80; Cossio, *Las Atitudes Filosoficas de la Ciencia Juridica*). O racionalismo metafísico ou jusnaturalista (Stammler e Del Vecchio), apesar de sua imponente tradição, jamais pôde proporcionar um fundamento científico à *Ciência do Direito;* trata-se de "*actitud precientifica en el campo del conocimiento jurídico*", como diz Cossio (v. Machado Neto, *Teoria da Ciência Jurídica*, p. 85). Para o empirismo exegético (Demolombe, Aubert e Rau, Laurent), a tarefa do jurista seria a mera exegese do texto legal (v. Machado Neto, *Teoria da Ciência Jurídica*, p. 87-97). Com o historicismo causístico (Gustavo Hugo e Savigny), houve a valorização do costume, a manifestação espontânea (irracional) do espírito nacional (nacionalismo) e do caráter feudal (conservado-

rismo). A experiência jurídica, para essa escola, era histórica, e o conhecimento científico do Direito só podia basear-se nessa experiência (Cossio, *Teoria de la verdad juridica*, p. 22; Machado Neto, *Teoria da Ciência Jurídica*, p. 98-102). Para o sociologismo eclético (Davy, Duguit, Gény, Hauriou, Pound, Cardozo, Ross, Olivecrona, Stuchka, Pashukanis, Sílvio Romero e Tobias Barreto), a Sociologia era a única ciência social; a Ciência Jurídica seria um setor dessa ciência total da sociedade. Propugnava a aplicação do método sociológico à investigação jurídica (Machado Neto, *Teoria da Ciência Jurídica*, p. 102-81). O racionalismo dogmático tem em Kelsen sua expressão máxima, e a egologia existencial foi fundada por Cossio.

Verifica-se, portanto, que há discrepâncias irredutíveis a respeito do tema em questão, impossibilitando pronunciamentos definitivos sobre os problemas levantados.

A apreciação que aqui pretendemos fazer é restrita à colocação do assunto sobre o seu aspecto *jusfilosófico*. Nossa tese situa-se no âmbito da *epistemologia jurídica* que fundamenta filosoficamente a *Ciência do Direito*.

Vale assinalar que a *filosofia do Direito* compreende três temas fundamentais: 1) o problema da essência do Direito – ontologia jurídica –, investigando o que é Direito, para chegar a defini-lo e precisar seu conceito; 2) o problema do conhecimento do Direito – epistemologia jurídica –, que, no sentido estrito, tem a incumbência de estudar os pressupostos, os caracteres do objeto, o método do saber científico e de verificar suas relações e princípios, sendo a epistemologia jurídica, nesse sentido, a teoria da Ciência Jurídica, que tem por objetivo o estudo dos problemas do objeto e do método da jurisprudência, sua posição no quadro das ciências e suas relações com as ciências afins. A epistemologia é considerada, em sentido amplo, como sinônimo de gnoseologia, a parte da filosofia que estuda crítica e reflexivamente a origem, a natureza, os limites e o valor da faculdade humana – do conhecimento e os seus critérios de validade; é a teoria do conhecimento – em geral, e não apenas do saber científico; é a teoria do conhecimento jurídico em todas as suas modalidades; conceitos jurídicos, proposições, raciocínio jurídico etc. – o vocábulo "epistemologia" advém do grego *epistéme*, que significa ciência, e *logos*, ou seja, estudo; o termo "gnoseologia" é oriundo do grego *gnosis*, que indica "conhecimento". A. Franco Montoro, *Introdução à Ciência do Direito*, v. I, p. 130; Machado Neto, *Teoria da Ciência Jurídica*, p. 4; Hessen, *Filosofia dos valores*, p. 19-3 – o problema dos valores do Direito (axiologia jurídica), indicando as suas finalidades e cuidando da questão da justiça e dos demais valores que devem perseguir o ordenamento jurídico; Carlos Mouquet e Zorraquim Beco, *Introducción al Derecho*, p. 75; Franco Montoro, *Introdução à Ciência do Direito*, p. 131-2.
De uma certa forma, todas as ciências estão em estreito contato com a filosofia, uma vez que possuem princípios gerais, axiomas e supostos que não penetram o objeto que investigam; daí a necessidade de uma consideração filosófica que permita justificá-los. J. M. Vilanova, *Filosofia del derecho y fenomenologia existencial*, p. 50; Van Acker, *Introdução à filosofia e lógica*, p. 7; A. B. Alves da Silva, *Introdução à Ciência do Direito*, p. 143; Miguel Reale, *O Direito como experiência*, p. 87.

Entre as várias teorias que se ocupam da jurisprudência devemos destacar o exame do *racionalismo dogmático* e do *egologismo existencial* pela grande importância que têm hodiernamente.

O *racionalismo dogmático*, ou melhor, a teoria kelsiana, é uma expressão ideológica de sua época, uma consequência do declínio do mundo capitalista-liberal, marcado pela Primeira Guerra Mundial.

Escreve Machado Neto, *Teoria da Ciência jurídica*, p. 134-5: "Se o *jusnaturalismo teológico* exprime, no plano jurídico, a configuração hierárquica do mundo medieval e o *jusnaturalismo racionalista* foi a expressão do mundo burguês em ascensão, o *historicismo jurídico*, a cobertura ideológica da contrarrevolução no mundo, já o *legalismo exegético*, a repercussão ideológica da burguesia recém-instalada no poder social e político, e o *sociologismo*, a ideologia jurídica da burguesia já bem instalada no poder, a canonizar o fato como Direito, o relativismo da teoria pura será o pensamento jurídico solidário com o período de transição e decadência da civilização liberal burguesa". Para a jurisprudência, segundo essa doutrina, não importa o conteúdo do Direito. Isto porque, como nos ensina Machado Neto, essa teoria, fruto da época denominada "racionalização do poder", é produto de um democratismo formal e vazio de conteúdo. "Fruto de um mundo em que as ideologias totalitárias nascentes e suas primeiras experiências concretas conviviam com um liberalismo democrático em sua fase conservadora, a teoria pura devia reconhecer a existência de ordens jurídicas de conteúdo político, diverso do conteúdo liberal ou social-democrático que exibia nos povos europeus ocidentais." Deveria constituir-se em uma *teoria do Direito* que tivesse condições conceituais para reconhecer a existência, ao lado do Direito democrático-liberal, de um Direito soviético, fascista, nazista. É isso que representa a sua vocação adiáfora da mais absoluta neutralidade em face do conteúdo político, ético, religioso, enfim, axiológico das normas jurídicas (Machado Neto, *Teoria da Ciência jurídica*, p. 135).

A teoria pura nasce, desta feita, como uma crítica das concepções dominantes na época sobre os problemas do *Direito Público* e da *Teoria do Estado*.

Kelsen, com sua doutrina, reagiu à anarquia conceitual a que a "má consciência científica do jurista tinha reduzido a meditação científica do Direito" (Machado Neto, *Teoria da Ciência Jurídica*, p. 136) ao identificá-la à ciência natural. *A teoria pura do Direito, como observa Machado Neto, é a mais autêntica tentativa de fundamentação autônoma da ciência jurídica, pois antes dela a ciência jurídica estava reduzida a* "ancilla sociologiae" *e a inerme protetorado teórico de quanta ciência causal existia* (Machado Neto, *Teoria da Ciência Jurídica*, p. 136; Tercio Sampaio Ferraz Jr., "Por que ler Kelsen hoje?", *O Estado de S.Paulo*, p. 13, chegam a afirmar que "a obra de Kelsen ainda o mantém vivo. Suas implicações para a ciência jurídica, para a lógica da norma e para a aplicação do Direito são tão fecundas que, por mais que o critiquemos, não deixam de desvendar novos ângulos e novos encaminhamentos"). O denominador comum dessa teoria é sua apaixonada postura *gnoseológica*; nela o jurista encontra delineado seu método de trabalho.

Não há dúvida de que o positivismo dessa doutrina é um fenômeno quantitativamente majoritário no início do século XX, mas, considerado qualitativamente, pode ser tido como um fenômeno universal. Isto porque tem acompanhado o espírito dos juristas atuais que "nela encontram o seu próprio *habitat* teórico", já que pode tal concepção ser considerada "como o *ovo de Colombo* da teoria jurídica". Contudo, com isso "não se quer dizer que ela seja a palavra final sobre matéria tão rica de implicações teóricas" (Machado Neto, *Teoria da Ciência jurídica*, p. 137).

Com base nas descobertas kelsenianas, surgiu, na Argentina, nos meados do século XX, um movimento filosófico com o escopo epistemológico de proporcionar ao cientista do Direito a utilização de instrumentos mentais que tornem possível conhecer melhor o Direito; tais instrumentos constituem o *egologismo existencial*. O fundador dessa escola, Carlos Cossio, concebeu uma problemática jurídico-filosófica inteiramente voltada para a investigação jurídico-científica e baseada no instrumental teórico da filosofia contemporânea – a fenomenologia, a filosofia dos valores e o existencialismo. A escola egológica colocou, assim, a ciência jurídica à altura dos tempos atuais e das mais recentes descobertas da moderna epistemologia (Machado Neto, *Teoria da Ciência Jurídica*, p. 146 e 176; Cossio, *El Derecho en el Derecho judicial*, p. 10-63), daí a sua grande valia para o nosso estudo.

Feitas as considerações históricas, é bom esclarecer que procuraremos estudar os pressupostos, condições de possibilidade e tipo de ciência jurídica, analisando os fundamentos em que repousam os princípios que informam sua atividade, bem como a delimitação de seu objeto temático, e verificando quais os métodos que dão garantia de validade aos resultados teóricos alcançados para, a partir daí, ser possível consignar uma verdadeira contribuição para a formação do conhecimento científico do Direito (Maria Helena Diniz, *A Ciência jurídica*, p. 8-13).

19. Ciência Jurídica e Ciência do Direito

Muito embora expressiva parcela de estudiosos do Direito comumente utilizem, como sinônimos, as expressões *Ciência Jurídica* e *Ciência do Direito*, a verdade é que mais correta é a última designação, considerando que o *Direito* não se limita a um conteúdo meramente jurídico, permitindo, ao contrário, ilações ou inferências no mundo metajurídico.

20. Ciência do Direito como ciência normativa

Consoante magistério de Maria Helena Diniz (*A Ciência Jurídica*, p. 121-5),

> A problemática de se saber se a *Ciência do Direito* é ou não uma *ciência normativa* é árdua, devido à ambiguidade dessa expressão. Deveras, o termo *ciência normativa*, por ser equívoco, tem dado lugar a inúmeras disputas meramente verbais para poder ser utilizado com sucesso (Bobbio).
>
> Trata-se de termo impróprio e contraditório, que pode indicar duas ou mais coisas diversas e não conexas entre si, de modo que necessário se torna clarificar esse vocábulo.
>
> A concepção dominante é a de que a *jurisprudência é uma ciência normativa*. Mas nota-se que cada autor a considera como normativa por vários motivos. Uns lhe conferem a normatividade em razão do método, outros, em virtude do objeto ou da função, o que dificulta, de uma certa forma, a perfeita compreensão do problema.
>
> Urge verificarmos quais são os sentidos em que se tem atribuído à *Ciência do Direito* o caráter de *ciência normativa*.
>
> Na verdade, podemos destacar três versões que a expressão *ciência normativa* comporta:
>
> a) *a ciência que propõe normas;*
>
> b) *a ciência que se limita a estudar normas;*
>
> c) *a ciência que conhece mediante normas* (Georges Kalinowski).
>
> ### a) Ciência normativa no sentido de Ciência que estabelece normas
>
> A *Ciência Jurídica* tem sido qualificada, por alguns juristas, como ciência normativa na acepção de que seria um saber ou *ciência* que estabelece normas com a finalidade de dirigir a conduta humana na sociedade no sentido da justiça.
>
> Essa expressão foi empregada pela primeira vez por Wundt. Seus prosélitos chegaram a afirmar que era o caráter científico da jurisprudência que garantia verdadeiramente a prescrição de normas. Era o jurista, segundo esses autores, que notava quais eram as necessidades sociais e antecipava com suas fórmulas o que, no porvir, seria estabelecido pelo poder político e pelos membros componentes da sociedade.
>
> Fácil é denotar que, nesta acepção, a *Ciência do Direito* seria uma *ciência* valorativa, pois somente seria possível o estabelecimento de normas de conduta em virtude de determinadas pautas axiológicas, uma vez que só depois de um juízo de valor sobre o que é justo ou injusto, conveniente ou não etc. é que se emite normas. Isso contradiz o princípio da neutralidade axiológica –

preconizado pela grande maioria dos epistemólogos –, que deve nortear todo saber científico (GEORGES KALINOWSKI).

b) Concepção kelseniana da Ciência normativa

A pretendida distinção entre *ser* e *dever-ser* estabelecida por HANS KELSEN é o ponto central em sua doutrina ante o velho problema de se saber se a *jurisprudência* é ou não uma *ciência normativa*.

KELSEN, ao determinar que o *Direito* deve ser visto como um sistema de normas, buscou limitar a *Ciência Jurídica* ao conhecimento e descrição das normas, afirmando decisivamente que ela seria uma *ciência normativa*, porque conhece normas e não porque as estatui. Entendia assim que o simples fato de que uma *ciência* seja qualificada de *normativa* não quer dizer que ela tenha por escopo prescrever um determinado comportamento.

De modo que, segundo a doutrina kelseniana, deve-se excluir a conclusão que "normativo", referido à atividade do teórico do *Direito*, significa "prescritivo". A função do jurista, ou melhor, da *Ciência Jurídica* é tão somente descrever as normas. Isso porque *ciência* é conhecimento, e conhecer é uma simples e neutral apreensão conceitual de um objeto dado.

Sendo assim, a *jurisprudência* não conhece a si mesma, mas ao *Direito* entendido sob o prisma gnoseológico, como norma. A *ciência* não assume uma atitude ativa, já que apenas contempla seu objeto. Eis por que, para KELSEN, não se pode dizer que a *Ciência do Direito* prescreve normas, pois se é ciência nada pode estabelecer, e se o fizer deixa de ser *ciência*.

Segundo o *Mestre de Viena*, a *jurisprudência* "concentra sua visualização sobre a norma jurídica", procurando estudá-la e descrevê-la com absoluta neutralidade, rejeitando considerações de ordem valorativa como o ideal de justiça, a finalidade da norma, os motivos para modificar ou revogar uma disposição legal. Daí a função teorética e não política do jurista. Procurou excluir também a teoria pura do Direito do âmbito da jurisprudência o "estado empírico de fatos casualmente considerados que ocorrem ao lado do aspecto normativo do *Direito*", ou seja, de todos os elementos que pertencem ao mundo do "ser" que, por sua vez, devem ser analisados pelas *ciências causais*, por exemplo, pela *Sociologia jurídica* –, que estudam e explicam os fenômenos pela via metódica da causalidade. Nítida é, portanto, a contraposição feita por KELSEN entre *ciência causal* e *ciência normativa*, que interpreta a conduta recíproca dos homens, segundo o princípio epistemológico da imputação "não descrevendo como se processa a conduta humana determinada por leis causais no domínio da realidade natural, mas, como ela, determinada por normas positivas, se deve processar".

Para a teoria em tela, a *jurisprudência* não tem nenhuma função prescritiva que, na verdade, não é de sua alçada. KELSEN coloca a questão como sendo um problema da distinção entre a função do jurista e a do órgão.

É mister que se deixe bem claro que o termo "normativo" não se contrapõe, na concepção kelseniana, ao vocábulo "descritivo", mas ao "explicativo", da mesma forma que o "descritivo" não se contrapõe ao "normativo", mas ao "prescritivo". É por isso que KELSEN afirma ser a *Ciência Jurídica* concomitantemente normativa e descritiva. É descritiva no sentido de que não prescreve normas, e normativa no sentido de que o que descreve através da imputação não são fatos, mas normas, de modo que é descritiva não daquilo que "é", mas do que "deve ser". Sua tarefa não consiste, portanto, em explicar como ocorrem os fenômenos sociais que deram origem a uma norma.

A *jurisprudência* é a *ciência* do "dever-ser"; destina-se a descrever normas que determinam o advento de uma consequência toda vez que se verificar um fato genericamente previsto, sendo, portanto, sua natureza puramente normativa.

Entende BOBBIO que, para KELSEN, a *Ciência do Direito* é normativa no duplo sentido de ciência que tem por atividade cognoscitiva conhecer normas, descrevendo-as, qualificando normativamente comportamentos com base no critério da licitude e da ilicitude (*Sollen* como ponto de vista), devendo, para tanto, fazer referência a um sistema de normas, ou seja, estabelecer imputativamente conexões entre as normas, alcançando assim o seu objetivo formulando um "dever-ser" (*Sollen* como resultado).

É normativa a *Ciência Jurídica*, no sentido kelseniano, não tanto pelo seu objeto, mas, principalmente, pela sua função.

Essa interpretação do termo *ciência normativa* dada por HANS KELSEN é a que predomina entre os cultores da *Ciência Jurídica* (LEVI-BRUHL).

c) O sentido propugnado por CARLOS COSSIO

Esta última acepção do vocábulo *ciência normativa* é uma invenção egológica. CARLOS COSSIO, ao considerar que Direito é conduta compartida e que, por isso, o objeto da *Ciência Jurídica* só poderia ser tal conduta, afastou a tese dominante segundo a qual a *jurisprudência* é normativa por ter por objeto normas, afirmando que ela tem esse caráter, porque o jurista conhece seu objeto (conduta) por meio de normas.

A *Ciência do Direito*, para a egologia, não conhece normas. Todavia, como o conhecimento jurídico-científico da conduta em interferência intersubjetiva, sem que se faça a abstração da liberdade, que lhe é essencial, só é possível com a norma, a jurisprudência será normativa, porque, mediante a conceituação normativa, pensa a conduta humana, qualificando-a juridicamente. É, por outras palavras, a ciência da conduta jurídica conhecida através de normas.

Tem razão MACHADO NETO ao verificar que tanto o sentido proposto por KELSEN como o propugnado por COSSIO são compatíveis com a cientificidade.

Realmente, ambas as significações estão corretas sob o ponto de vista da linguagem e racionalmente justificadas sob o prisma da *Teoria da Ciência*. Entre KELSEN e COSSIO há apenas uma diferença de *Weltanschauung*: suas teses resultam da concepção que têm do mundo e da vida, de modo que, na maioria das vezes, as mesmas coisas possuem sentidos radicalmente diversos (MARIA HELENA DINIZ, *A Ciência Jurídica*, p. 121-5).

21. Ciência de projeção comportamental (ou de projeção de um mundo ideal – meta do dever-ser)

Diferentemente de todas as demais ciências que analisam fenômenos (naturais e sociais) no contexto do mundo como ele efetivamente se apresenta (mundo do ser), projetando normas que se limitam ao mesmo (ou seja, à realidade posta), o *Direito* busca a análise de fatos sociais, com o exclusivo intuito de projetar comportamentos em que esses mesmos *fatos se repitam* (por meio das chamadas normas conservadoras – ou reprodutoras de condutas) ou *não se repitam* (por intermédio das denominadas normas de reprovação de condutas – referentes a juízo próprio e específico de reprovabilidade), caracterizando um *mundo ideal* e, por consequência, uma *meta do dever-ser* (e, por consequência, uma realidade pressuposta).

22. Ciência axiológica

Da mesma forma que o *Direito* se caracteriza, sob o prisma hermenêutico, como uma *ciência* de "duplo processo interpretativo" (ou "sobreinterpretação"), igualmente se processa como uma *ciência* de *valoração* factual ampliada, ou mesmo de "sobrevaloração".

Isto significa, em linguagem objetiva, que no âmbito da *Ciência do Direito* o processo de *valoração* intrínseca de um *fato*, concebendo uma dada *norma*, não se restringe a um *espectro valorativo* (de cunho científico) nitidamente *objetivo* (ou exclusivamente interpretativo), mas, ao contrário, necessita da imposição de *valores sociais* (derivados da *ética*, da *moral* etc. e que, necessariamente, são mutáveis no *tempo* e no *espaço*) e de *valores intrínsecos* (tais como *segurança, justiça, ordem* etc.).

Como os *valores axiológicos* do *Direito* podem, inclusive (em dadas circunstâncias), ser antagônicos (segurança *versus* justiça, por exemplo), incumbe ao *processo valorativo* (de feição axiológica) particular do *Direito* a busca permanente de uma solução conciliadora, representada, em última análise, pelos diferentes *ramos científicos do Direito* (Direito Penal, Civil, Tributário etc.) que *ponderam*, de maneira propositadamente desigual, os diferentes valores intrínsecos em cada dada situação efetiva.

Não é por outra razão que, após duas horas acaloradas de debates, o Superior Tribunal de Justiça tomou uma decisão inédita no Brasil. *Negou o cancelamento do registro de paternidade*, mesmo após um exame de DNA comprovar que um pediatra de Goiás não era o pai biológico de uma criança. A razão: a sentença já havia transitado em julgado. O STJ optou por manter a sentença para preservar a "*segurança jurídica*" no campo do Direito Civil. A ação foi julgada em primeira instância em 1993 e a decisão, à base de provas testemunhais, foi pelo reconhecimento da paternidade. Em segunda instância, manteve-se a decisão. E, em grau de recurso, chegou o caso ao STJ, que não julgou a ação por se tratar de matéria de prova – é conveniente lembrar que o STJ só tem competência para julgar matéria de direito. Só depois de vencidos os prazos legais em que podia recorrer, o pediatra entrou com uma ação de *negação de paternidade*, exigindo o exame de DNA e pedindo o cancelamento do registro civil. O exame provou que não era ele o pai. Mas aos olhos da lei era tarde demais. Prevaleceram no STJ os argumentos de que a *matéria julgada deveria ser preservada*, sob pena de abrir um precedente que determinaria a possibilidade de reavaliação constante de ações já julgadas, fazendo, desta feita, pois, prevalecer o princípio de *segurança jurídica* sobre o valor da *justiça*, como valor axiológico básico inerente ao Direito, considerando, sobretudo, a natureza não penal do Direito Processual vertente à hipótese.

23. Sentença transitada em julgado

Não obstante ser comum na linguagem forense a expressão "*sentença transitada em julgado*" no sentido da imutabilidade da decisão judicial, ela não pode ser interpretada (como, aliás, nenhuma *regra* ou *norma* de *Direito*) sob o prisma exclusivamente *literal*, considerado, nesse particular, que o *trânsito em julgado* (e seu consequente *efeito preclusivo*) cinge-se ao *conteúdo da sentença* (*rectius: decisum*) e não propriamente a seu *continente*, que pode ser rescindido por meio de ação própria.

Parte 2

Da Imperatividade do Direito Positivo e do Poder do Juiz

Notas complementares

Muito embora Isabel Cristina Leopoldina Augusta Micaela Gabriela Rafaela Gonzaga, historicamente conhecida por Princesa Isabel, tenha acreditado haver encerrado, de forma definitiva, o capítulo da escravidão em nosso País, com o advento da última lei da abolição, a denominada Lei Áurea, em 13 de maio de 1888, continuam, sem a menor sombra de dúvida, os *magistrados* – ao lado da absoluta totalidade dos demais cidadãos brasileiros – efetivamente aprisionados à absoluta servidão da *lei* (na qualidade última de regra fundamental do Direito Positivo), em seu sentido mais amplo.

> "O que faz uma República é a solidez das leis" (Charles de Secondat Montesquieu (1689-1755), escritor francês).

Não obstante o fato de possuir o juiz uma determinada condição, em princípio, acima da própria autoridade pública, de modo geral, por exercitar mais diretamente – agindo como Estado em nome do próprio Estado – o poder estatal, por meio da jurisdição, em nenhuma hipótese tem o magistrado uma autoridade e um poder que não estejam nitidamente previstos e limitados pela Constituição Federal e pelas leis infraconstitucionais que para ela convergem.

> "A lei é hoje o produto de um longo processo de consultas e acordos que se inicia antes da sua propositura parlamentar e, muitas vezes, apenas culmina no momento da sua aplicação" (Hespanha, 1993).

Por essa razão não podem os juízes – como erroneamente supõem os menos avisados – realizar o que se convencionou atecnicamente denominar-se justiça, de forma ampla, subjetiva e absoluta, considerando que o verdadeiro e único poder, outorgado legítima e tradicionalmente aos magistrados – desde o advento da tripartição funcional dos Poderes – é a prestação da tutela jurisdicional, com o consequente poder de interpretação e aplicação do ordenamento jurídico vigente, majoritariamente criado – em sua vertente fundamental – pelo Poder Legislativo, rigorosamente limitado à absoluta observância de regras próprias e específicas que, forçosamente, restringem o resultado final do que se convencionou chamar de justiça à sua acepção básica, objetiva e concreta e, portanto, dependente da efetiva preexistência de um denominado *Direito justo*.[1]

> "[...] O *princípio da legalidade* manifesta-se na ideia de que o processo de *concretização da lei* conduz a uma única solução conforme à ordem jurídica" (Andrea Auer).

> [...] hoje, entende-se por *justiça* a aplicabilidade eficiente e correta das leis vigentes em um determinado país. Um juiz faz *justiça* quando, imparcialmente, sem propender emocionalmente para esta ou aquela parte, aplica os preceitos legais cabíveis naquele caso em pauta (Jorge Jaime, *Dois conceitos: justiça e justo*).

> A *justiça* consiste em aplicar a pena conforme a lei (Fernando Whitaker, fazendo alusão ao Código de Manu – art. 660, "Direito penal do trabalho", *Revista de Direito do Tribunal de Justiça do Estado do Rio de Janeiro*, p. 31).

> "*Não se discute se a lei é justa ou injusta, mas se o comportamento é ou não legal.* A lei, neste conceito, tem valor dogmático. [...] Quando aplicadas *para caracterizar uma regra geral ou uma ordem, as palavras justo ou injusto carecem de significado*" (Rawls).

> Se as leis são injustas, mudem-se as leis. Caso sejam inconstitucionais que assim sejam declaradas. Não cabe ao juiz deixar de aplicá-las de acordo com sua ideologia, consciência e critério, apoiado em uma suposta "justiça social". Já ensinava Ennecerus que, ante a insubordinação Direito Positivo ao Direito ideal ou à justiça absoluta, deve caber ao legis-

> lador a tarefa de corrigir a injustiça por meio da derrogação da lei má, mas não ao juiz recusar-lhe aplicação em nome de uma justiça ideal (Hélio Cavalcanti Barros, "Direito Alternativo").

Esta é exatamente a *prisão* e a consequente *servidão* a que estão vinculados os membros do Poder Judiciário (além de todos os demais cidadãos brasileiros), sem qualquer exceção, em sua missão última e derradeira de – ao dizer o Direito a ser aplicado – realizar, em última análise, o verdadeiro anseio de jurisdicionado, no sentido de alcançar o que ele mesmo ousou definir como *justo* ou, em termos mais amplos, como *justiça*.[2]

> O problema que se pode arguir, de início, é saber-se se um juiz pode, *aplicando a justiça*, ser justo. Modernamente esses dois conceitos não são sinônimos. As leis são coercitivas, educativas, estruturantes sociais por excelência. Mas podem ser injustas [...] (Jorge Jaime, ob. cit.).

> [...] O magistrado não é um homem para se contrapor à ordem jurídica. O magistrado é um homem para dar concreção a uma ordem jurídica. Ordem jurídica que tem uma feição política irrelutável, porque não tem sentido que você imagine uma contradição dialética dentro do exercício do próprio Poder (J. J. Calmon de Passos, "A formação do convencimento do magistrado e a garantia constitucional da fundamentação das decisões judiciais").

Imperioso ressaltar que é, de fato, muito difícil para o magistrado compreender e, principalmente, manter-se nesta limitada condição de *humilde servo* da lei *lato sensu*, realizador, portanto, de uma *justiça* adstrita (e, por efeito, limitada), irremediavelmente dependente da criação de um *Direito justo* (material e processual) por um outro poder, absolutamente soberano e independente, mas, por vezes, *data maxima venia*, distante e divorciado da realidade social e dos verdadeiros anseios dos integrantes do povo, na qualidade de permanentes potenciais jurisdicionados.

> Na verdade, embora com atividades restritas, os juízes *possuem opiniões pessoais* sobre assuntos políticos. O *bom julgador, no entanto, é aquele que consegue deixar sua formação política em segundo plano, no momento do julgamento*, e colocar acima dela a preservação da ordem

> jurídica (Sidney Sanches, ministro-presidente do STF, "O Judiciário deve cumprir e fazer cumprir a Constituição", *GM*, 25.06.1992).

No entanto, essa específica condição do magistrado é, em princípio, absolutamente imutável – quer por sua própria vontade em eventual comunhão ou não com uma das partes do processo ou, até mesmo, com a plena concordância de ambas as partes e com o próprio Ministério Público. Assim é que – não obstante a eventual insistência de um ou outro juiz em procurar realizar o denominado "justo" – a grande totalidade dos magistrados se vê *consciente* na inafastável obrigação de ter que aplicar, independente de sua livre vontade, a lei objetiva adequada ao caso concreto, ainda que esta possa produzir, *por meio de sua correta interpretação*, um resultado que aparentemente o julgador possa, em seu juízo particular de valoração, entender como objetivamente "injusto".

> Constituirá, sem dúvida, um perigo insuperável, uma absoluta negação do valor segurança o admitir-se que os juízes e, muito menos, as partes possam litigar com base no que é justo, dada, sobretudo, a invencível dificuldade de se estabelecer qual é o justo de cada um (Francisco W. L. Dantas, "Uma abordagem hermenêutica sobre o chamado Direito Alternativo", *Revista AJUFE*, p. 15-6).

Essa virtual limitação, é conveniente frisar, atinge todos os espectros de pronunciamentos judiciais positivos ou negativos (ou seja, por ação ou omissão), na efetiva aplicação de um dado dispositivo legal que, por qualquer motivo, deva ser observado em um caso concreto, levado ao conhecimento do magistrado.

> Ora, para que algum juiz pudesse ser, realmente, justo, teria de possuir poderes que a sociedade ainda não lhe outorgou. Sua onipotência precisaria ser reconhecida, pois, para fazer-se justo, muitas vezes teria que reformular toda a estrutura social daquele momento histórico. O juiz não faz e nem propõe leis: este poder pertence ao Legislativo e, em certos regimes políticos, o Executivo pode sugeri-las, pode decretá-las [...].
>
> O lógico seria que os juízes fossem consultados na feitura das leis para informar serem elas justas ou não. Mas isto não acontece. E, uma vez *impostas as leis, mesmo as injustas, serão cumpridas com a conivência pacífica dos juízes* (Jorge Jaime, ob. cit., *JC*, 09.07.1992).

É por esta razão que, independente da simples vontade, derivada da valoração particular e subjetiva do juiz, ele não pode *conceder* qualquer tipo de *medida judicial* sem a comprovada presença da totalidade de seus requisitos condicionadores – além da rigorosa observância de todas as normas jurídicas constitucionais e infraconstitucionais, dotadas do atributo da eficácia relativa a elas –, como também não pode deixar, por outro lado, de conceder a medida vindicada, quando efetivamente provados todos os seus pressupostos autorizadores.

> [...] Destarte, *descabe segurança contra ato praticado pelo juiz no exercício normal da faculdade de julgar*, constatada existência dos pressupostos materiais e processuais que possibilitem cognição e legitimem a prestação jurisdicional. *A decisão poderá ser até acoimada de injusta*, mas certamente não será ilegal ou abusiva, únicas hipóteses de cabimento do *mandamus* [...] (TRF, 3ª Região, MS n. 31/89, Juiz Fleury Pires) [grifos nossos].

Por obra do óbvio, resta absolutamente correto afirmar que essas referidas limitações e imperatividades das normas relativas ao Direito Positivo vigente não atingem apenas os magistrados mas, evidentemente, todos os integrantes da denominada tríade da justiça (o que inclui, além dos juízes, os advogados e os membros do Ministério Público), bem como o próprio somatório dos cidadãos em nosso País e até mesmo no estrangeiro.

Trata-se, de maneira efetiva, da inafastável imperatividade – e, por via de consequência, rigorosa observância – das normas jurídicas de Direito Positivo – por todos (mas, em especial, pelos aplicadores da lei) – como natural imposição da *segurança das relações sociojurídicas*, dentro do contexto amplo do binário básico do Direito que privilegia, além da dimensão do valor da *justiça*, fundamentalmente o plexo axiológico da *segurança das relações jurídicas*.[3,4]

> O Direito, portanto, não é uma coisa que gera justiça. O Direito é uma coisa que gera ordem. Em termos de exercício de poder, pode ou não gerar justiça (J. J. Calmon de Passos, "A formação do convencimento do magistrado e a garantia constitucional da fundamentação das decisões judiciais").

Por efeito, devemos concluir não ser possível – a título de aplicação do denominado *Direito Alternativo* ou a qualquer outro – produzir-se uma verdadeira subversão à ordem legal – na qualidade de garantidora última da estabilidade social –, criando (sem legitimidade e competência para tanto) um verdadeiro Direito paralelo, absolutamente divorciado das normas legais vigentes e da técnica jurídica própria, efetivamente vinculativa (e, portanto, restritiva) de sua correta interpretação.[5]

> A lei não pode nunca envolver uma injunção de ordem geral que na realidade traduza o que seja mais conveniente para cada um em particular; ela não pode determinar com absoluta exatidão o que seja bom e direito para cada membro da comunidade a um só tempo, seja qual for. As diferenças da personalidade humana, a variedade a que se entregam as pessoas e a inexorável instabilidade de todos os negócios humanos tornam impossível, seja como for, ditar regras gerais que se mostram boas para todas as questões em todos os tempos (Platão *apud* Victor A. A. Bonfim Marins, "Sobre o juiz, a lei e a ideia de Justiça", *Revista de Direito Civil*, v. 36, p. 7).

Notas complementares

1. Conceito de legal e de justo

A respeito do tema da aparente dualidade entre os conceitos de *legal* e de *justo*, é oportuno transcrever algumas das considerações procedidas pelo Des. Felippe Augusto de Miranda Rosa ("O legal e o justo", *JC*, 04.09.1992):

> A questão das diferenças entre os *conceitos do legal* e do *justo* é velha. A seu respeito, não concordam todos os estudiosos, nem mesmo os aplicadores da lei. Costuma-se dizer que, na solução dos conflitos agudos e assim submetidos ao aparelho judicial, nem sempre se faz justiça com a utilização dos parâmetros legais para a sua composição. *Ou seja, juízes e tribunais, decidindo segundo dispõe a lei, muitas vezes produziriam resultados injustos.*
>
> Essa afirmação exige algumas considerações esclarecedoras. A primeira é de que é necessário definir o que é justo, em cada caso concreto. Quem formulará a definição? Quais os parâmetros para isso? Uma vez estabelecido o critério, se o resultado for diverso do alcançado pela aplicação da lei, então, será reconhecida a distância entre o justo e o legal, no caso.

A segunda ordem de ideias a desenvolver é a constatação *de que a lei visa, por princípio, a realizar a justiça. A sua destinação é essa.* Para que tal objetivo seja atingido, porém, são estabelecidas regras básicas e uniformes, coerentes entre si, que constituem a ordem jurídica. Tal conjunto é um sistema de normas de conduta que incluem os procedimentos judiciais. As normas, entretanto, não podem prever todos os casos específicos e concretos que poderão ser submetidos a decisão. Em consequência, nem todos os aspectos individuais de cada caso podem ser abrangidos pela regulamentação legal. Há dados, principalmente no campo do subjetivo, dos valores, das opiniões e dos sentimentos, que fogem à disciplina das leis. Outro tipo de reflexão diz respeito ao conceito de justiça. Ele tem duas faces: *a de justiça-valor e a de justiça-instituição.* A primeira diz respeito ao que é abstratamente tido como justo (bom, equânime, correto, desejável etc.); a segunda refere-se ao aparelho estatal ao qual se incumbe realizar a primeira mediante a aplicação da lei. De certo modo, foi com essa acepção que Jorge Jaime, recentemente, discutiu seu conceito em contraposição ao de justo, nestas mesmas páginas. Para ele, a ideia de justiça confunde-se com a de aparelho judicial, juiz, tribunal. É o que entendemos como o legal, *o plano da legalidade.*

Como não existe estrita correspondência entre querer e poder, assim também não concordam sempre o justo e o legal. A lei *"quer" realizar o justo, mas nem sempre "pode" fazê-lo. É ela, entretanto, o caminho pragmático para se buscar o que é justo, ou seja, a justiça-valor.* Instrumento humano, a lei (que aqui se confunde como o próprio Direito) é imperfeita, insuficiente, contida em expressões verbais que não abrangem a complexidade de todos os fenômenos psicológicos e sociais; mas é o caminho.

2. Imperatividade da ordem jurídica frente às decisões judiciais

A propósito da imperatividade da ordem jurídica frente às decisões judiciais, assevera Eustáquio Silveira, juiz do Tribunal Regional Federal da 1ª Região ("Autofagia do Judiciário", *JC*, 18.05.1993*)*, que:

> Não há pior juiz do que aquele que busca a notoriedade. Que só decide pensando na repercussão favorável que a sua decisão terá na mídia e, com esse objetivo, *pratica todas as ilegalidades e abusos imagináveis, passando ao largo da lei e da ordem jurídica.* Magistrado como esse não

> pode exercer a função que exerce, não está preparado para representar o Estado na sua atividade jurisdicional. Deve ser extraído dos quadros da magistratura, porque a ela desserve.

No mesmo sentido, uma série de reportagens publicadas em periódicos de prestígio nacional tem revelado grande preocupação com uma crescente e perturbadora "politização" do Poder Judiciário.

> Há alguns anos, uma pesquisa entre juízes federais revelou que cerca de *70% deles tinham a pretensão de fazer "justiça social" com suas decisões*. Uma *empulhação*, claro: o juiz que faz ou pretende fazer primordialmente *justiça social* deixa de fazer justiça. Além de *usurpar um mandato que não lhe foi concedido pela sociedade*. Na semana passada, esse falso debate voltou tristemente à baila: a Associação Paulista de Magistratura brandiu que suas decisões visam a *erradicar a pobreza* ("Juízes heróis", in *Veja*, 09.02.2005).

3. Plexo axiológico-jurídico

Consoante os ensinamentos de A. L. Machado Neto (*Compêndio de introdução à Ciência do Direito*, p. 75):

> Ao lado do justo, costuma-se afirmar que formam o plexo axiológico-jurídico um total de sete valores: *ordem, segurança, poder, paz, cooperação, solidariedade e justiça*. E, ao se privilegiar, demasiadamente, um dos valores, por maior importância que possa ter, no caso a busca do *justo*, fatalmente se desatenderá aos demais.

4. Tensão dialética do Direito

A respeito desta verdadeira ambivalência do Direito é importante salientar o que se convencionou chamar de efetiva existência de uma permanente *tensão dialética* no Direito, que se encontra presente no fato de que, sob o ângulo da sociedade civil, invariavelmente o Direito é visto como a procura desesperada de um meio para a realização do máximo de justiça social, de outro lado, do ângulo dos governantes, da cúpula dirigente, o Direito é visto como uma tentativa de dar o mínimo de espaço social aos indivíduos, na partilha do poder, como tem sustentado, *data maxima venia*, apenas com alguma propriedade, dado o extremado rigor de suas ponderações, CALMON DE PASSOS, "Democracia, participações e processo", colaboração na obra *Participação e processo*, p. 86-7 (também, a esse respeito, do mesmo autor, *Comentários ao Código de Processo Civil*, v. X, t. I, p. 14-5).

5. Aplicação interpretativa alternativa do Direito

É oportuno ressaltar, entretanto, que diversos autores (alguns fundamentados em concepções filosóficas e históricas há muito superadas) – particularmente juízes mais jovens – têm defendido apaixonadamente a *aplicação interpretativa* do Direito de forma *subjetiva* e *atécnica*, com fulcro, sobretudo, em uma *concepção ideológica* a partir da qual seria conclusivo que o *Direito legislado* não foi (e não é) uma manifestação legítima da *vontade do povo*, exteriorizada por meio de seus representantes eleitos no Legislativo.

Muito pelo contrário, sustentam os adeptos dessa corrente de pensamento que o *Direito legislado* – particularmente no Brasil – seria (e continua a ser) simples manifestação formal da vontade dos poderosos e instrumento último de "dominação das massas", o que, por si só, legitimaria a "correção judiciária (aplicativa)" das leis, independentemente da observância (técnica) do denominado *vetor interpretativo* como princípio basilar de *hermenêutica jurídica.*

> *Não é possível, portanto, conceber o direito sem o ideal da correção das desigualdades. Temos então a pressão de valores morais e sociais sobre o Direito.* Os ideais sociais e morais interferem no Direito em todo o seu processo – legislativo, processual e jurisprudencial. *A aplicação das leis, também, não é tarefa mecânica, mas devem-se levar em consideração os valores sociais e os direitos humanos.* Aceitar *as normas como instrumento de justiça e de liberdade e não como imposição dos detentores do poder é um dever do jurista* (HABERMAS. Apud LUÍS MIR. *Guerra civil: estado e trauma,* p. 192) [grifo nosso].

> O juiz não pode ser um cego cumpridor da lei [...]. Se o Legislativo fosse neutro, legislasse para o *bem comum*, a gente cumpriria a lei [...]. Tem lei que não é feita para os juízes cumprirem [...] (Des. CELSO LIMONGI. Apud FAUSTO MACEDO e SIMONE HARNIK. "Juiz não pode ser um cego cumpridor da lei, diz LIMONGI". *Estado de S. Paulo*, 03.02.2005) [grifo nosso].

Parte 3

Da Vertente do Direito Alternativo e do Uso Alternativo do Direito

Notas complementares

1. Valor axiológico da justiça no Direito
2. O "Direito" como fato
3. Outros princípios amplos da Teoria Geral do Direito que afastam o rigor da aplicação das normas do Direito Positivo
4. Compreensão do substrato da norma jurídica
5. Impossibilidade de condenação judicial do Estado
6. Função judicante e Direito Alternativo
7. Riscos e consequências da aplicação do Direito Alternativo e/ou do uso alternativo do Direito
8. Direito Alternativo sob a ótica filosófica
9. Lei, Direito e Justiça em uma visão alternativa
10. Ministério Público e Direito Alternativo
11. Sentenças políticas
12. Direito Alternativo e Justiça social

Não obstante a quase indiscutível acepção clássica da imperatividade do *Direito positivo* e do poder – sob certo aspecto – amplamente limitado (pois, condicionado e vinculado à estrita observância das regras legais em vigor) do juiz na apreciação das diversas *medidas judiciais,* subsiste em nosso seio – ainda que de forma praticamente marginal – a *acepção alternativa de um Direito paralelo com igual designação* ou, de forma mais branda, pelo menos, o que alguns autores reconhecem como *uso alternativo do Direito* – expressão cunhada na Europa, onde esta corrente de pensamento jurídico começou a dar os seus primeiros passos –, que propugna, simplesmente, o rompimento da legalidade, quando esta parecer, aos olhos do julgador, ser obstáculo à dissolução da lide com "justiça".

Na realidade, ainda que tenha a Europa como berço, o Direito Alternativo – como um braço da atuação jurídica desta polêmica corrente estendido para a América Latina – ousa muito mais que sua matriz europeia (e não vai aqui qualquer toque depreciativo em tratar como matriz o pensamento que, primeiro, insurgiu-se na Europa como nova forma de fazer atuar o Direito).

Ocorre que os defensores do Direito Alternativo aqui – diferentes de seus parceiros europeus – impõem-se a arriscada, perigosa e irresponsável tarefa de pensar em um modelo alternativo que saiba indicar "*como agir para romper os limites da legalidade quando esta é entrave ao valor justiça comprometido com a maioria da população*" [Amilton Bueno de Carvalho, *Magistratura e Direito*

Alternativo (ou da liberdade no ato de julgar)], ou "*quando a legalidade em tese é justa, mas na concretização carrega injustiça*" (idem), ou ainda, "*quando deve ser efetivado um Direito democrático não oficial que conflita com o estatal*" (idem).

Dessa forma, a corrente alternativa no Brasil, reconhecendo a diversidade de relações sociais ou de relações jurídicas não assimiladas pelo Direito objetivo estatal, pretende tornar o juiz *um verdadeiro modelador de direitos, um autêntico escultor de uma ordem jurídica não reconhecida oficialmente que, contrastando com o Direito estabelecido, construa-se a partir do juízo pessoal e isolado do magistrado.*

A ordem jurídica que está sendo hostilizada pelo Direito Alternativo – se não por completo, ao menos em parte, no que entraria em conflito com a valoração silenciosa da norma produzida na consciência do julgador – sustenta-se em sistemas e princípios que procuram fincar diretrizes firmes para a aplicação de regras materiais e processuais nas situações concretas postas ao conhecimento do magistrado. Se estas parecerem distantes de veicular a denominada *justiça*, as diretrizes, tanto de normas processuais como materiais, procurarão indicar-lhes o caminho, tendo, para tanto, que outorgar certa parcela de liberdade ao juiz na formação de seu convencimento.

> O juiz não pode deixar de decidir sob alegação de lacuna ou obscuridade da lei. Cabe-lhe interpretar as normas legais que possam ser pertinentes, para adequadamente aplicá-las, e não as havendo, específicas, recorrer à analogia, aos costumes e aos princípios gerais de Direito, como resulta o art. 120 do Código de Processo Civil. *E igualmente não lhe cabe recuar, como já decidiu o Supremo Tribunal Federal, a aplicação da norma legal sob a alegação de que não se harmoniza ela com seus sentimentos de justiça e equidade* (RE n. 93.701/MG), pois não pode ele omitir-se nem substituir o legislador (ALDIR PASSARINHO, prefácio à obra *Vícios de capacidade subjetiva do julgador*, p. 3).

> Nós magistrados participamos da elaboração das leis. Quem as cria é o Legislativo e quem a elas concede vigência é o Executivo. O Judiciário apenas as interpreta e controla sua aplicação (JOSÉ LISBOA DA GAMA MALCHER, "Encontro do Colégio de Presidentes dos Tribunais de Justiça").

Esse é o risco maior, sobretudo quando instalado na verdadeira subversão das regras imperativas do Direito Positivo, particularmente pelos destrutivos efeitos que podem dela advir pela ausência de limites efetivos ao amplo poder discricionário (ou mesmo arbitrário) do julgador direcionado, ainda que não exclusivamente, mas preponderantemente, *in casu*, pelo seu subjetivo senso de "*justiça*".[1,2]

> [...] *Pode-se pretender mudar a lei, buscando um Direito Justo, mas o caminho indicado é a via democrática, mediante as pressões legítimas exercidas sobre o Parlamento, o trabalho de convencimento, a persuasão, a dialética, a divulgação das ideias e das teorias. Principalmente, procurando-se eleger representantes do povo que dignifiquem os seus mandatos, que produzam leis mais consentâneas com o interesse público, com a paz e com o bem-estar social.* Não se permite, contudo, que alguém, sem mandato popular, se arvore em legislador, pretenda aplicar o seu próprio e duvidoso Direito, numa indiscutível ameaça à *segurança jurídica*. No dia em que cada juiz fizer a sua lei, a justiça será para as pessoas uma verdadeira "*loteria*", em que quase sempre se perde e raramente se ganha. Por outro lado, "*fazer justiça*" não é invariavelmente decidir-se em favor do pobre, do "*desprotegido*", do menos aquinhoado pela sorte. As pessoas são diferentes, por isso que é necessário tratar os desiguais com desigualdade a fim de praticar-se a igualdade, conforme a milenar lição aristotélica.
>
> Finalmente, é irrefutável que o Brasil, hoje, é um Estado Democrático de Direito, onde o povo é o único detentor do poder, exercendo-o, porém, ou diretamente, ou por meio de representantes eleitos, significando que o *juiz não é legislador e que a lei obriga a todos, indistintamente*. O que o aplicador da lei pode (e deve) é *interpretá-la*, estabelecendo-lhe o significado e o alcance, a fim de que a sua aplicação se dê atendendo às suas finalidades sociais. *Apenas nos casos de inexistência da norma legal, o juiz recorrerá à analogia, aos costumes e aos princípios gerais do Direito*. Quanto à equidade (*sentimento de justiça avesso a um critério de julgamento estritamente legal*), somente será aplicado nos casos previstos em lei (CPC, arts. 126 e 127).
>
> Isso não quer dizer que o juiz é mero aplicador da lei. Na sua *função interpretativa*, ele *cria o Direito, revelando o verdadeiro significado da norma, sem, contudo, afastar-se da lei.*
>
> O Movimento (pelo) Direito Alternativo é válido enquanto luta por um Direito mais justo, mais moderno, que melhor corrija as desigualdades sociais e econômicas, não se podendo confundir nunca tal movimen-

> to com a pretensão retrógrada de alguns de substituir a *lei* (norma genérica) pela *sentença* (norma individual) [EUSTÁQUIO SILVEIRA, "O (verdadeiro) movimento pelo Direito Alternativo", *Resenha do TRF da 1ª Região*, v. 4, n. 4, p. 14-5].

Nunca é demais lembrar que o *Poder Judiciário* não é e nem deve ser instrumento adequado de realização da denominada *justiça social*, posto que sua finalidade – tão nobre e importante como aquela – restringe-se à *prestação da tutela jurisdicional* de forma *independente* e *imparcial*, interpretando e aplicando às situações particulares e concretas a *norma jurídica geral* e *abstrata* produzida pelo *Poder Legislativo*, este sim inexoravelmente comprometido com o *bem comum* e, por efeito, com a tão apregoada *justiça social*. Entender de forma diversa significa subverter a própria *ordem democrática*, outorgando ao *Judiciário* e aos seus *membros* uma *discricionariedade* que eles simplesmente não possuem.

Nesse sentido – da ampla vinculação de todos os cidadãos e, em especial, de todos os integrantes do Poder Judiciário à *ordem jurídica oficial* (produzida legítima e competentemente pelo *Poder Legislativo*, cujos *membros* representam o *povo*, como titular único do Poder Constituinte) –, pronunciou-se, com mérita propriedade, o Ministro PÁDUA RIBEIRO, quando do desempenho do cargo de presidente do Superior Tribunal de Justiça, *verbis:*

> No Estado democrático é imperioso que os governantes e os cidadãos estejam sempre imbuídos do sentimento jurídico. O desrespeito à ordem jurídica traz graves consequências, pois desmoraliza o princípio da autoridade, encarnado pelo Executivo, avilta o Poder Legislativo, que exprime os anseios de liberdade do povo, desmoraliza o Judiciário, atingindo a sua razão de existir.
>
> No nosso sistema institucional, a garantia jurídica, em última análise, é a concedida pelo Judiciário. Poder independente como os outros dois, com os quais deve atuar harmonicamente.
>
> No quadro descrito, o Poder Judiciário, no exercício das suas atribuições, não presta vênia aos demais Poderes, nem deles as recebe, mas apenas à Constituição e às leis que com ela se conformem. *Cinge-se a fazer justiça sempre que, concretamente, seja invocada a tutela jurisdicional do Estado* (Ministro ANTÔNIO DE PÁDUA RIBEIRO, em cerimônia comemorativa do primeiro aniversário do STJ).

Não podemos nos esquecer, especialmente no que tange aos princípios gerais do Direito Processual Civil, de que é possível pinçar, sem adentrar em um autêntico Direito não oficial, algumas das diretrizes básicas defendidas pelos apaixonados defensores do chamado "*Direito Alternativo*" e que muito dizem sobre a parcela de liberdade conferida ao juiz, como as que a seguir mencionamos: *princípio da livre investigação das provas, princípio do impulso oficial, princípio da persuasão racional do juiz.*[3] Este último, tendo nascido da crítica do *sistema positivo (ou legal)* de apreciação de provas, há muito rechaçou a aplicação fria e puramente formal da lei. Tal sistema, relegado ao arcaísmo pelo moderno Direito, chegou a ser batizado por Lessona e Gusmão como "*Sistema de tarifamento de provas*". Sobre o *critério positivo*, aliás, o processualista brasileiro Moacyr A. Santos (*Primeiras linhas de direito processual civil*) fez comentário bastante didático:

> No sistema da prova legal, a instrução probatória se destinava a produzir a certeza legal. O juiz não passava de um mero computador, preso ao formalismo e ao valor tarifário das provas, impedido de observar positivamente os fatos e constrangido a dizer a verdade conforme ordenava a lei que o fosse. No depoimento de uma só testemunha, por mais idônea e verdadeira, haveria apenas prova semiplena, enquanto nos de duas testemunhas, concordes e legalmente idôneas, ainda que absurdos os fatos narrados, resultaria prova plena e, pois, certeza legal.

Queremos observar com isso que, ainda que as *regras do Direito* não sejam capazes, em todos os casos, de veicular a ansiada "*justiça*" para muitos dos conflitos que batem à porta do Poder Judiciário, há princípios no ordenamento jurídico do qual se originam que possibilitam ao magistrado temperar os seus efeitos na medida mais aproximada da justa composição do litígio.[4]

É imprescindível, por exemplo, para que a função jurisdicional não se desvie das ciências humanas que informam-na, que o princípio dispositivo privilegiado pela lei processual civil, por exemplo, esteja conciliado com o da livre investigação judicial e, principalmente, com a liberdade de convencimento do magistrado acerca dos fatos e provas que lhe chegam ao conhecimento. Esta é a garantia que as partes têm de que a "*questão jurídica*" entregue ao Estado não será resolvida sem a valoração judicial prévia do caso, em cotejo com a norma prevista para regulá-lo.

Há, no entanto, outra segurança que se faz mais necessária e importante: a que diz respeito à *estabilidade nas relações jurídicas*.

Se determinadas normas, ao serem aplicadas, não dissolvem com "justiça" a situação litigiosa, e por isso merecem dos defensores do Direito Alternativo a pecha de antissociais, não menos antissociais configuram-se as decisões que atropelam os mais expressivos *princípios de Direito*, sobre os quais se ergue todo um conjunto normativo pacificador de conflitos da sociedade, principal meio de impedir a arbitrariedade, verdadeiro óbice ao retorno da barbárie nas relações sociais.

> O juiz em muitas vezes se vê compelido a decidir com base em leis distanciadas das realidades sociais, sem se mostrarem capazes de conduzir à distribuição de uma justiça ideal. Nestes casos, é desejável que as leis imperfeitas, ou divorciadas da realidade social vigente, sejam reformuladas, *para que não venham a engendrar as absurdas sugestões do Direito Alternativo*, conduzir à desobediência civil ou mesmo à justiça feita pelas próprias mãos (Des. Áurea Pimentel, por ocasião da posse de Paulo Sérgio Fabião no cargo de desembargador do TJRJ em 11.11.1994; *JC*, 12.11.1994).

Não podemos deixar de ter em mente (e isto se aplica de forma generalizada mas, em particular, no que tange às medidas judiciais *lato sensu* pelos amplos riscos delas derivados) que o *Direito* é antes de tudo imperativo de *ordem* que se exprime, sobretudo, pela intangibilidade da *ordem jurídica oficial* geradora de *segurança* no mais amplo sentido, como imperativo último da própria sobrevivência do *Estado*[5] e da natural imposição da *segurança das relações sociojurídicas*, dentro do contexto amplo do binário básico do Direito que privilegia, além da dimensão do valor da *justiça*, fundamentalmente a *segurança das relações jurídicas*.

Por efeito, devemos concluir – reiterando e ratificando o que já afirmamos – não ser possível – a título de aplicação do denominado *Direito alternativo* ou de qualquer outro – produzir-se uma verdadeira subversão à ordem legal – na qualidade de garantidora última da estabilidade social –, criando (sem legitimidade e competência para tanto) um verdadeiro *Direito paralelo*, absolutamente divorciado das normas legais vigentes e da técnica jurídica própria, efetivamente vinculativa (e, portanto, restritiva) de sua correta interpretação.[6,7]

> "[...] A Justiça não se faz por inspiração divina, mas no respeito à lei. É preciso pôr um paradeiro nessa história de Direito Alternativo" (Edmar Bacha, *O Globo*, 03.09.1994, p. 22).

> "[...] a imprevisibilidade das decisões judiciais ao atingir níveis críticos pode desequilibrar a economia de um país" (Fábio Ulhoa Coelho, "A justiça desequilibrando a economia", *Valor Econômico*, 10.11.2006, p. 11).
>
> [...] Se cada juiz, ao sentenciar, pode modificar (ou restringir ou ampliar) o conteúdo da norma legal de acordo com suas preferências (ou inclinações) pelo justo, pelo belo, pelo ético, pelo religioso, pelo social, etc., etc., etc. como ficará a questão da segurança jurídica sem a qual nenhum princípio, seja de justiça, seja de liberdade, pode se afirmar? (Otto Eduardo Vizeu Gil, "A questão do Direito Alternativo", *Jornal do Commercio*, 14.07.2006, p. 8).

Ainda menos possível é a compatibilidade do equilíbrio jurídico-social e, em última instância, do próprio Estado de Direito, com a aplicação do *Direito Alternativo* nas relações de qualquer ramo do Direito e, em especial, do Direito Processual.

> "Quando vou a um país, não examino se há boas leis, mas se as leis que lá existirem são executadas, pois boas leis há por toda a parte" (Charles de Secondant Montesquieu – 1689-1755).
>
> Seja a lei boa ou má, justa ou injusta, mesmo que pela ótica imperfeita, não está o juiz autorizado a desobedecê-la, sob pretexto das suas convicções políticas pessoais ou de independência funcional. É de se lembrar que, no Estado moderno, não se cabe o Direito Alternativo, até porque o direito positivo não é gerado pelos tribunais, mas por estes aplicado (TJRJ, Des. Ellis Figueira, MS n. 282/1995).

O processo, em particular, é o instrumento técnico mais apropriado para chegar-se à solução da *questão jurídica* que angustia e traz insegurança aos jurisdicionados. Se o exercício do Direito Alternativo, ameaçador das relações de direito material estabelecidas, incidir também sobre as normas de processo em nome da *boa justiça*, certo é que mais distantes estaremos do verdadeiro ideal ético, que, *paradoxalmente às ideias que aqui rebatemos*, pretende ser a principal bandeira hasteada pelos defensores do *Direito Alternativo*[8,9] (conferir, a respeito, Reis Friede, "Direito Alternativo: solução para o processo?", *RT* 701, p. 50-3 e *Rev. For.* 324, p. 300-2).[10-12]

Notas complementares

1. Valor axiológico da justiça no Direito

Resta evidente que o valor axiológico da *justiça* no plexo do *Direito* também não pode ser simplesmente desconsiderado. Em nenhuma hipótese (e sob nenhum argumento válido) deve o *Direito* se distanciar de seu objetivo fundamental de dirimir os conflitos com *justiça* na própria medida em que a *justiça* e o *valor do justo* podem e devem sempre ser buscados na perfeita *adequação* da hipótese prevista abstratamente na lei ao caso concreto, por meio da correta interpretação da norma jurídica à luz da utilização plena dos preceitos hermenêuticos.

O que é vedado – vale ratificar – é a *criação* de norma subjetivamente justa em lugar da norma vigente reputada eventualmente injusta; ou, alternativamente, a *aplicação* apaixonada (e, portanto, distanciada do necessário rigor técnico-científico) da norma jurídica existente para adaptar-se a uma dada situação particular em que se pretenda simplesmente uma "*solução justa*", posto que não é lícito substituir-se a *norma geral* e *abstrata* produzida legitimamente pelo *Poder Legislativo*, cujos membros representam a vontade livre do *povo* (como titular único do Poder Constituinte), pela *norma individual* e *concreta* (sentença) proferida pelo *Poder Judiciário*, cujos membros não são eleitos pela vontade popular e não representam, desta feita, as aspirações políticas do *povo*, no sentido amplo, e a própria concepção de *justiça axiológica* e de *justiça social*, no sentido restrito.

2. O "Direito" como fato

Segundo lições de Felipe Augusto de Miranda Rosa ("O Direito como fato"):

> [...] os profissionais do Direito têm a natural tendência de ver o conjunto de normas jurídicas como um sistema fechado, em que cada uma das normas se articula com as demais, em um todo coerente.
>
> Eles sabem que a ordem jurídica não é estanque, mas a "*pensam*" como tal, como uma orientação que prende para o tecnicismo e a construção de um verdadeiro universo autônomo.
>
> Essa é a tendência comum a todas as profissões. A necessidade de rigor técnico e adequação de comportamento a normas internas de cada uma cria essa espécie de fragmentação dos fenômenos sociais, que tende a produzir anomia (falta de normas gerais) (que não se confunde com a anomalia, como pensam alguns, do que decorrem erros prejudiciais à compreensão de textos).
>
> Claro que os profissionais do Direito sabem, no nível racional, que o Direito se refere a comportamentos nele regulados para tornar possível a

ordem social. Mas eles não "*sentem*" isso, na maioria das vezes. Ou melhor, dissociam esse conhecimento de nível racional da própria atuação como profissionais. Daí uma acusação comum nos "*de fora*", de que eles são insensíveis à realidade social e encaram as coisas somente sob um prisma "*legal*", em contraposicão à busca do que é "*justo*".

Essa acusação tem apenas pequeno fundamento. Mas ela é repetida, principalmente em relação aos juízes, de quem se diz serem desatentos, por vezes, à busca da verdadeira justiça, prisioneiros que ficam da lei. *A oposição entre Direito e justiça é uma falácia, mas uma velha falácia.*

Impõe-se contudo que os juristas adotem uma atitude de maior realismo. O Direito só existe no contexto social. Ele é impensável fora da sociedade. Suas normas são motivadas pelas conveniências do mundo de relação e decorrem das expectativas sociais de comportamento. Essas expectativas articulam-se com a necessidade de um equilíbrio nos modos de proceder, de sorte a tornar possível a convivência.

Daí a importância da Sociologia do Direito, em boa hora incluída no currículo dos cursos jurídicos. Nela, estuda-se o Direito como fato, ou seja, fato social que se encontra em qualquer sociedade complexa. Mesmo nos grupos ditos "*primitivos*", existem conjuntos de normas que constituem, na verdade, ordem jurídica.

A compreensão dessa realidade, que deve ser interiorizada em cada profissional do Direito, auxilia – e muito – o bom desempenho profissional, de modo a evitar a dissociação entre Direito e vida social.

Esta questão mais bem será entendida à luz da preocupação com a justiça (ideia ou sentimento) que é buscada com a aplicação das leis, principalmente pela justiça – instituição, o chamado aparelho judicial. Ela é um valor, mas como tal, e em suas aplicações, é um fato encontrado pela aplicação de normas de convivência social que têm no Direito o seu tipo mais exigente e mais definido.

Essa base sociológica no conhecimento da ordem jurídica serve para que, na interpretação das leis, os juristas se aprimorem, no sentido de identificar nelas *o fim social que constitui o norte dessa interpretação*. E, portanto, de sua aplicação com o objetivo de encontrar o que é justo.

Os juízes e tribunais devem aplicar a lei tendo o seu fim social como guia. *Não é necessário abandonar a lei para fazer justiça, como pretendem alguns, pois a lei contém em si o princípio do justo e os meios para, corretamente interpretada, atingir tal objetivo.*

É bom ter em mente que o chamado "*Direito Alternativo*" não passa de um modo de interpretar fatos e normas, com o fim de solucionar, ou compor, conflitos interindividuais e coletivos. Não é "*outro Direito*", portanto. Essa técnica nada tem de nova. Há uma sucessão histórica de ciclos em que, ora se faz a apologia do rigor extremo na aplicação da lei como está definida, e ora prevalece uma interpretação "*frouxa*" das normas legais. *Exemplo dessa segunda tendência foi o Direito nazista, em que lei não constituía o preceito básico a seguir, mas sim a observação dos "sadios princípios do nacional-socialismo"*. Os regimes autoritários procuram reduzir a força da lei, em face de conveniências outras, que a ela se sobrepõem.

É, portanto, perigoso para o Estado de Direito dar ênfase excessiva a um modo "*alternativo*" de aplicar as normas jurídicas. O que não condena todo o movimento do "*Direito Alternativo*", mas a ele aplica freios e contrapesos ditados pelo "*bom senso*".

3. Outros princípios amplos da Teoria Geral do Direito que afastam o rigor da aplicação das normas do Direito Positivo

Não podemos nos esquecer, a propósito do tema, de diversos outros princípios amplos do Direito e, em especial, da Teoria Geral do Direito, como o princípio *in dubio pro libertat*, que simplesmente afasta o rigor da aplicação das normas jurídicas de Direito Positivo quando, por exemplo, houver qualquer dúvida quanto ao juízo de reprovabilidade da conduta reputada criminosa.

4. Compreensão do substrato da norma jurídica

Para a configuração plena do verdadeiro equilíbrio na utilização correta da norma jurídica objetivando a justa composição do litígio, entendemos, contudo, ser indispensável ao aplicador da lei não só *conhecer*, mas fundamentalmente *compreender* o seu substrato – à luz de todo ordenamento jurídico em vigor –, na medida em que *compreender* consiste na soma do *conhecer* com o *internalizar*.

5. Impossibilidade de condenação judicial do Estado

É importante ressaltar a respeito da questão – em face da permanente confusão pela qual a doutrina trata a questão – que o *Estado* (entendido em sua acepção clássica como substrato de organização político-jurídica da *Nação*) jamais pode ser objeto ou mesmo parte de sentença condenatória do Poder Judiciário.

Sob o ponto de vista técnico-jurídico, o *Estado* em nenhuma hipótese pode ser "condenado" por uma parcela do poder que ele, com exclusividade, ostenta. Seria, obviamente, um contrassenso que o Estado-juiz pudesse condenar a sua acepção maior que reside no próprio Estado.

Tecnicamente, o que ocorre, em essência, é que as partes descentralizadas do Estado, dotadas do atributo da personalidade jurídica de Direito Público (União, Estados-

-membros, Distrito Federal, Municípios e Autarquia), integrantes da chamada Fazenda Pública, substituem a parcela executiva do Estado, permitindo a sua própria autolimitação e, por efeito, a eventual condenação por intermédio do Poder Judiciário.

6. Função judicante e Direito Alternativo

Consoante lições de Eustáquio Silveira ("Direito Alternativo"):

> [...] na clássica divisão de funções estatais, idealizada por Montesquieu, sabemos que, em princípio, cabe ao *Executivo* a administração, de acordo com as leis; ao *Legislativo*, a elaboração dessas leis; e ao *Judiciário*, a aplicação das normas aos casos concretos que lhe são submetidos.
>
> Cada um dos poderes deverá exercer a sua função independentemente e, embora a convivência deles deva ser harmônica, isso não impede, contudo, que, eventualmente, um exerça função que, de regra, seria do outro.
>
> No caso do *Judiciário*, não se lhe nega a administração de seus próprios interesses, bem como não se pode afirmar que lhe seja defeso legislar. Porém, tal só acontece pelo poder competente (o *Legislativo*), que o autoriza a assim proceder.
>
> É que, em nosso sistema jurídico, que deita raízes na cultura romano-germânica, a lei é a fonte primária do Direito e quem a *edita* é o povo, diretamente (a exemplo de alguns cantões da Suíça), ou através de seus representantes no Parlamento. Essas leis é que deverão, portanto, reger a vida em sociedade.
>
> Sem dúvida, existem outras fontes do Direito, mas qualquer uma delas só terá autoridade compulsória se respaldada na lei.
>
> Pergunta-se, então: existindo uma lei que regule determinada hipótese, poderá o aplicador, mais precisamente o juiz, deixar de aplicá-la, sob o argumento de que a norma não representa o Direito, o justo? Pior: *poderá o juiz, nesse caso, estabelecer a sua própria norma, como se legislador fosse, e dar a solução que lhe pareça a mais justa?*
>
> *Se esse é o Direito Alternativo de que se fala, os seus seguidores e apologistas estão fadados ao insucesso.*
>
> Primeiramente, essa tentativa de se difundir uma ideia de um *Direito "contra legem"* não é nova. Pelo contrário, é velha, do século passado. Iniciou-se, de maneira ainda tímida, com a escola da Livre Indagação de François Gény e de Eugen Ehrlich, que, sem exageros, pregava que a lei é o ponto de partida de qualquer interpretação, embora devesse ser compreendida não somente à luz dos preceitos lógicos, mas também de acordo com as ideias, aspirações e interesses legítimos da coletividade.

Em posição extremada, surgiu, em 1906, a turma chefiada por KANTOROWICZ em busca do *direito justo* (*richtiges Recht*), para tanto autorizando o juiz a desprezar os textos e a seguir os ditames de sua consciência. Essa escola, contudo, não passou de um modismo, que, vez por outra, alguém em busca de notoriedade procura ressuscitar.

Imaginem se cada juiz puder afastar a aplicação do texto legal, impessoal e geral, para fazer valer a sua vontade particular. A segurança jurídica estaria irremediavelmente comprometida, passando as decisões judiciais a se constituírem em verdadeira *loteria*, onde o cidadão nunca poderia ter certeza do seu direito. Como afirma o mestre MAXIMILIANO: "Substituir a lei (vontade geral) pelo juiz (critério individual), conforme pretende a corte chefiada pelo professor KANTOROWICZ, seria retrogradar; a evolução realizou-se no sentido inverso, ao de sobrepor a vontade coletiva à de um só." Desse modo, *não pode o juiz, que não é legislador, deixar de aplicar a lei preexistente para solucionar o litígio como melhor lhe aprouver, porque isso não passa de arrogância, de desejo de onipotência, que certamente o conduzirá à desconfiança popular.*

Não existe pior ditadura do que a dos juízes, e isso é o que ocorreria se cada magistrado estivesse autorizado a fazer valer a sua própria lei. Ainda mais no Brasil, onde se sabe, a magistratura nem sempre é escolhida entre homens de inabalável valor intelectual e moral, como pressupunha a teoria da escola do Direito Justo.

Diferentemente do que pregam os ansiosos pelo poder judicial absoluto, a *função do juiz é a de interpretar a lei*, ou seja, a de determinar-lhe o sentido e o alcance. Isso não significa dizer que o magistrado é mero aplicador da lei, pois, antes de fazê-lo, ele deve interpretar o texto legal, muitas vezes completando-o, e até mesmo melhorando-o, numa interpretação que atenda aos valores e às finalidades nele contidos. *O que não pode é negar a lei, decidir contra a sua disposição, até porque, se assim o fizer, sua sentença estará sujeita à rescisão.*

Por outro lado, os pregadores do *Direito Alternativo* se esquecem de que o juiz só é juiz porque existe a lei. Fora da lei, ele não está na sua função jurisdicional.

Ademais, no contexto do Direito Positivo brasileiro, *o juiz é obrigado a se ater à lei*, só podendo agir como legislador à falta de norma escrita, significando dizer que ele pode agir *praeter legem* e nunca *contra legem*.

Enfim, se as leis são boas ou más, não cumpre ao juiz substituí-las por suas próprias normas, mesmo porque quem tem o mandato para editar as regras são os parlamentares, soberanamente eleitos pelo povo, que, através deles, se autogoverna. Ao magistrado incumbe interpretar o texto, não se esquecendo, porém, de que a lei não é apenas letra fria, mas um corpo vivo que precisa ser compreendido, de modo que os seus princípios se estendam às hipóteses particulares, por uma aplicação prudente e racionada, como já preconizava o preceito de Portalis.

7. Riscos e consequências da aplicação do Direito Alternativo e/ou do uso alternativo do Direito

Em interessante e esclarecedor artigo intitulado "O art. 511 do Código de Processo Civil, a Inglaterra e o deputado judiciário" (*Rev. do Tribunal de Justiça do Distrito Federal e dos Territórios*, p. 89-99), o Des. Pedro Valls Feu Rosa sintetiza, com mérita propriedade, os riscos (e consequências) do *uso alternativo do Direito* (e, em grande parte, do próprio *Direito* Alternativo), por meio do fenômeno que convencionou chamar de "*Deputado Judiciário*", em sinérgica alusão aos juízes que procuram, no seu atuar, uma ampla liberdade em relação ao que estes próprios convencionaram chamar de "amarras da lei".

Nesse sentido, muito embora seja conveniente lembrar que a interpretação da norma jurídica *não* é, em nenhuma hipótese, exclusivamente *literal* (gramatical), como por vezes uma leitura menos atenta do texto possa sugerir – transcendendo, nesta hipótese, a correta técnica interpretativa que, ao contrário, salienta este método para também incluir outros *mecanismos hermenêuticos* (interpretação racional, sistemática, histórica e sociológica) (*vide* a respeito o capítulo próprio sobre a *interpretação da norma jurídica*) –, é fato que o autor consigna, com mérita propriedade, sobretudo, que o julgador não pode, em nenhuma hipótese, *criar*, por intermédio de uma interpretação distorcida (e, portanto, sem respaldo técnico-jurídico), *norma jurídica*, independente da necessária e insuperável autorização do Poder Legislativo. A lição do insigne desembargador do Tribunal de Justiça do Espírito Santo registra, pois, em tom de sublime advertência, os *perigos* para a *segurança jurídica* (e, por efeito, para a necessária manutenção da *ordem jurídica*) da figura retórica do *juiz legislador* que, ao não se conformar com as *leis* concebidas pelo *Legislativo*, admite a absurda possibilidade de tomar para si, ainda que de forma transversa, a *função legiferante* outorgada pelo Poder Constituinte, de forma legítima, aos representantes do povo, eleitos para tanto.

Em decorrência da efetiva importância do texto derivado do indescritível teor esclarecedor do fenômeno da *alternatividade do emprego da hermenêutica jurídica*, sentimo-nos, por consequência, autorizados a reproduzi-lo na íntegra, propiciando, em última análise, uma maior reflexão, por parte dos operadores do Direito, sobre o tema vertente.

> Conforme é sabido, recente alteração no Código de Processo Civil trouxe nova redação ao seu art. 511. Passou referido texto legal a ter a seguinte redação: "*no ato da interposição do recurso, o recorrente comprovará, quando exigido pela legislação, o respectivo preparo, inclusive porte de remessa e de retorno, sob pena de deserção*".

A pergunta que logo se impõe, inicialmente, é: que tem a Inglaterra com isso? Esta pergunta, pertinente em princípio, remete-nos a um lugarejo simpático, próximo à cidade de Preston, no norte da Inglaterra, cortado por um pequeno e formoso riacho.

Bem no meio do curso d'água, pode-se observar uns tantos pilares sustentando uma vetusta casa, feita inteiramente de pedra. Trata-se, realmente, de uma construção curiosa: uma casa de pedra pairando sobre a água!

Esta construção remonta aos idos de 800, ocasião em que foi criado na Inglaterra aquilo a que hoje chamamos *imposto predial*. Todo aquele que se utilizasse de terra do reino deveria pagar dada soma. Surgiu, então, como não poderia deixar de ser, em se tratando de espécie humana, um inconformado: construiu uma casa de pedras com os pilares fincados dentro d'água.

Vieram os coletores. Veio a negativa: a lei manda que se pague pelo uso da terra do reino; não estou utilizando terra alguma, estou dentro d'água.

Começou, aí, um contraditório que durou precisos mil anos. Chegamos aos idos de 1850, quando então a justiça inglesa, em histórica decisão, finalmente pacificou que, *se a lei foi falha, deixando de prever aquela hipótese, não caberia ao intérprete supri-la, dado que legislador não era.*

Esta casa até hoje existe, sendo a única da Inglaterra isenta dos impostos relativos à propriedade. Lega-nos, assim, o povo criador do *habeas corpus*, preciosa lição de observância de princípio magno, que Rui Barbosa muito bem viria a sintetizar: *fora da lei não há salvação.*

Tal aspecto reveste-se de extrema importância diante do atual estágio do Poder Judiciário brasileiro, cada vez mais *deputado*, na ânsia de atender a pretensos *mandamentos de justiça.*

É um fato: um cada vez maior número de juízes, voz empostada, apregoa, através de sentenças e mais sentenças, que *pratica a justiça, não a lei.*

Curioso, isto. Mas, e o que é, *ao final das contas*, esta tão propalada *justiça*, panaceia dos males?

Santo Tomás de Aquino, discorrendo sobre o tema, disse que *não há injustiça*, pois que *o erro será sempre compensado no Reino dos Céus*. Daí, inclusive, ter concluído ser *a melhor pena a de morte*, pois que, se culpado o réu, terá expiado o pecado e ido assumir um lugar junto de Deus; e, se inocente, irá apenas para junto de Deus, o que é muito melhor que permanecer em vida, longe dele.

Luís XIV considerava justo tudo aquilo que ele decidisse, fulcrado na máxima *L' État c'est moi*. Seguia-se que todas as *Lettres de Cachet*, todos os enforcamentos sumários, eram perfeitamente legais e justos para Sua Alteza.

Os *jacobinos*, em pleno período de terror da Revolução Francesa, consideravam as execuções na invenção que indevidamente levou o nome do Dr.

Guillotin um *imperativo de justiça*, ante as assertivas dos defensores de conduta mais moderada.

Já para os *nazistas*, aliás, diga-se de passagem, apoiados pela esmagadora maioria da população, o *justo* consistia no extermínio de eslavos e judeus, pois estes só serviam para fazer sabão, e aqueles nem para isso.

Para Poyet, *justo* era o enforcamento dos punguistas que pairassem por Paris – matou milhares deles.

Já o juiz Lynch, nos Estados Unidos, achava perfeitamente justas suas decisões, sob as quais pereceram milhares de seres humanos, alguns meramente suspeitos de furto.

Até mesmo entre nós, o Padre José de Anchieta, certa feita, considerou justa a morte de alguns brancos que desejavam a escravização dos índios, tendo, inclusive, liberado estes para *tão sagrado mister*.

Aliás, a *Santa Inquisição* prendeu, torturou e matou em nome da *justiça* e, o que é pior, não só a *justiça dos homens*, mas também a *justiça de Deus*.

E nos detemos neste ponto, sem adentrar por searas outras, até mais nebulosas...

Pois bem: na quase totalidade destes casos, existiam *leis*. E existia um *conceito de justiça*, a chocar-se com elas. Em todos estes casos, prevaleceu a *justiça*.

Vemos, assim, que com razão estavam Voltaire, Cesare Beccaria, Émile Zola, e tantos outros representantes dos perseguidos, dos humilhados, dos escorraçados, quando clamavam por regras fixas, sustentando, em uma expressão, que justiça é subjetividade, e enquanto um homem ficar sujeito à subjetividade do outro, perigará a liberdade na raça humana.

E não se diga de interpretação, pena de cairmos na genial e profética exclamação de Napoleão Bonaparte, ao tomar conhecimento de que seu Código estava sendo interpretado pelos doutos: *Ma Code est perdu*.

Ora, a lei, ou é, ou não é. Não há tergiversação possível, ou cairemos na vala comum do perigoso subjetivismo, tão bem contido na aparentemente singela e linda expressão *Direito é controvérsia, no Direito não há verdade*, dentre tantas outras que embevecem os neófitos nas universidades.

Daí o belíssimo pensamento de Cândido Rangel Dinamarco: "a nós cabe, antes do que a ninguém mais, lutar por obter uma instrumentação mais adequada" (*Fundamentos do processo civil moderno*, 2. ed., RT, p. XIV). Lutar por, e não fazer.

Estamos, entrementes, assistindo a um quadro inacreditável: *um Poder Judiciário que já não consegue sequer garantir com eficiência plena o cumprimento das leis* (estas, como sabido, a garantia única e última do cidadão), *passa a "legislar", sob um pálio de "amor à justiça", em ideia perigosíssima, por indefinida e indefinível.*

Vejamos, por exemplo, o caso em questão: é brocardo que remonta aos romanos a expressão *in claris cessat interpretatio*. Ou seja: na clareza, cessa a interpretação. E por quê? Porque se de forma diferente for, ferida estará, invariavelmente, a vontade do legislador.

A propósito, *legislador, no Brasil, é o Congresso Nacional. Não são os doutrinadores, não podem ser os juízes.*

Pois bem: o Congresso Nacional, através de seus deputados e senadores, um Poder constituído da República, editou a Lei n. 8.950/94. Se a editou, manifestou a vontade do povo, agiu em nome deste. Esta lei deverá ser cumprida em todo o território nacional. Para garantir isso temos o Poder Judiciário.

Nesta lei, existe um artigo, de teor claro, a dizer, textualmente, que "no ato de interposição de recurso, o recorrente comprovará [...] o respectivo preparo [...] sob pena de deserção".

Não consigo ver mandamento mais claramente exposto: "*no ato*" é "*no momento*", "*na hora*", "*no instante*". Não é, e nem pode ser, "*depois*", "*até o término do prazo*", "*em data futura*". Não. "*No ato*", é "*no ato*" mesmo. Cristalinamente, quis um Poder constituído da República que "*no ato*" da interposição de um recurso fosse comprovado seu respectivo preparo.

Mesmo assim, tenho visto o surgimento de teses e mais teses, algumas vezes acolhidas pelo Poder Judiciário, sustentando que, na verdade, onde o legislador escreveu "*no ato de interposição do recurso*", deve-se ler "*até o final do prazo do recurso*". Fundamentando tal tese, o argumento de que "*urge bondade*". Fala-se, para que onde o Congresso Nacional escreveu "*no ato*" leia-se "*depois do ato*", ser necessário o favorecer da análise do mérito dos recursos pelo Judiciário.

Neste ponto, creio oportuno o confeccionar de uma premissa: está o Judiciário, acolhendo tal *interpretação* (se é que interpretação de lei pode negar vigência à disposição expressa de lei), legislando. Mais do que legislando, está revogando uma lei oriunda do Congresso Nacional e editando uma outra, *sponte sua*.

Tal quadro remete-se a um outro, cujo desenlace acabamos de assistir: aquele dos "mandados de segurança para dar efeito suspensivo a agravo de instrumento". Confira-se: o Código de Processo Civil, uma lei federal, prescrevia que "a interposição do agravo de instrumento não obsta o andamento do processo". Apenas umas poucas exceções eram contempladas.

Também aqui não consigo ver ditame mais claro: quis o Congresso Nacional que a interposição do agravo de instrumento não obstasse o andamento do processo. Tal não é interpretação literal. É leitura mesmo.

Outra lei federal, a de n. 1.533 [revogada pela Lei n. 12.016/2009 que dispõe atualmente sobre a matéria], foi de clareza cristalina, ao estabelecer que "não se dará mandado de segurança quando se tratar [...] de despacho ou decisão judicial quando haja recurso previsto nas leis processuais".

Não posso, de igual forma, ver preceito mais claro: quis um Poder constituído da República que um despacho atacável via agravo não o fosse via mandado de segurança. Tudo claro, claríssimo.

Surgiu, então, ante algum caso concreto, alguém dotado de extraordinária imaginação, sustentando que onde lia-se na lei "não obsta o andamento do processo" deveria ser lido "não obsta o andamento do processo desde que não haja medida liminar em mandado de segurança". Ou então, posso imaginar, acrescentou ao art. 5º, inciso II, o famoso "desde que".

De qualquer forma, uma verdade é inatacável: não quis o legislador que o agravo de instrumento dispusesse de efeito suspensivo. E assim não quis o legislador de forma expressa, clara. Repito: não me apego à *interpretação literal*, mas à singela leitura da lei.

Pois bem: os Tribunais de Justiça *caíram na esparrela*, perdoando o próprio lugar-comum. Rasgaram uma lei e editaram outra (?), em nome de uma *interpretação generosa*, forçando a aceitação de jurisprudência tal, *ao fim do cabo*. Entrou no mundo jurídico a figura do "mandado de segurança para dar efeito suspensivo a agravo de instrumento". Por paradoxal que possa parecer, "ganhou-se direito líquido e certo na obtenção de algo proibido expressamente pela lei"...

Vejamos, agora, as consequências: no Espírito Santo, nos anos de 1994 e 1995, 2.184 mandados de segurança foram protocolados com tal objetivo. Até onde apontam os dados em meu poder (1994-1995), relativos àqueles dois anos, em apenas 197 casos houve concessão de medida liminar (menos, pois, de 10% dos casos).

Calcule-se, aqui, o tumulto que geraram estes 2.184 mandados de segurança: intimações, publicações, pautas, sessões, decisões e, principalmente, recursos. Muitos recursos. Cheguei a ver o caso de um agravo, perante o Superior Tribunal de Justiça, em frente da decisão do presidente do Tribunal de Justiça que negou seguimento a recurso especial oriundo de embargos infringentes de decisão que definiu a sorte de um desses tristes mandados de segurança. E o pobre do juiz de direito acuado (como, aliás, toda a justiça, ante uma população), no primeiro grau, sem ter como explicar à parte que um processo alusivo a uma simples colisão de veículos não andava porque dependia de tanta coisa...

Aí, esses mesmos que iam às portas do Judiciário, discursos bonitos sobre bondade e justiça, pleiteando o rasgar das leis acorreram aos periódicos, às tribunas, sustentando que *justiça tardia não é justiça*, que é *incompreensível o desrespeito às leis neste Brasil*. Durma-se com tamanha hipocrisia!

De toda sorte, se tivesse o Poder Judiciário seguido a lei, simplesmente isso, não teria recebido, apenas no Espírito Santo e em dois anos, 2.184 processos rigorosamente inúteis – e retenho-me aqui, sem considerar os agravos interpostos unicamente em função das facilidades e possibilidades das impetrações. Teria o Judiciário tido mais tempo para tratar de assuntos outros, muito mais relevantes. Teria tido mais tempo, mais recursos, para analisar o mérito das causas; para, em uma palavra, *fazer mais justiça*.

Fazer mais justiça! Decerto não mais, já que a balbúrdia agravo de instrumento-mandado de segurança acabou forçando o legislador a tentar simplificar o que simples era e complicado ficou: criou o efeito suspensivo no agravo. E daí? E daí que, agora, de cada dez processos que recebo em meu Gabinete, nove são agravos. Transformaram-se os Tribunais em asilo daqueles mencionados por CALAMANDREI, segundo quem: "[...] *hay una parte que tiene interés en servirse de todas las posibles desviaciones y complicaciones del procedimiento, no para conseguir los efectos fisiológicos a los cuales preordena la ley aquella posibilidad, sino a fin de conseguir efecto indirecto de retardar el ritmo judicial y aplazar la solución*" (PIERO CALAMANDREI, *Estudios sobre el proceso civil*, Ediciones Juridicas Europa-America, p. 275).

Em uma frase: o Judiciário, *sob sursis*, na expressão feliz do ministro *Sepúlveda Pertence, procurou e achou.*

Entrementes, temos já condições de retornar em definitivo ao art. 511 do Código de Processo Civil. De acordo com os dados de 1994-1995, 1.798 agravos foram interpostos em função de dúvidas sobre deserção, apenas no Espírito Santo. São dúvidas e mais dúvidas: no último dia o cartório abriu? Será que o recibo manual é confiável, em termos de data? O cartório não teria extraviado o comprovante de preparo, juntando posteriormente? E não se diga de sofismas: sou relator de casos tais.

Este quadro, dramático e ridículo, foi o apresentado ao Congresso Nacional. O próprio Poder Judiciário pugnou pela mudança.

O Congresso Nacional foi receptivo. O relator da matéria, deputado *Nelson Jobim*, disse, textualmente: "Assim é que a proposição busca tornar ainda mais desenvolto o processo civil, quando, por exemplo, (...) determina o preparo prévio do recurso".

Tal não é, e mesmo porque o deputado NELSON JOBIM pertence à classe, o objetivo de aumentar *a angústia dos advogados*. Ora, uma singela ida ao banco antes do protocolar do recurso não é angústia. Angústia é ficar o advogado explicando ao cliente que o processo não anda porque surgiu assombroso debate em torno do preparo (e a pobre da parte nem sabe o que é isto...).

E sequer, repito, de interpretação bondosa podemos falar: a uma, porque interpretação que nega vigência a texto liberal da lei não é interpretação; e, a duas, porque, ao relevarmos displicências de uma parte, estamos fazendo bondade, sim – mas com o direito da outra parte.

Aliás, a ser adotada esta *bondade*, é mesmo de se temer pelo instituto da revelia – via analogia, já passível de comportar *interpretações bondosas.*

Ora, advocacia é coisa séria. Não se permite ao profissional a desídia, e falo assim porque uma simples ida de um *office boy* ao Fórum basta ao preparo. Tanto assim é que, em minha sala, de cada 10 recursos que chegam, nove estão perfeitamente regulares.

Ou seja: vem o "*Deputado Judiciário*" revogando lei, se prejudicando, prejudicando o direito processual da parte adversa à recorrente, criando margem a tumultos processuais inacreditáveis, em nome de uma discutível *barretada* às exceções, e *barretada com chapéu alheio.*

Mas, que o seja: admitamos que a expressão "o preparo deve ser comprovado no ato da interposição do recurso" necessite de interpretações profundas. Recorramos aos métodos conhecidos:

Interpretação autêntica. (Ou Legislativa.) Realiza-se por via de um provimento legislativo. É aquela realizada pelo próprio legislador. É a que procede da mesma origem que a lei e tem força obrigatória. Pode estar contida na própria lei, se uma norma esclarece outra. No caso, poderíamos dizer que a Exposição de Motivos foi clara, no sentido de desejar o preparo prévio.

Interpretação autêntica contextual. Quando o seu estilo é dado pela própria lei, num dos seus dispositivos. É dada pela própria lei, a qual, no seu texto, num dos seus dispositivos, explica como deve ser entendido determinado assunto. É a que vem inserida na própria legislação. Mais clareza não vejo: "*no ato*" da interposição do recurso será comprovado o preparo.

Interpretação gramatical. Se realiza pela análise filológica do texto, a pesquisa do sentido pela observação da linguagem. Visa a demonstrar o sentido das palavras empregadas. Funda-se nas regras gramaticais. Baseia-se nas regras da linguística. Baseia-se no sentido das palavras utilizadas pelo legislador. Faz-se a apuração do conteúdo literal, ou seja, do próprio sentido das palavras, baseando-se nas expressões empregadas no momento em que a lei foi promulgada. Aqui, não podemos ter resposta mais clara: "*no ato*" é "*no momento*".

Interpretação lógica. (Ou racional.) Baseia-se na comparação com outras disposições existentes, na razão que ditou o preceito. Visa a demonstrar a vontade ou finalidade da lei. Procura reconstruir o pensamento do legislador. Atende ao espírito da lei, extraindo as várias interpretações possíveis, e eliminando as que possam parecer absurdas. Visa a descobrir as finalidades, os fundamentos da lei, o espírito e a razão de ser das leis (*ratio* ou *mens legis*). Também aqui, basta menção aos debates realizados no Congresso Nacional, onde o relator da matéria, Deputado Nelson Jobim, disse, textualmente:

"Assim é que a proposição busca tornar ainda mais desenvolto o processo civil, quando, por exemplo, [...] determina o preparo prévio do recurso".

Interpretação teológica. (Ou social.) Visa a descobrir a finalidade com que a lei foi editada. Examina os fins para os quais a lei foi editada. No caso, e como vimos na interpretação lógica, é clara a finalidade do mandamento legal: simplificar o procedimento, através do preparo prévio.

Interpretação sistemática. Parte do pressuposto de que uma lei não existe isolada, não podendo ser entendida isoladamente, devendo-se extrair as ideias gerais da legislação em conjunto. Procura a harmonização na norma com o sistema jurídico como um todo. É a harmonização do texto em exame com o sistema jurídico como um todo. Nela se interpreta um artigo de lei por outro, pela sua situação dentro do sistema legislativo. Consiste no esclarecimento do sentido de uma norma por outra, ou pelo contexto do sistema legislativo. Ora, o contexto legislativo é cabal prevendo prazos, e estabelecendo penalidades no caso de descumprimento. Assim na revelia, assim na perda de prazo de recurso. O art. 511, do Código de Processo Civil, pois, contém dispositivo já aplicado comumente...

Interpretação histórica. Busca o elemento histórico, com a consulta aos trabalhos preparatórios de que resultou a votação da lei. Avalia a conjuntura em que a lei foi editada e as circunstâncias que provocaram a sua criação. Estuda a relação com o momento em que a lei foi editada. Atende ao estudo da evolução dos institutos no Direito anterior. A conjuntura, já a referi: a própria Escola Nacional da Magistratura, através de desembargadores e ministros, compareceu ao Legislativo, pugnando por mudanças. Recordo-me, a propósito, de que uma das integrantes desta Comissão, e das mais atuantes, a Desembargadora FÁTIMA NANCY ANDRIGHI, quando em visita a Vitória, ano passado, dizia que "exultava com as reformas, que iriam ensejar, em muito, a agilização dos processos".

Interpretação declarativa. Esclarece alguma dúvida do texto. Conclui que a letra da lei corresponde exatamente ao pensamento do legislador. Se limita a dizer qual é o sentido da lei. Ocorre quando o texto examinado não é ampliado nem restringido. Ora, o Congresso Nacional quis simplificar o procedimento através do preparo prévio. Daí a exigência de que no ato da interposição do recurso seja comprovado o preparo. Perfeitamente aclarado o sentido da lei.

Interpretação restritiva. Restringe a aparente extensão da norma. Conclui que a lei diz mais do que queria dizer o legislador. Procura conter a interpretação estritamente nos limites da norma. Procura conter o texto, para que não alcance outras situações. Por ela, o intérprete é obrigado a restringir o sentido da lei quando o legislador disse mais do que queria. Como vimos, o legislador não disse, no texto, nem mais nem menos, do que queria: apenas desejou o preparo prévio, assim o disse no texto final.

Interpretação analógica intra legem. Encontra-se dentro da lei, em que o próprio texto legal indica a aplicação da analogia em relação a alguma circunstância. Se tal for feito, chegaremos exatamente à correção do texto legal, já que sempre foi e é usado rigor no observar dos prazos, não apenas em nosso País, mas em todo o mundo.

Interpretação progressiva. Visa a adaptar a lei às necessidades presentes. Procura compreender a norma levando em conta as transformações havidas não só no Direito mas também na sociedade e na ciência. Por ela se abarcam novas concepções ditadas pelas transformações sociais, científicas, jurídicas ou morais que devem permanecer na lei estabelecida. Perfeito: e a necessidade, "presente e premente", é a simplificação do processo civil. Daí, repito para maior clareza, terem membros do próprio Judiciário e os deputados federais e senadores dito da necessidade de serem reduzidos os incidentes e simplificado o procedimento com a introdução do preparo prévio.

Interpretação de Direito Comparado. Tenta esclarecer melhor o sentido da lei através da comparação com a legislação estrangeira. É o confronto com legislação semelhante de outros países. Aqui, valho-me da legislação francesa: "*Une bonne organisation des délais dans lesquels doivent s'enchâsser les formalités de l'instance est très importante, à la fois pour l'accélération de l'instance (délais des voies de recours) et pour la protection des droits de la défense*" (Jean Vincent e Serge Guinchard, in *Procédure civile*, 21. ed., Paris, Dalloz, 1987).

No mesmo sentido: "*Tous les délais ne sont pas sanctionnés par une déchéance. L'inobservation d'un délai est parfois si grave qu'elle entrâine et cela, même si l'intéressé est un incapable, la déchéance, la forclusion; cela se produit généralement quand la loi fixe un délai dans lequel un acte (appel – pourvoi) doit être fait. L'article 125 du nouveau Code (ancien art. 63 du Décr. 20 du juillet, 1972), enjoint au juge de relever d'office les fins de non-recevoir qui ont un caractère d'ordre public, notamment celles résultant de l'inobservation des délais dans lesquels doivent être exercées les voies de recours. La règle pas de nullité sans grief est inapplicable à la sanction des délais de procédure car on considère qu'il ne s'agit pas d'un vice de forme.*

Le relevé de forclusion – Seule la force majeure permettait naguère à une partie d'être relevée de la forclusion" (Jean Vincent e Serge Guinchard, in *Procédure civile*, 21. ed., Paris, Dalloz, 1987).

Interpretação sociológica. Baseia-se na adaptação do sentido da lei às realidades e necessidades sociais. Visa a adaptar a norma às novas necessidades sociais e econômicas. Atende melhor às necessidades sociais e econômicas do país. Por ela, a lei deve ser interpretada não apenas de acordo com os elementos históricos, mas também, e sobretudo, com a sua finalidade social. Ora, a finalidade social é proporcionar justiça mais rápida. Repito: já se cansa a população de aguardar o desenlace de incidentes processuais assombrosos envolvendo a providência simples que é o preparo... Por tal razão já anda acuado nosso Poder Judiciário...

Interpretação ab-rogante. A que, diante de uma incompatibilidade absoluta e irredutível entre dois preceitos legais ou entre um dispositivo de lei e um princípio geral do ordenamento jurídico, conclui pela inaplicabilidade da lei interpretada. Não há, no caso, nenhum preceito incompatível.

Lei da boa razão. De 1769. Determinou que, para suprir as lacunas das Ordenações, se atendesse aos princípios da ética, do Direito Romano e do Direito Comparado dos países cultos. Foi um marco revolucionário na história do Direito lusitano. Mandando atender ao espírito da lei, só admitiu a aplicação do costume conforme a boa razão, quando estivesse de acordo com as Leis do Reino. Assegurou maior liberdade aos julgadores – mas desde que de acordo, repito, com as Leis do Reino. Ora, se as Leis do Reino desejam o preparo prévio, de molde a reduzir o número de incidentes, não seremos nós a admitir o preparo posterior, ensejando-os.

Epistemologia. Estuda o Direito como ordem normativa. Ora, temos a norma qual o ditame de simplificação. Temos o mandamento concreto, o preparo prévio. Temos a sanção, a deserção. Não há, assim, espaço na epistemologia para relevarmos sanção e inovarmos.

Deontologia. Estuda os valores éticos do Direito. Também a deontologia nos socorre: não se há que privilegiar o apresentar de recursos e o criar de incidentes quando tão mal utilizados têm sido.

Dogmatismo e interpretação. O excesso de dogmatismo leva o jurista a considerar o Direito como técnica perfeita e imutável, olvidando as interferências e as influências da evolução social. Há mister que o jurista se curve às exigências da vida, sem se prender demasiadamente às teorias, sacrificando-lhes a realidade. É preciso mudar toda essa anarquia legislativa, emperrada e gasta, este marasmo das classes cultoras do Direito, dos elementos que armazenam máximas do Direito Romano e que colecionam glosas como normas capazes de solucionar todos os conflitos que surgem na sociedade. O juiz pode sufocar o Direito Material pelos tecnicismos processuais. O juiz não serve ao Código de Processo Civil, mas se serve do Código de Processo Civil. A verdade material não deve ser sacrificada por um apego excessivo à forma. Perfeito: e no caso busca-se exatamente o simplificar da forma, já que o preparo posterior dava ensejo a recursos e incidentes absolutamente inócuos, já que a simples ida de um *boy* ao banco basta, com vistas ao preparo.

> *Interpretação de normas restritivas*. As normas que impõem restrições ao exercício de direitos devem ser interpretadas restritivamente. Não se pode construir proibições onde não existem. No caso, existe a determinação e a sanção: "comprovar no ato" o preparo, "sob pena de deserção".
>
> Não consegui, outrossim, relembrar meios de interpretação outros que os aqui demonstrados. É quando, por todo o dito, concluo esta indagando: não estaria o Judiciário, liberalizando recursos e incidentes, dando direitos que a parte claramente não tem, às custas do direito das outras partes, "*matando o próprio Direito e revogando seu próprio* sursis"? (Pedro Valls Feu. "O art. 511 do CPC, a Inglaterra e o deputado judiciário", in *Rev. do Tribunal de Justiça do DF e Territórios*, Brasília (48):9/95, mai./ago. de 1995, p. 89-99)

8. Direito Alternativo sob a ótica filosófica

É evidente que nossa crítica ao denominado *Direito Insurgente* (ou Direito Alternativo) limita-se ao aspecto jurídico da questão, uma vez que, no campo político-filosófico, o *Direito Alternativo* encontra o seu legítimo espaço de atuação, partindo-se da premissa lógica de que o *Direito* (qualquer que seja), em sua acepção criativa, foi, em última análise, forjado por uma dada *classe dominante* para propiciar, sobretudo, a manutenção de seus privilégios.

Não encontrando, por efeito, as camadas menos favorecidas o necessário e efetivo *acesso* ao ápice da pirâmide social, por um lado, e desprovidos inúmeros grupos sociais de "desejáveis privilégios" na lei, por outro, é absolutamente lícito concluir, neste diapasão, que expressiva parcela da população – descontente com o Direito vigente, sob o ponto de vista sobretudo ideológico – possa almejar, de forma legítima, a construção de um novo *Direito* que, substituindo o vigente, outorgue para seus mentores (e, especialmente, para o grupo social a que pertencem) os mesmos (ou outros) privilégios que o grupo dominante ostenta com o atual sistema legal.

Por consequência, o problema transcende à restrita órbita jurídica para encontrar abrigo em consideração no âmbito político, filosófico e até mesmo ideológico, refletindo, em grande medida, a utopia que se encontra contida na própria descrição do denominado *Direito Alternativo*.

Paradoxo insuperável do Direito Alternativo

Questão interessante sob o tema do chamado Direito Insurgente traduz-se, sobremaneira, pelo insuperável paradoxo que ostenta o próprio objetivo do *Direito Alternativo* e que pode ser ventilado nos seguintes termos: se, sob determinado prisma (que necessariamente transcende as fronteiras da Ciência Jurídica), o *Direito Insurgente* deseja se transformar, em última acepção, no *Direito Oficial* – encontrando um novo equilíbrio axiológico, com a preponderância de um determinado "justo abstrato" que, direta ou indiretamente, privilegie uma classe social (porque seria simplesmente impossível prestigiar, de formar equânime, todas as diferentes classes sociais) –, quando tal ocorrer – ou seja, tal objetivo finalístico for, por derradeiro, alcançado –, simplesmente a mesma sorte de considerações político-filosóficas, norteadoras da ideia central de se conceber um novo Direito para se contrapor ao existente, novamente se reerguerá e um novo *Direito Insurgente* necessariamente surgirá almejando, em última instância, substituir aquele que, rotulado anteriormente como alternativo, passou a ocupar o lugar do Direito Oficial vigente.

Não é por outra razão a efetiva existência, no seio da comunidade jurídica, de veemente repulsa aos ditames básicos do *Direito Alternativo* (no plano da concepção legislativa) ou mesmo do *uso alternativo do Direito* (no plano da aplicação normativa), considerando não só a sinérgica utopia da proposta, como, ainda, o próprio e insuperável paradoxo (autêntica contradição dialética) que a mesma contém em sua inerente estrutura conceitual.

Questões básicas relativas à legitimação do magistrado

Outra questão fundamental que deve ser necessariamente incluída na grande discussão a respeito da temática alusiva ao *Direito Alternativo* cinge-se, especialmente, a considerações basilares sobre a *legitimidade* do magistrado.

Nesse sentido, deve ser registrado, de forma categórica – não obstante a opinião de parcela extremamente atuante, ainda que esmagadoramente minoritária, da doutrina, segundo a qual o julgador deve necessariamente libertar-se das "amarras da lei" para poder, de forma objetiva, alcançar, através de uma abordagem alternativa, o pleno atendimento dos anseios dos jurisdicionados no sentido de obter a verdadeira justiça na solução de seus conflitos (devendo, portanto, o juiz, nesse contexto, preterir intencionalmente a lei aplicável ao caso concreto (ou "mandar às favas as eventuais limitações da lei"), para, em seu lugar, impor uma solução insurgente que resolva a eventual *lide* de forma subjetivamente "justa") –, que o magistrado não possui, em nenhuma hipótese, a necessária *legitimidade* política, derivada do voto popular, para respaldar minimamente tal procedimento que, sob esta ótica, não pode deixar de ser reputado como flagrantemente inconstitucional e, inclusive, tipificador da conduta delituosa (art. 319 do CPC).

A legitimidade do julgador, é conveniente lembrar, possui feição nitidamente *técnica*, derivada do particular equilíbrio que foi estabelecido, na maioria das nações ocidentais, com a tripartição funcional dos Poderes.

Por outro lado, também deve ser observado que a legitimação do magistrado (na qualidade de membro do Poder Judiciário), de forma diversa dos demais titulares dos dois outros Poderes estatais, se concretiza de maneira complexa, não se completando, em sua inteireza, *a priori* (com a aprovação do candidato ao cargo de juiz, através de concurso público de provas e títulos, ou, excepcionalmente, através do acesso aos tribunais pelos "quintos" ou "terços" constitucionais), necessitando, ao contrário, para a sua plena efetividade, de um processo que se opera reconhecidamente *a posteriori*, com a imprescindível outorga de *fundamentação* técnico-jurídica (baseada no Direito vigente e não em produção legislativa não autorizada e particular no julgador) a todas as decisões judiciais emanadas pelo mesmo.

Não é por outro motivo, portanto, que não cabe ao magistrado, em nenhuma hipótese, se contrapor à ordem jurídica vigente, através do reconhecimento de um *Direito Insurgente* que simplesmente desafia o imperativo da ordem jurídica e de seu consequente arcabouço técnico-científico que, em última análise, possui o condão de nortear a sua própria legitimidade técnica.

Por efeito conclusivo, vale consignar que, se, de fato, fosse possível ao juiz negar concreção no Direito vigente, como desejam os apaixonados pelo tema da alternatividade da ordem jurídica, seria imperativo que o *povo*, na qualidade de titular do *Poder Constituinte*, tivesse, anteriormente, alterado a essência da legitimidade dos juízes, tornando-a inequivocamente *direta* e *popular*, com amplo e sinérgico respaldo político.

A descoberta do justo dentro do legal

Segundo afirmações frequentes, o Direito se constitui, em grande parte, no *justo objetivo* que se contrapõe ao *justo subjetivo* das partes litigantes.

Assim sendo, não há propriamente nenhuma razão lógica para se buscar o *justo* fora do âmbito do *Direito Oficial*, na própria medida em que este fator axiológico sempre se encontra, direta ou indiretamente, contido no espectro maior da ordem jurídica.

Por consequência, é exclusivamente através da correta utilização técnica do complexo sistema hermenêutico de interpretação da norma jurídica e do Direito de modo geral – orientando, por seu turno, uma correta postura do julgador – que se deve buscar a solução justa ao caso concreto, considerando, acima de tudo, que o *Direito* possui um inegável compromisso com a *justiça*, ainda que esta não se desenvolva, como desejam alguns, de maneira única e inseparável de outros importantes fatores valorativos que possui toda a sociedade moderna.

> Ouve-se, com frequência, de alguns aplicadores do Direito – magistrados, promotores de justiça, procuradores, advogados – que a solução encontrada para o caso em que fazem atuar o Direito pode não ser justa, mas é legal. Justificam, mais, a solução encontrada. Dizem que o Direito tem que se preocupar com este último conceito, o da legalidade, e não com aquele primeiro, o de justiça.
>
> Penso não estar correta, pelo menos em sua integralidade, a posição adotada. Entendo que a razão da existência do Direito é, em grande medida, a obtenção da justiça, ainda que em sua acepção objetiva. Esta é, repito, a sua

razão de ser. Direito que não alcança justiça é Direito que não realiza, que vive sem sentido.

É comum dizerem as pessoas pouco acostumadas aos termos técnicos da Ciência do Direito que: "o juiz deu razão a este, não dando razão àquele". Este senso comum do que seja justiça deve ser o indicador do caminho a ser observado quando da aplicação das normas legais, qual seja, o de descobrir-se com quem está a razão abstratamente prevista na lei.

Ortega y Gasset, ao definir razão, diz que "razão, no verdadeiro sentido, é toda ação intelectual que nos põe em contato com a realidade, por meio da qual nos deparamos com o transcendental".

A descoberta da realidade, pelo aplicador do Direito, exige o trilhar de caminho certo e seguro, caminho este que passa pela percepção, no meio social em que se insere o julgador, do que seja o justo.

Recaséns Siches estabeleceu a seguinte regra, a ser observada na busca da justiça: "O juiz deve interpretar sempre a lei de modo e segundo o método que leve à solução mais justa dentre todas as possíveis (e admitidas pelo ordenamento jurídico vigente) inclusive quando o legislador ordene determinado método de interpretação."

Evidente que a descoberta do justo não significa, e não pode significar, o abandono das normas legais vigentes, de cumprimento obrigatório. Nada mais democrático do que a existência da dogmática jurídica, garantidora a todos os cidadãos de que seus direitos serão protegidos e assegurados e que os deveres serão exigidos dentro de regras previamente estabelecidas. *Claro, então, que a perseguição do justo não é, e nem pode ser, o abandono do legal.* A descoberta do justo, necessariamente adequado ao legal, tem, até, respaldo constitucional, já que o art. 3º da nossa Carta Fundamental estabelece que "constituem objetivos fundamentais da República Federativa do Brasil construir uma sociedade livre, justa e solidária". Dizem Celso Ribeiro Bastos e Ives Gandra Martins que "a justiça transcende o próprio Direito". Significa a expressão que o Direito tem que estar à disposição da justiça, não a justiça submetida à vontade do Direito.

Assim, o que se tem é a necessidade de o julgador ter sempre em mente o que é justo, e, dentro das normas legais que conhece, buscar, para o caso concreto que tem, a solução legal que seja justa.

Importante, ainda, na busca da justiça da decisão observar-se a razoabilidade de que deve ser ela portadora. Justa não será a decisão que não seja razoável.

A razoabilidade tem que ser apurada a partir do sentimento comum de justiça, aquele reinante na sociedade, que necessariamente estará recheado de conceitos éticos, morais, de normas de conduta. Se a decisão judicial escandaliza, causa comoção, não tranquiliza, não harmoniza, é porque falta a ela razoabilidade.

Tem José Carlos Barbosa Moreira importante observação, que serve de parâmetro, orientação, para todos aqueles que têm a difícil missão de fazer justiça. Diz ele, ao fixar a atitude do julgador, dentro do processo a ele entregue, que "o olhar do observador estará voltado, aí, para os possíveis apartes exteriores, capazes de atuar – de modo benéfico ou maléfico, observe-se de passagem – sobre a realidade processual, que não constitui, nem pode constituir, um recinto isolado, hermético, impermeável no ambiente em que se insere".

Entendo, por efeito, que, seguidas essas orientações, estará o julgador adotando postura segura e serena, que o habilitará a *descobrir o justo dentro do legal* (Luciano Vasconcellos, "A postura do julgador", *JCB*, 13.06.1995).

9. Lei, Direito e Justiça em uma visão alternativa

A título de ilustração, entendemos por bem transcrever algumas opiniões vertentes de Benedito Calheiros Bonfim ("Lei, Direito e justiça", *JCB*, 06.02.1995), a propósito do tema, que – não obstante se afastarem do amplo reconhecimento de que o *Direito Positivo* se constitui em um efetivo reflexo de uma ordem política, previamente estabelecida por uma dada sociedade (comandada, por seu turno, por uma determinada classe dominante desejosa de ver juridicamente reconhecidos seus privilégios) e que os magistrados, embora integrantes da casta social mais instruída, neste contexto, por imposição constitucional, se encontrem virtualmente impedidos de qualquer engajamento político na discussão do aspecto intrínseco do chamado "justo abstrato", uma vez que a legitimação da magistratura, como um todo, é puramente técnica (somente se o juiz fosse eleito, pelo voto popular, poderia envolver-se em discussões desta natureza), caracterizando sua posição de simples aplicador da lei desprovido de qualquer vocação para a atividade crítica ao sistema político (pois, doutra feita, teria, como cidadão, trilhado a carreira política e não optado pela servidão insuperável da carreira judicante) – traduzem as pretensas bases jurídicas do movimento *insurgente* do Direito:

> A expressão *Direito* é utilizada, frequentemente, como sinônimo de lei, *Direito Positivo*. O seu uso em lugar de lei explica-se não apenas por ser correntemente empregada com esse significado, como ainda porque, em muitos países, como, por exemplo, nos Estados Unidos e na Inglaterra, Direito e lei são designados, indistintamente, pela palavra *law*.
>
> Há que distinguir, conceitualmente, *lei* e *Direito*.
>
> A *lei* é a norma jurídica escrita, genérica e obrigatória, emanada do órgão competente do Estado.

O *Direito*, mais amplo e abrangente que a lei, não se esgota na *norma legal*. Situando-se além desta, ele contém em si o sentido do justo, do social, do humano, do legítimo.

Por isso mesmo, não se dissocia o *Direito* do *justo*, do ético. Não pode, por essa razão, haver conflito entre *Direito* e *justiça*. São conceitos que se confundem.

A lei, fórmula abstrata, inanimada, é apenas parte do todo, que é o *Direito*. Ela está para este como o alfabeto para o idioma, o acorde para a música, a simples escrita para a leitura.

Quando EDUARDO COUTURE, em seu clássico *Decálogo do Advogado*, recomendou que, no caso de encontrar o "*Direito em conflito com a justiça*", cumpre ao advogado lutar por esta, certamente utilizou o vocábulo *Direito* como sinônimo de *lei*.

A diferença entre *lei* e *Direito* é magistralmente explicada por PONTES DE MIRANDA: "O princípio de que o juiz está sujeito à lei é, ainda onde o meteram nas Constituições, algo de *guia de viajantes*, de itinerário, que muito serve, mas nem sempre basta [...]. Se entendemos que a palavra *lei* substitui a que lá deverá estar, *Direito*, já muda de figura. Porque *Direito* é conceito sociológico, a que o juiz se subordina, pelo fato mesmo de ser instrumento da realização dele. E esse é o *verdadeiro* conteúdo do juramento do juiz, quando promete respeitar e assegurar a lei. Se o conteúdo fosse o de impor a *letra legal*, e só ela, aos fatos, a função judicial não corresponderia àquilo para que foi criada: apaziguar, realizar o *direito subjetivo*. Seria a perfeição em matéria de braço mecânico do legislador, braço sem cabeça, sem inteligência, sem discernimento; mas antissocial e, como a *lei* e a *jurisdição* servem à sociedade, absurda. Além disso, violaria, eventualmente, todos os processos de adaptação da própria vida social, porque só atenderia a eles, fosse a moral, fosse a ciência, fosse a religião, se coincidissem com o papel escrito [...]. Pouco importa, ou nada importa, que a letra seja clara, que a lei seja clara: a lei pode ser clara, e obscuro o *Direito* que, diante dela, se deve aplicar. Porque a lei é roteiro, itinerário, guia [...]. O *Direito*, e não a *lei* como texto, é que se teme seja ofendido.

Alguns escritores desavisados leram *Direito expresso* como se fosse *lei escrita clara*, lei escrita explícita. *É grave erro*" (*Comentários ao Código de Processo Civil*, Forense, t. VI, p. 290-1).

Tem razão o grande mestre brasileiro. A lei é apenas o ponto de referência e itinerário, molde abstrato a ser corporificado na prática.

A lei, por mais clara que se afigure, ao ser transposta do geral para o particular, requer interpretação. E é nesse processo exegético, de elaboração mental, que ela se faz Direito. Sua adaptação aos fatos é um ato subjetivo, volitivo, do intérprete, permeado de emoção, impregnado de sentimentos, sensibilidade pessoal e social, tendência política, filosófica, formação cultural.

É em sua contextualização que a norma legal traduz o Direito.

Ela própria, a lei, não é neutra, porque se destina a impor, tutelar, disciplinar um sistema político-social – o dominante, seja o capitalista, seja o socialista – que lhe serve de estrutura e do qual é arcabouço.

Como anota J. J. Calmon de Passos, "são indissociáveis a organização da dominação e a ordem jurídica. Esta é a formalização e a garantia de efetivação daquela" (*O Poder Judiciário e Constituinte*, p. 3, tese apresentada ao II Congresso Nacional de Advogado Pró-Constituinte).

O magistrado que se escraviza à letra da lei e se mostra obediente a súmulas, mesmo quando flagrantemente contrárias à justiça e não mais atendem "aos fins sociais a que (as leis) se dirigem", abdica de sua independência, despe-se de sua consciência jurídico-social, desveste-se do espírito crítico e criador, renuncia, enfim, à sua função autônoma de interpretar e julgar livremente, de acordo com sua convicção. Antes de ser um servidor da lei, o juiz é um produtor de justiça.

"O juiz do futuro" – afirma o magistrado Eliézer Rosa – "não poderá ter suas mãos algemadas, ou carregar nos pés as correntes de escravo da lei. Escravo, sim, mas do Direito".

Nem o magistrado pode aplicar a lei mecanicamente, como quem autentica papéis. No desempenho de sua delicada missão de julgar, o juiz não pode abstrair-se da realidade circundante, manter-se desatento à vida que o cerca e fazer dos autos, dos códigos e do gabinete de trabalho o seu universo.

"Interpretar é, ainda que inconscientemente" – lembra Eduardo Couture – "tomar partido por uma concepção de Direito, o que significa dizer, por uma concepção de vida. Interpretar é dar vida a uma norma [...]. O raciocínio e a intuição, todavia, pertencem ao homem e, por isso, estão prenhes de subjetivismo. Todo intérprete é, embora não o queira, um filósofo e um político de lei" (*Interpretação das leis processuais*, Max Limonad, 1956, p. 23).

"Se a lei está divorciada do Direito" – indaga e responde o magistrado Eliézer Rosa – "cruzará o juiz os braços e deixará de lado aquilo que realmente é o Direito? Absolutamente, não. Tenha o juiz a coragem cívica e profissional de criticar, até mesmo com veemência, o teor da lei que não expressa o Direito. Crítica respeitosa, criteriosa, fundamentada [...]. Quem sabe se uma lei é boa ou má é o juiz e não o legislador. Busque o juiz revelar o Direito na sua sentença, sem importar-se se atendeu ou desatendeu à lei" (*A voz da toga*, 2. ed., Barrister's, p. 48).

Não se estranhe tenha tal declaração partido de um ilustre magistrado, uma vez que isso ocorre na prática cotidiana, sem que deixe de ser visto com naturalidade. Quando uma lei, em que pese a clareza de seu texto, é interpretada de maneira diversa, conclui-se que um dos dois entendimentos ignorou a norma ou a descumpriu literalmente. Essas interpretações antagônicas, no entanto, não escandalizam nem mesmo os empedernidos conservadores.

Daí dizer-se que o juiz é um revelador, um cocriador do Direito, que melhor desempenha sua função se se preocupar mais com a realização da justiça do que com a aplicação formal da lei.

O julgador não é neutro, ainda que suponha que o seja. Ele é imparcial frente às partes, mas não diante do justo e do injusto, da justiça e da injustiça. "O juiz" - observa ainda Calmon de Passos - "como qualquer responsável pela criação e pela aplicação do Direito, nunca é neutro. É um político, no sentido de que é alguém comprometido com determinado modelo econômico-político-social por cuja implementação se obriga" (ob. cit., p. 3).

Cumpre ao magistrado negar aplicação a todo preceito de lei que não se harmonize com os mandamentos de justiça social consubstanciados nos princípios fundamentais inscritos nos arts. 1º a 3º da Constituição da República.

Cuide o aplicador da lei de buscar e tornar efetivo o Direito, ainda que este não coincida com aquela. Assim agindo, estará sendo fiel também ao pensamento de Pontes de Miranda (Benedito Calheiros Bonfim, art. cit.).

10. Ministério Público e Direito Alternativo

Renato Sócrates Gomes Pinto, em artigo com idêntica designação do título desta nota ("Ministério Público e Direito Alternativo", *JC*, 02.09.1995), afirma que o:

> *Direito alternativo* pode ser definido como um movimento teórico-prático voltado para a busca da realização da democracia material, que, pouco a pouco, tem permeado o afazer dos operadores jurídicos pós-modernos. Amilton Bueno de Carvalho o conceitua como uma "atuação jurídica comprometida com a busca de vida com dignidade para todos, ambicionando emancipação popular com abertura de espaços democráticos, tornando-se instrumento de defesa/libertação contra a dominação imposta" (*Magistratura e Direito Alternativo*, São Paulo, Acadêmica, 1992, p. 89).
>
> O mesmo autor, magistrado no Rio Grande do Sul, ressalta que "na América Latina encontram-se as raízes do movimento na luta pela concretização dos direitos humanos e como forma de resistência aos regimes ditatoriais. Hoje, com a incipiente democratização, entende-se que o Direito é instrumental importante que a população dispõe para resistir à dominação/

exploração que se lhe impõe. Então o Judiciário transforma-se em arena democrática, onde o cidadão ousa buscar a defesa de seus direitos como, por exemplo, a disputa judicial dos aposentados para concretização de seus proventos ou a luta que envolve os mutuários do Sistema Financeiro de Habitação" (in *Direito Alternativo na jurisprudência*, São Paulo, Acadêmica, p. 9).

O movimento alternativista tem a marca da atualidade. Resgata o jurista do anacronismo. É Roberto Aguiar que bem sintetiza esse destempo: "O mundo dos juristas, constituído em sua origem remota por Roma, em sua origem mediata por Napoleão e em seu processo presente por paradigmas epistêmicos arcaicos, opera em destempo com o da modernidade. Ele é artesanal no mundo da tecnologia, é retórico no mundo da demonstração, é individual no mundo onde o coletivo se defronta, é monista quando o mundo é plurarista, é uno quando o mundo concreto contemporâneo é fragmentário, é ineficaz no mundo do planejamento e da eficácia" (*A crise da advocacia no Brasil – diagnósticos e perspectivas*, São Paulo, Alfa-Ômega, p. 37).

O fato é que, segundo seus defensores, o movimento tem crescido e se multiplicado "para que todos tenham vida em abundância", como queria Cristo.

E vida em abundância para todos é a finalidade da democracia material, mediante a concretização dos direitos econômicos, sociais e culturais.

E o Ministério Público já tem acenado ao pós-modernismo, como se pode deduzir das palavras do dr. Olympio de Sá Sotto Maior Netto, no discurso proferido ao ensejo de sua posse no cargo de procurador-geral da Justiça do próspero Estado do Paraná.

Disse o procurador-geral: "Os agentes do Ministério Público devem colaborar com o processo já desencadeado de organização popular, servindo inclusive como seu braço jurídico. Absorver a ideia de que somente a sociedade civil organizada – e, assim, politizada – será capaz de levar adiante as reformas estruturais da sociedade [...]" (discurso publicado no volume 9 do *Livro de estudos jurídicos do IEJ*, Rio de Janeiro, 1994, p. 409-15).

O tema merece reflexão, pois é controvertido.

Dizia Guimarães Rosa que, vivendo, estamos sempre aprendendo, mas o que mais aprendemos mesmo é fazer mais perguntas (Renato Sócrates Gomes Pinto, art. cit.).

11. Sentenças políticas

A questão central concernente ao tão propalado *Direito Insurgente* (ou *Direito Alternativo*, como preferem os seus maiores defensores) – especialmente no que alude à sua aplicabilidade prática, seja em seu âmbito material, seja em seu âmbito processual – também atinge, resta dizer, o preocupante (e cada vez mais evidente) fenômeno crescente da *perda de confiança nas decisões judiciais*.

A ausência de *neutralidade* (um dos pilares fundamentais da credibilidade do Poder Judiciário), que se encontra intimamente associada à prevalência da *visão política* (e ideológica) *pessoal do julgador* sobre a *interpretação técnica da lei* (o que, em certo aspecto, se constitui em uma das bases norteadoras do movimento alternativo do Direito), é hoje, sem dúvida, um poderoso *vírus* que poderá ser capaz de contagiar toda a estrutura judiciária, tornando definitivamente verdadeira a máxima segundo a qual "mais vale um mau acordo de que uma boa causa".

Preocupante análise estatística, levada a efeito pela professora Maria Tereza Sadek, contatou que 38% dos juízes acreditam que "o compromisso com a justiça social deve preponderar sobre a estreita aplicação da lei", o que tem conduzido à inquietante prolação de sentenças políticas e, em grande medida, a uma perigosa subjetividade da justiça, além de, indiretamente, a uma excessiva morosidade dos processos em razão, sobretudo, da busca exaustiva (e à margem das regras processuais vigentes) de provas (inclusive produzidas sem a iniciativa solicitante das partes) pelo juiz para satisfazer seus anseios de produzir uma decisão judicial o "mais justa possível".

Segundo o economista Armando Castelar Pinheiro (in "Sentenças políticas", *Época*, 04.08.2003, p. 42-3), "a ineficiência do Judiciário não preocupa apenas pelas injustiças que causa, perceptivelmente entre os mais pobres", mas particularmente pelos elevados custos econômicos que gera. A existência de uma *segurança jurídica* (por meio da correta e hermeneuticamente técnica aplicação das leis pelos juízes), conclui o autor, "conduziria a um substancial crescimento da economia brasileira" e viabilizaria novamente a existência de um mercado de crédito imobiliário que simplesmente desapareceu nos últimos anos em face, sobretudo, das constantes revisões judiciais "alternativas" de contratos de mútuos hipotecários.

Não menos preocupante – no mesmo sentido – é o surgimento, em alarmante e crescente dimensão, do fenômeno do "*populismo judiciário*", que tem, de modo mais amplo, não só contribuído para o já mencionado fenômeno da "*insegurança jurídica*", mas igualmente para a denominada "*ilegalidade consentida*", que vem não somente afastando importantes investidores estrangeiros do Brasil, mas também gerando graves *distorções* na economia doméstica (por meio da cada vez maior aceitação da "informalidade"), que comprometem a concorrência entre empresas, incentivam a sonegação de impostos e o descumprimento de obrigações legais de toda ordem (em especial o descaso pelo direito de propriedade industrial), incentivando, por vias transversas, a *ineficiência* e a *ausência de competitividade*, e, em última análise, o próprio desenvolvimento econômico (e social) do País.

> [...] há certos colegas juristas que criaram uma espécie de "populismo judiciário" [...] quem está fugindo da legislação é alguém que está alheio ao

processo democrático. Nós não podemos fazer isso. Quem faz isso desqualifica o poder da maioria [...] (Min. Nelson Jobim, *O Globo*, 07.07.2004, p. 13).

12. Direito Alternativo e Justiça social

É oportuno assinalar que, de nenhuma forma, entendemos como não legítima a necessária luta por *justiça social* de maneira genérica. A questão que se debate neste trabalho é, em essência, o âmbito da discussão a respeito do movimento pela defesa do denominado *Direito Alternativo*.

Nossa posição, assente com a ampla maioria dos estudiosos do assunto, é a de que o saudável debate a respeito deste importante tema não tem, todavia, qualquer sentido objetivamente válido no contexto de atuação do *Direito*, como produto concebido pelo *Estado*, através de seus legítimos *mecanismos legislativos*.

É por demais evidente, neste diapasão, que – sob a ótica *positiva*, *filosófica* e *fonológica* – a corrente que apregoa a defesa do *Direito Alternativo* possui inúmeros argumentos, todos perfeitamente válidos e adequados aos seus propósitos. O que se contesta, contudo, é a descabida ampliação deste debate para a restrita *ótica jurídica*, na qual o *Direito Oficial* se constitui na própria (e única) fonte de observação e estudos.

A questão, portanto, não se encontra propriamente na essência do *Direito Alternativo*, como genuíno mecanismo de busca de um maior grau de justiça social (considerando, sobretudo, que o *Direito Positivo*, em sua concreção intrínseca, busca a defesa do *status quo* e, por consequência, dos interesses da chamada *classe dominante*), e sim no equivocado *âmbito judiciário* escolhido por alguns de seus apaixonados defensores.

A *razão*, e não a *emoção*, vale esclarecer, deve ser, neste aspecto peculiar, o sentido orientador desta legítima empreitada. O caminho, certamente, o *político* (*Legislativo* em sua expressão maior e também o *Executivo*), no qual o próprio Direito é concebido originariamente (e modificado legitimamente) pelo povo, ainda que através de seus representantes, com todas as distorções que deste fato possam advir.

Busca, a qualquer título (e sob qualquer argumento), substituir o *foro* adequado desta discussão pelo ilegítimo instrumento representado pelo *Poder Judiciário*, neste aspecto, é, ao contrário do que afirmam os mais iludidos defensores do Direito Alternativo, substituir a *ordem jurídica* pela simples *desordem* ou, pior, pela concepção particular de um grupo que, não obstante suas eventuais "boas intenções", não representa o espectro amplo da vontade popular e especialmente sua inconteste dialética.

Nunca é exagerado lembrar que o Direito Alternativo, em uma concepção nitidamente judiciária, como apregoam muitos de seus defensores, já foi efetivado em muitas situações históricas, como no triste episódio do movimento nazista na Alemanha, conduzindo, como resultado, ao sórdido e lamentável episódio do verdadeiro extermínio de milhares de judeus e a toda uma série de rigorosos e terríveis abusos diante da própria legislação germânica que, em muitas situações, não só não autorizava tais condutas, como ainda as condenava.

A este propósito, nunca é demais lembrar o ilustrativo episódio protagonizado pelo juiz FREISLER, então presidente do *Tribunal do Povo*, de Berlim (Alemanha, 1944), que, após reclamar de não estar encontrando, sobre a sua mesa de trabalho, o "livro das leis", proclamou, em tom de sublime arbítrio: "Aqui nós não precisamos da *lei*, podemos chegar à *sentença* sem necessidade dela".

Direito, é importante lembrar, não é só o postulado do valor da *justiça*, mas igualmente o postulado do valor da *segurança*, valores estes que não podem ser impostos, de nenhuma forma e sob nenhum argumento, por uma única pessoa (o juiz) ou mesmo por um grupo (os juízes). Sua imposição, ao contrário, só se legitima pela livre *vontade popular* que, nas democracias mais aperfeiçoadas, se exterioriza pelos representantes legislativos. É, pois, em síntese conclusiva, no amplo âmbito *político-legislativo* (e não no restrito âmbito jurídico-judiciário) que devem se concentrar os debates a respeito desse importante tema.

Parte 4

Da Norma Jurídica

Sumário

1. Da norma jurídica propriamente dita
2. A norma jurídica e a Ciência do Direito
3. Planos e âmbitos do conhecimento jurídico
4. Os problemas e os enfoques do Direito e da realidade jurídica

Notas complementares

1. Justiça como elemento axiológico intrínseco ao Direito
2. Acepção básica dos valores da Justiça
3. Conflito aparente entre o Direito e a lei
4. Ramos do Direito como fator de equilíbrio axiológico
5. Lógica jurídica
6. Conceitos de norma jurídica e de lei
7. Posições fundamentais a respeito da estrutura da norma jurídica
8. Estrutura interna da norma jurídica: perinorma e endonorma
9. Planos efetivos da norma jurídica
10. Direito, norma jurídica e lei
11. Posição comportamental do Direito em sua efetividade plena
12. Legitimação do Direito e legitimidades intrínsecas
13. Metodologia jurídica, método no Direito e conceito de Direito
14. Direito Natural, Ideal e Positivo

Diagramas explicativos

Diagrama 5. Metodologia e axiologia jurídica
Diagrama 6. Principais valores vertentes do Direito
Diagrama 7. Teoria geral do ordenamento jurídico

Considerando que o Direito tem como fim específico disciplinar condutas humanas em sociedade, impondo-se naturalmente como princípio básico da vida do gênero humano em coletividade, é fato inconteste que inegavelmente necessita – e *efetivamente possui* – de diversas *expressões* que – dentro de um determinado contexto de inviolabilidade que transcende ao próprio terreno do empirismo – *correspondem* exatamente a seu *preceito fundamental* e natural que se encontra, por sua vez, intimamente associado à sua própria denominada exigência superior "posta" (de caráter constitucional positivo) – e, neste particular, por vezes "pressuposta" (portanto, de natureza originária) – de *buscar*, ainda que inserido no contexto de eventuais limitações (que já bem e exaustivamente nos referimos), a *realização* da *justiça*, considerada necessariamente em sua acepção mais ampla.[1]

> [...] O conceito de Direito, assim, não pode afastar-se, jamais, da ideia de justiça, havendo, pois, um caráter formal de justiça, o *legal*, e outro eminentemente *material*, *substancial* ou *ideal*. Daí o motivo da extraordinária importância da essência do justo na doutrina e na ordem jurídica [...] (Oliveiros Lessa Litrento, "A Fonte do justo", *JC*, 03.05.1992).

Por efeito consequente, a *norma jurídica*, necessariamente, deve ser entendida, sob o ponto de vista restritivo, como a expressão formal do Direito – no

METODOLOGIA JURÍDICA
O método cria o objeto: é partindo do *a priori* que se distingue o "jurídico" no complexo das relações sociais e dos objetos do pensamento

- Classificação dos métodos
  - método indutivo (positivismo, *v.g.*, Pedro Lessa)
  - método dedutivo → Dogmática jurídica; Teorias normativas; Teoria Pura do Direito (Kelsen)
  - método empírico-dialético (Teoria egológica: Cossio)
  - método racional-dialético (Teoria de Hegel)
  - método histórico-dialético (Teoria marxista-lenista)
  - método intuitivo

AXIOLOGIA JURÍDICA
(O PENSAMENTO JURÍDICO COMO REFLEXO DAS IDEOLOGIAS POLÍTICAS)
Valores: pontos de referência estimativos. Valores jurídicos: justiça, segurança, bem comum como finalidade.
Valores jurídicos abstratos: pontos de referência formais e eternos.
Valores jurídicos concretos: pontos de referência com conteúdo ideológico-político, portanto, históricos.

- Classificação dos valores
  - quanto à dimensão
    - positivos
    - negativos
  - quanto ao conteúdo
    - formais (sem conteúdo, adiáforos)
    - materiais (plenos de conteúdo)
  - quanto à validade temporal
    - absolutos – objetos ideais, fora do espaço-tempo
    - relativos – objetos culturais
      - individualismo
        - liberal
        - social
      - supraindividualismo transpersonalismo

- Axiologia jurídica (estimativa ou deontologia jurídica)
  - justiça
    - dimensão abstrata
      - justiça comutativa
      - justiça distributiva
    - dimensão concreta
      - individualismo
        - liberal: indivíduo abstrato
        - social: indivíduo concreto e socializado
      - supraindividualismo: nação, Estado
        transpersonalismo: cultural universal, cosmopolitismo, *jus cosmopoliticum*
  - segurança
    - dimensão abstrata
      - se é possível discutir o que é o "justo", é indispensável saber o que é o "certo"; o árbitro é "não direito"; o Direito "injusto" é também Direito
    - dimensão concreta
      - segurança do indivíduo: direitos humanos, Estado de Direito
      - segurança do Estado: direito do Estado, "razão de Estado"
      - segurança da humanidade: *homo sum et nihil humani alienum a me* (Terêncio)
  - bem comum
    - dimensão abstrata
      - *nihil constat per rationem practicam nisi per ordinationem ad ultimum finem, que est bonum commune* (Santo Tomás)
    - dimensão concreta
      - bem comum como a soma dos bens individuais
      - bem comum da nação ou do Estado que a representa
      - bem comum da humanidade

(Conferir a respeito Wilson de Souza Campo Batalha, *Introdução ao direito*.)

Diagrama 5. Metodologia e axiologia jurídica.

- IDEIA DO DIREITO (valores jurídicos)
  - 1. *Abstração* (formalismo)
    - 1. *Justiça* (razão de ser do Direito). Correlato oposto: injustiça
      - 1. Igualdade (justiça comutativa, justiça do Direito Privado *in genere*)
      - 2. Proporcionalidade (justiça distributiva, justiça do Direito Público *in genere*)
    - 2. *Segurança* (condição de existência do Direito). Correlato oposto: arbítrio
      - Estado de Direito
        - – Estado cujas finalidades se limitam ao Direito (*État gendarme*, Estado-polícia, Estado absenteísta). Correlato oposto: Estado de cultura, Estado ético, Estado esfera.
        - – Estado estruturado por um Direito que ele estabelece e ao qual se submete de maneira estável. Correlato oposto: Estado de fato.
        - – Estado que respeita os "direito humanos", como o mínimo de dignidade da pessoa humana que não pode ser violado. Correlato oposto: Estado totalitário.
    - 3. *Bem comum* (finalidade do Direito). Correlato oposto: privilégio, discriminação
      - – O bem comum como ideia universal
      - – O bem comum como simples nominalismo
  - 2. *Concreticidade* (substancialismo)
    - *Historicidade*
    - *Politicidade*
      - 1. *Justiça*
        - – Individualismo
          - liberal (o indivíduo como átomo social, o indivíduo sem individualidade)
          - social (o indivíduo socializado, preso a círculos sociais, o indivíduo concreto)
        - – Supraindividualismo: subordinação do indivíduo aos interesses do espírito objetivo, do Estado
        - – Transindividualismo: subordinação do indivíduo e dos Estados à cultura universal
      - 2. *Segurança*
        - – Individualismo
          - liberal
          - social
        - – Supraindividualismo
        - – Transindividualismo
      - 3. *Bem comum*
        - – O bem comum como ideário político
        - – O bem comum como conceito de classe
        - – Os "direitos humanos"
          - – Individualismo
          - – Supraindividualismo
          - – Transindividualismo

(Conferir a respeito Wilson de Souza Campo Batalha, *Introdução ao direito*.)

Diagrama 6. Principais valores vertentes do Direito.

sentido específico da própria disciplina de conduta –, com a tarefa fundamental de prever, como bem assim orientar – considerando sempre os valores da *justiça* em sua acepção básica[2] –, os próprios modos de conduta interessantes ao convívio social (considerando sempre o binômio *justiça* e *segurança* e, como desejam alguns autores, também o aspecto finalístico do *bem comum*), disciplinando, em todos os casos, a atuação humana na sociedade, e associando, em última análise, a denominada ordem jurídica com a própria normatividade.[3]

Não é por outra razão que inúmeros autores, como W. Luizpen, insistem em afirmar, de maneira categórica, que a disciplina jurídica é *essencialmente normativa*, possuindo o propósito histórico de conciliar o *individual* com o *social*, conduzindo-nos à conclusão inafastável de que a existência envolve necessariamente a coexistência e esta, por seu turno, envolve obrigatoriamente a normatividade.

Por via conclusiva, a única verdade possível, necessariamente determinante e fundamental, passa a ser exatamente aquela que situa o *Direito* como uma *ordem essencialmente normativa*, com um sentido próprio de existência obrigatoriamente desvinculado de qualquer outro regente (salvo, é claro, a exceção básica de seus valores axiológicos fundamentais: *justiça* – englobando, obrigatoriamente, apenas, o *justo formal*; mas objetivando sempre o *justo material* – e *segurança* – na qualidade de imperativo último da *ordem social*, garantida, em última análise, pela própria normatividade –, entre outros, como o próprio *bem comum*), tornando efetivamente deduzível que a norma jurídica, por si só, *não é* e nem pode ser considerada Direito, mas, sempre, e em qualquer nível de consideração jurídico-analítico, necessariamente, *contém o Direito.*[4,5]

1. Da norma jurídica propriamente dita

A *norma jurídica*, consoante os doutos ensinamentos do prof. Paulino Jacques, pode ser entendida como a responsável última e, por efeito, a verdadeira e única constituidora da própria expressão formal da norma do Direito.[6]

> O conjunto das normas jurídicas denomina-se ordenamento jurídico. Há ou haverá normas para todas as condutas. Não existe relação humana possível que não possa ser enquadrada pelo Direito (Arnaldo Vasconcelos; sobre os aspectos da norma jurídica e do ordenamento jurídico em respeito ao conceito de Paulino Jacques, *Teoria da norma jurídica*, p. 56).

Para o prof. Miguel Reale, por outro lado, a *norma jurídica* deve ser considerada sendo o próprio elemento nuclear do Direito.

> "A norma jurídica é uma estrutura proposicional enunciativa de uma forma de organização ou de conduta, a qual deve ser seguida de maneira objetiva e obrigatória" (Miguel Reale, *Lições preliminares de Direito*, 1988).

Segundo o pensamento de Hermes de Lima, por sua vez, a *norma jurídica* deve ser analisada apenas sob o ponto de vista específico de suas características fundamentais, especialmente a sua qualidade própria como disciplinadora de condutas.

> Sob o ponto de vista objetivo, trata-se de uma norma imperativa, bilateral e coercitiva, emanada pelo órgão competente, destinada a dirigir a conduta dos indivíduos ou estabelecer a ordem de convivência social, cuja inobservância acarretará a aplicação da sanção pelos órgãos do poder público (Hermes de Lima, *Introdução à Ciência do Direito*, 1988).

Finalmente, para outros autores, como Machado Paupério, a norma jurídica consiste na própria expressão da ordem jurídica.

> A ordem jurídica simplesmente expressa-se através de normas, que têm sempre a forma imperativa e que se podem decompor em ordens ou proibições [...]. As normas jurídicas, por efeito, são regras que impõem o comportamento adequado à consecução da ordem e da segurança na sociedade (citado por O. de Almeida Secco, *Introdução ao estudo do Direito*, p. 43).

1.1. O substrato da norma jurídica

Sem a menor sombra de dúvida a *norma jurídica* não existiria sem o seu *substrato*, que corresponde exatamente à sua *essência* e ao seu *conteúdo*.

Este *conteúdo* se encontra influenciado, de forma permanente, como seria de se esperar, na própria evolução do conhecimento humano, uma vez que a norma é elaborada, como já tivemos oportunidade de afirmar, com base no *Direito* existente pela própria imposição da *ordem* e, consequentemente, das

- **Existência da norma jurídica**
  - plano normativo: validade (válida formal e materialmente – eficaz juridicamente – é a norma elaborada pelo poder competente e que se harmoniza com o conteúdo das normas superiores)
  - plano ontológico: eficácia (eficaz – eficácia sociológica – é a norma à qual corresponde "até certo ponto" a realidade social e os comportamentos)
  - plano político: legitimidade (legítima é a norma que corresponde às tendências políticas dominantes, em sentido ideológico)
- **Estrutura da norma jurídica (elementos normativos e seus correlatos ontológicos)**
  - unitariedade da norma jurídica (teoria tradicional, Ernest Roguin)
  - a norma jurídica é juízo hipotético (Kelsen, Wienkreis)
    - norma primária
    - norma secundária
  - a norma jurídica é juízo disjuntivo (Cossio)
    - endonorma
    - perinorma
  - a norma jurídica envolve duas normas paralelas, alternativas (Maynez)
- **Conteúdo da norma jurídica**
  - a norma substancial (regula as relações da vida)
    - proposições normativa – pressuposto de fato (*si quis*...) – sanção (*igitur*...)
    - correlato ontológico – fatos jurídicos (Tatbestand) – coação
  - norma jurídica de superdireito
    - hierarquia das fontes (subordinantes/subordinadas)
    - regras (normativas) de interpretação
    - Direito intertemporal, conflitos no tempo
    - Direito "internacional" conflitos no espaço
      - normas de direito público
      - normas de direito privado

(Conferir a respeito Wilson de Souza Campo Batalha, *Introdução ao direito*.)

Diagrama 7. Teoria geral do ordenamento jurídico.

demais necessidades da sociedade a que se encontra irremediavelmente vinculado.

Por consequência, a valoração implícita da norma jurídica repousa sempre na própria ideia que a inspira, indiretamente manifesta, por seu turno, na verdadeira *estrutura orgânica* que ela obrigatoriamente apresenta – sem qualquer exceção –, dentro do contexto específico de sua inerente complexidade.

1.2. A estrutura da norma jurídica

Não obstante a existência de algumas controvérsias a respeito do tema, grande parte dos estudiosos da teoria normativa do Direito continua a defender a posição clássica segundo a qual a *norma jurídica* possui sempre uma *estrutura externa* e uma *estrutura interna*, além de um conteúdo próprio e particular.[7]

A *estrutura externa*, segundo esta ótica, corresponde exatamente ao denominado "*revestimento*" da norma jurídica, que pode ser em forma de *lei* (norma jurídica escrita que tem origem na autoridade) ou de *costume* (norma jurídica não escrita que surge de forma difusa na sociedade).

A *estrutura interna*, por seu turno, encontra-se intimamente associada, por partes, à denominada *endonorma* (ou seja, o preceito do dispositivo normativo ou, em outras palavras, o interesse protegido e, portanto, exatamente aquilo que a norma contém) e à convencionalmente chamada *perinorma* (descrição do injusto – ilícito – e a consequente sanção a ser aplicada).[8]

O conteúdo próprio, da norma, por fim, pode ser de natureza *jurídica* ou *metajurídica*.[9]

1.3. Características basilares da norma jurídica

A norma jurídica, igualmente, também possui características basilares que podem ser resumidas através de seis expressões:

a) *bilateralidade*: ou seja, a *norma jurídica* possui escopo de atuação dúplice;

b) *estabilidade*: uma vez que a *norma jurídica*, em regra, é *editada* pelo Estado (em forma de *lei*) e quando, excepcionalmente, produzida, de forma difusa, pela sociedade (em forma de *costume*) é chancelada por ele;

c) *permanência*: considerando que a *norma jurídica* não se esgota pelo *uso* ou pelo *descumprimento* (mesmo as *normas transitórias* possuem permanência);

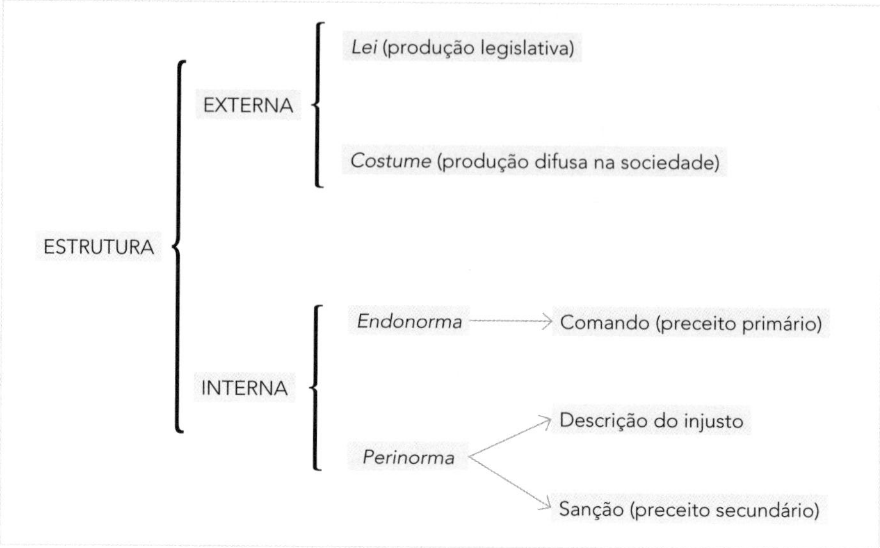

Diagrama 8. Estrutura da norma jurídica.

d) *pública*: tendo em vista que para o efetivo cumprimento da *norma jurídica* ela tem de ser conhecida (o indivíduo é obrigado a conhecer a *lei*, posto que o *interesse social* prevalece sobre o *interesse individual*);

e) *violabilidade*: considerando que, a partir de sua elaboração, a *norma jurídica* já possui explícita ou implicitamente a previsão quanto ao seu descumprimento;

f) *exterioridade*: partindo-se da premissa de que a *norma jurídica* somente é eficaz no campo *externo* (vale ressaltar que a simples *cogitação* de se contrapor ao *regimento normativo* não constitui nenhuma *violação* à *norma jurídica*).

1.4. Classificações fundamentais da norma jurídica

A *norma jurídica,* por fim, possui diversas *classificações*, das quais se destacam as seguintes:

a) *normas jurídicas quanto à sanção:*

— *normas jurídicas mais-que-perfeitas:* quando há infração ao preceito; o *ato jurídico* é *desfeito,* adicionado à aplicação da *sanção* correspondente (hipótese de casamento com ocultação de impedimento: o *ato jurídico* é desfeito, além de também ser aplicada punição ao infrator);

— *normas jurídicas perfeitas:* quando o *ato jurídico* é *desfeito*, porém não há aplicação de *sanção* (hipótese de indivíduo menor de idade que vende seu *bem* sem autorização judicial ou sem preenchimento dos requisitos legais);
— *normas jurídicas menos-que-perfeitas:* quando o *ato jurídico* é *mantido,* mas há efetiva aplicação de *sanção* (hipótese de mulher viúva que se casa antes do prazo determinado em lei);
— *normas jurídicas imperfeitas* (obrigação natural): quando o *ato jurídico* é *mantido* e não há aplicação de *sanção* (hipótese de dívida de jogo ou dívida prescrita);

b) *normas jurídicas quanto à aplicação:*
— *normas jurídicas rígidas:* quando as normas não permitem outra interpretação ou aplicação (*verba legis = mens legis*);
— *normas jurídicas elásticas:* quando há possibilidade de examinar características da norma jurídica, existindo, por consequência, várias e diferentes interpretações ou aplicações (*verba legis + complementação = mens legis);*

c) *normas jurídicas quanto à obrigatoriedade:*
— *normas jurídicas imperativas:* quando há efetiva *obrigação positiva* (como a prestação do serviço militar) ou efetiva *obrigação negativa* (proibitiva);
— *normas jurídicas permissivas:* quando não há propriamente *obrigação* e, sim, possibilidade de escolha (como a livre opção pelo regime de casamento) ou ampla liberdade de realizar o direito consignado da normatividade.

d) *normas jurídicas quanto à aplicação territorial:*
— *normas jurídicas comuns:* quando as normas atingem todo o território nacional;
— *normas jurídicas locais:* quando as normas restringem-se ao território do estado-membro, do Distrito Federal ou de município;

e) *normas jurídicas quanto à aplicação pessoal:*
— *normas jurídicas gerais ou genéricas:* quando as normas abrangem todas as pessoas do *tipo normativo* descrito (Código Civil);

— *normas jurídicas especiais:* quando as normas abrangem um grupo determinado de pessoas (Código de Defesa do Consumidor).

f) *normas jurídicas quanto ao sistema jurídico:*
— *normas jurídicas nacionais:* quando as normas vigoram no Brasil;
— *normas jurídicas estrangeiras:* quando as normas não vigoram no Brasil.

g) *normas jurídicas quanto à fonte:*
— *normas jurídicas escritas* (legais);
— *normas jurídicas não escritas* (costumeiras).

h) *normas jurídicas quanto ao âmbito material de aplicação:*
— *normas jurídicas de Direito Público;*
— *normas jurídicas de Direito Privado.*

i) *normas jurídicas quanto à situação que estabelecem:*
— *normas jurídicas que impõem deveres;*
— *normas jurídicas que impõem efeitos;*
— *normas jurídicas declaratórias ou definidoras de situações jurídicas;*
— *normas jurídicas interpretativas* (quando objetivam interpretar outra lei);
— *normas jurídicas supletivas* (quando vigoram no silêncio da parte ou suprem a vontade das partes quando não expressa);

j) *normas jurídicas quanto ao âmbito formal de aplicação:*
— *normas jurídicas de conduta ou primárias* (normas substantivas);
— *normas jurídicas processuais ou secundárias* (normas adjetivas);

l) *normas jurídicas quanto ao tempo de duração:*
— *normas jurídicas permanentes:* quando possuem prazo indeterminado de vigência;
— *normas jurídicas temporárias (ou transitórias):* quando possuem prazo determinado e estabelecem na própria normatividade ou quando, por natureza, possuem vigência temporalmente restrita (lei orçamentária);
m) *normas jurídicas quanto à aplicabilidade de seu conteúdo:*
— *normas jurídicas autoaplicáveis;*
— *normas jurídicas pendentes de regulamentação.*

2. A norma jurídica e a Ciência do Direito[10]

Segundo lições de Hans Kelsen (*Teoria Pura do Direito*, p. 111 e segs.):

> as *normas jurídicas* são produzidas pelos órgãos da comunidade aos quais a ordem jurídica confere competência para a produção normativa. Resultam, pois, em última análise, de uma função criadora do Direito, exercida pela autoridade jurídica. Por esta razão, não são as *normas jurídicas* reputadas *verdadeiras* ou *falsas*, mas, dito de maneira mais técnica, *válidas* ou *inválidas*, prestando-se como verdadeiros esquemas de interpretação da conduta humana.

É exatamente a *norma jurídica* que confere significado jurídico aos fatos. A Ciência do Direito conhece e descreve *normas jurídicas*, assim como *apreende* e *descreve fatos da conduta humana*, enquanto constituem conteúdo de normas jurídicas. Ao descrever essas normas – e exatamente neste momento –, faz e realiza as denominadas *proposições jurídicas*.

É justa, portanto, a distinção entre a *proposição jurídica* e a *norma jurídica*, que ganha, exatamente, expressão na diferença que existe entre a função do conhecimento jurídico e a função da autoridade jurídica que é representada – por assim dizer – pelos órgãos da comunidade jurídica.

A Ciência Jurídica tem por objeto fundamental, antes de tudo, a missão de produzir o Direito para que ele possa, então, ser conhecido e finalmente descrito pela Ciência Jurídica.

Evidentemente, os órgãos aplicadores do Direito também têm de conhecê-lo; porém, a acepção do verbo "*conhecer*", nesse particular, é absolutamente diversa do sentido tradicional, especialmente tratando-se de conhecimento que convencionamos chamar "*de dentro*", portanto, *interno*, e não de *conhecimento externo*, ligado efetivamente às outras dimensões do Direito (fato e valor).

É absolutamente inegável que o juiz, para exercer sua específica função – com a eficiência esperada –, precisa conhecer, com rara precisão, o Direito em toda a sua plenitude. Porém, o que, de fato, caracteriza o seu *agir* e o seu *atuar* é a essência da criação de normas individuais – rigorosamente respaldadas na correta interpretação dos dispositivos legais em sentido amplo – para a objetiva solução dos conflitos que lhes são apresentados.

De forma análoga, também o legislador precisa conhecer o complexo normativo, com ênfase na *Constituição*; mas, de maneira diversa da situação ante-

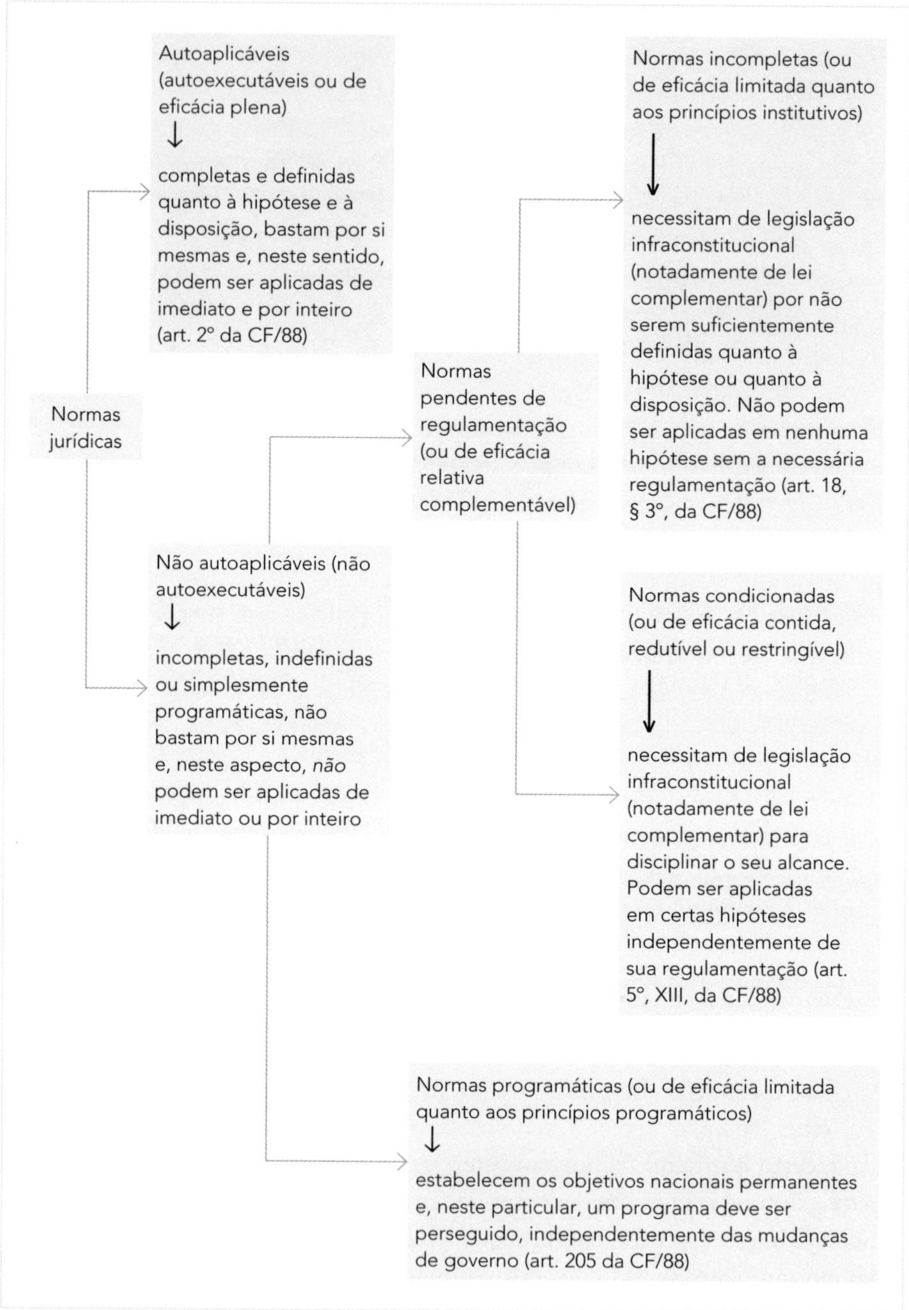

Diagrama 9. Aplicabilidade das normas jurídicas quanto ao seu conteúdo.

rior, o que caracteriza sua função é essencialmente a *produção normativa* e não propriamente os *ensinamentos de interpretação*, que possa dar a respeito da *Constituição*, como no caso dos magistrados.

Assim, tanto o *legislador* como o *juiz* são autoridades da comunidade jurídica, incumbidas de produzir normas que são predominantemente *gerais*, no primeiro caso, e predominantemente *individuais*, no segundo, ou, como desejam alguns, *normas abstratas* e *normas concretas*, respectivamente.

A Ciência Jurídica – e isto é inegável – corporifica-se no labor dos que procuram conhecer o Direito, isto é, no contexto próprio das normas jurídicas em sentido estrito. Entretanto, a Ciência do Direito apenas pode descrever o Direito, não podendo, em nenhuma hipótese, por outro prisma – em situação diametralmente diferente do Direito produzido pela autoridade jurídica (através de *normas gerais* ou *individuais*) –, efetivamente, prescrever de forma objetiva (seja o que for e no alcance que for), considerando o fato de ser exatamente esta a sua inerente e precípua limitação.

Nenhum jurista pode negar a distinção essencial que existe entre uma lei publicada no jornal oficial e um comentário jurídico a essa mesma lei; entre o Código Civil e um tratado de Direito Civil, por exemplo.

A distinção revela-se precisamente no *factum* de as proposições normativas, formuladas pela Ciência Jurídica – que descrevem o Direito e que não atribuem a ninguém quaisquer deveres ou direitos –, poderem ser *verídicas* ou *inverídicas*, ao passo que as normas do *dever-ser*, estabelecidas pela autoridade jurídica – e que atribuem deveres e direitos aos sujeitos jurídicos –, não poderem, em nenhuma hipótese, ser reputadas como *verídicas* ou *inverídicas* mas, dito de forma correta, apenas como *válidas* ou *inválidas*.

> Exatamente como no caso dos *factos* de ordem do *ser* que, igualmente, não podem ser entendidos como *verídicos* ou *inverídicos*, mas apenas e simplesmente como *existentes* e *inexistentes*, considerando que somente as afirmações sobre esses mesmos *factos* podem, na realidade, ser reputadas *verídicas* ou *inverídicas*.

É certo que tanto na norma, como na proposição jurídica, a conduta humana é colocada como um *dever-ser*. Mas a palavra *dever* em nosso vocabulário, por sua própria essência, é sempre ambivalente. O *dever-ser*, relativo à norma, tem, portanto, um sentido prescritivo, enquanto o *dever-ser* relativo à proposição jurídica tem, necessariamente, apenas um sentido descritivo.

A proposição de Hans Kelsen que descreve a validade de uma norma penal que, por seu turno, prescreve a pena de prisão, por exemplo, tem que ser sempre considerada dentro de um contexto restritivo, pois casos há nos quais – apesar da vigência desta norma – o furto não é efetivamente punido (*v. g.*, quando o agente se subtrai à punição do Estado). A proposição jurídica que descreve esta norma, por conclusão, apenas pode traduzir que, se algum agente eventualmente vier a cometer o tipo penal do furto, ensejará o efeito consequente de que deverá ser punido, em face de o *dever-ser* da proposição jurídica não conter, sob nenhuma possibilidade – como *dever-ser* da norma jurídica –, um sentido prescritivo, mas, simplesmente, um sentido meramente descritivo.[11,12]

3. Planos e âmbitos do conhecimento jurídico[13]

Ainda que verificado o alcance estratégico da norma jurídica dentro do contexto da Ciência do Direito, permanece, todavia, a questão fundamental da substância da explicação da existência jurídica no plano *ou* dimensão metajurídica.

A preocupação de explicar o fenômeno jurídico apenas no âmbito normativo, como demonstra a história, já foi superada há muito pelos estudiosos do assunto.

É conveniente lembrar que a explicação do fenômeno jurídico não encerra necessariamente os desdobramentos consequentes do próprio Direito. Assim, não obstante a multidimensionalidade do Direito – como veremos a seguir –, o *aspecto normativo* – uma vez plenamente efetivo – caracteriza a prevenção da própria sinergia do Direito Positivo, revelando a sua consequente imperatividade.

Diversas escolas e correntes de pensamento jurídico desenvolveram-se ao longo da evolução do estudo da denominada Ciência Jurídica, na tentativa interminável de explicar o Direito, em seu sentido mais amplo.

A escola exegética foi, sem dúvida, a primeira, entre as pioneiras, que procurou demonstrar que o Direito limitava-se tão somente à lei, em sentido *lato*, afirmando, desta feita, pela defesa da unidimensionalidade do Direito, no contexto do plano exclusivamente normativo.

Por obra do óbvio, não faltaram críticas a esta visão determinista e estreita do Direito, e diversas outras correntes de pensamento floresceram às suas margens, procurando melhor explicar a existência complexa do fenômeno jurídico.

Sem, no entanto, descaracterizar – na aplicação concreta do Direito – a inafastável efetividade – e, portanto, imperatividade – do fundamental aspecto normativo que, como já anteriormente nos referimos, busca a defesa da própria essência do Direito moderno, que repousa exatamente na *segurança* das relações sociojurídicas.

- **Classificação das ciências**
  - 1. Quanto ao objeto
    - naturais
    - culturais
    - ideiais
  - 2. Quanto ao significado
    - explicativas, sem referência a valores
    - normativas, com referência a valores
  - 3. Quanto ao método
    - primeiro aspecto
      - dedutivas
      - indutivas
      - intuitivas
    - segundo aspecto
      - nomotéticas (do geral)
      - idiográficas (do particular)

- **Ciência do Direito**
  - Pelo conteúdo: ciência natural, histórica (ciência idiográfica), noológica, ciência do Espírito
  - Pelo método: ciência idiográfica, abrangendo o particular, o individual, a condicionalidade histórica
  - Categoria fundamental: imputação (categoria fundamental das ciências da natureza: causalidade)
  - O enfoque positivista: o Direito como ciência natural, que estuda as condições de vida e desenvolvimento do indivíduo e da sociedade, dependentes da vontade humana e que são, ou podem ser, assegurados pelo poder coercitivo do Estado (Pedro Lessa)
  - O enfoque russo (ex-soviético): o Direito como estrutura de classe, sobre infraestrutura econômica
  - O enfoque do realismo escandinavo: o Direito como pura mitologia a serviço dos fatos
  - O enfoque normativista: o Direito como ciência normativa, sem ideologias (Teoria Pura do Direito: Kelsen; Teoria Egológica: Cossio)

- **O Direito como ciência normativa**
  - É ciência normativa porque fornece normas (ponto de vista tradicional: Ernest Roguin)
  - É ciência normativa porque conhece normas (Teoria Pura: Kelsen)
  - É ciência normativa porque conhece a conduta humana em interferência intersubjetiva através das normas, como esquemas interpretativos da conduta regulada (Teoria Egológica: Cossio)

- **Críticas ao caráter científico do Direito**
  - Ideias tradicionais de negatividade baseadas na variabilidade dos ordenamentos jurídicos (Pascal, von Kirchmann)
  - Realismo jurídico escandinavo (Escola de Upsala, Lundstet, Hlädgeström, Ross, Olivecrona)
  - Ciência e arte: o "dado" e o "construído" (Gény)
  - Aplicação da dialética revolucionária ao estudo do Direito, contra o dogmatismo e a ciência como simples auxiliares da "jurisprudência burguesa" (Stucka)

- **Conclusão**
  - O Direito é ciência histórica, cultural, noológica, ou ciência do Espírito, caracterizando-se pelo método como ciência idiográfica, cuja estrutura lógica é independente da assumida pelas ciências da natureza. Seu objetivo é o particular, o individual, no conjunto das condicionalidades históricas. A Ciência do Direito é normologia jurídica, ciência normativa monográfica ou dogmática, mas não nomotética, ao contrário da Sociologia, que investiga as leis, como relações de causas e efeitos dos fenômenos jurídicos. É ciência idiográfica, não obstante operar com conceitos genéricos ou de classe. Trabalha exclusivamente sobre o Direito Positivo, em plena concreticidade, ao contrário da Filosofia do Direito, que fornece o *a priori* formal do Direito e estuda os valores jurídicos.

(Conferir a respeito Wilson de Souza Campo Batalha, *Introdução ao direito*.)

Diagrama 10. Epistemologia jurídica.

Ciência do Direito: resposta à pergunta *quid juris? quid sit juris?* (o que é de Direito?) (o que é Direito, *in concreto*?)
Filosofia do Direito: resposta à pergunta *quid jus*? (o que é Direito, *in abstrato*?)

- As indagações fundamentais na estrutura do concreto
  - dogmática jurídica (categoria do Direito Positivo)
    - doutrinas normativas
    - doutrinas institucionais
  - política jurídica
    - arte do Direito
    - critérios de oportunidade e possibilidade
    - critérios de legalidade e constitucionalidade
  - técnica jurídica, critérios de perfeição
    - de redação das normas
    - de interpretação das normas
    - de aplicação das normas
  - estimativa jurídica (deontologia jurídica)
    - valores do individualismo
      - liberal
      - social
    - valores do supraindividualismo
    - valores do transpersonalismo

(Conferir a respeito Wilson de Souza Campo Batalha, *Introdução ao direito*.)

Diagrama 11. Ciência e Filosofia do Direito.

- As indagações fundamentais na estrutura do pensamento geral-abstrato
  - 1. Filosofia tradicional
    - 1. Psicologia racional (estudo da alma e seus atributos)
    - 2. Cosmologia racional (estudo do mundo como criação divina)
    - 3. Teodiceia (estudo sobre a divindade)
    - 4. Lógica maior (estudo sobre os "universais", o nominalismo e o conceptualismo, o subjetivismo, o criticismo, o materialismo, o ontologismo, o panteísmo e o intelectualismo; o dogmatismo e os critérios da verdade, os primeiros princípios: *axiomata*)
  - 2. Filosofia atual
    - 1. Ontologia (estudo do ser enquanto ser)
      - Modalidade deturpada: ontologismo
      - Modalidade fenomenológica (HUSSERL)
        - materiais
        - formais
      - Modalidades existencialistas
        - HEIDEGGER
        - JASPERS
        - SARTRE
        - BERDIAEFF
        - Existencialismo cristão
          - LAVELLE
          - LA SENNE
          - MARCEL
    - 2. Gnosiologia (estudo da faculdade do conhecimento e sua extensão, Teoria do conhecimento)
      - dogmatismo/racionalismo
        - ontologismo
        - panteísmo
        - doutrina dos universais
      - cepticismo/empirismo
        - subjetivismo
      - materialismo/idealismo
        - o conhecimento como produto da matéria
        - o conhecimento como produto do intelecto
    - 3. Lógica (estudo do pensamento sem objeto pensado ou do pensamento como o próprio objeto pensado)
      - Lógicas quanto às medidas da verdade e do erro
        - Lógica bivalente (verdade/erro)
        - Lógicas plurivalentes
      - Lógicas quanto à possibilidade de descoberta da verdade
        - Lógicas apofântica (aristotélico-tomista)
        - Lógicas simbólicas
    - 4. Axiologia (estudo dos valores)
    - 5. Epistemologia (estudo das ciências e do método científico)
- As indagações fundamentais na estrutura do pensamento jurídico abstrato
  - Ontologia jurídica (o ser do Direito. Conceito do Direito como objeto do pensamento)
    - Ontognosiologia jurídica (prof. MIGUEL REALE)
  - Gnosiologia jurídica (como se conhece o Direito)
  - Lógica jurídica (estudo do pensamento jurídico em si)
    - Lógica dedutiva (lógica de aplicação)
    - Lógica indutiva (lógica de formulação)
    - Lógica simbólica (lógica da coerência das conclusões, impulsos intuitivos e emocionais, o sociologismo jurídico, o Direito livre)
  - Axiologia jurídica (estudo dos valores jurídicos no seu momento de abstração)
    - Justiça
      - comutativa
      - distributiva
    - Segurança
    - Bem comum
      - do Estado
      - de todos
      - da origem étnica
      - da classe
  - Epistemologia jurídica (estuda da Ciência do Direito e da metodologia e da metodologia jurídica)

(Conferir a respeito WILSON DE SOUZA CAMPO BATALHA, *Introdução ao direito*.)

Diagrama 12. Filosofia do Direito (conceito e objetivos).

- Ciência do Direito
  - como ciência natural: ponto de vista do Positivismo – o Direito é o estudo das condições de vida e desenvolvimento do indivíduo e da sociedade, dependentes da vontade humana e que são, ou podem ser, asseguradas pelo poder coercitivo do Estado (Pedro Lessa)
  - como ciência cultura normativa
    - 1º sentido: porque fornece normas (confusão da ciência com a política e a técnica jurídica)
    - 2º sentido: porque conhece a conduta humana em interferência intersubjetiva através das normas (confusão da Ciência do Direito com seu objeto)
    - 3º sentido: porque conhece as normas concatenando-as, hierarquizando-as em sistemas, extraindo-lhes as categorias históricas (dogmática do Direito Positivo)
- Matérias estranhas à Ciência do Direito e seus reflexos (diretos ou indiretos) na Ciência do Direito
  - Técnica jurídica (arte da elaboração das normas, sua interpretação e aplicação)
  - Política jurídica (arte da oportunidade, da possibilidade, da legalidade e da constitucionalidade)
  - Teoria Geral do Direito (síntese intelectual dos conceitos jurídicos comparativos; sistema dos conceitos jurídicos fundamentais; Direito Comparado)
  - Enciclopédia jurídica (síntese dos vários ramos do Direito, *ad usus scholae*)
- Ciências do Direito e outros ramos do saber
  - Moral (*honestum* e *docorum*): proposições imperativas
  - Sociologia: proposições enunciativas dos comportamentos humanos na coletividade
    - Sociologismo jurídico
    - Jurisprudência sociológica
    - Livre investigação "científica"
  - História: ciência do individual e do particular (contexto histórico)
    - Investigação histórica do Direito
    - Jurisprudência etnológica
    - Estudo comparativo dos sistemas e instituições jurídicas
  - Teoria Geral do Direito e do Estado
    - Teoria Geral do Direito Público (realidade do Estado)
    - Teoria sociológica do Estado (estrutura jurídica do Estado)
  - Economia
    - Microeconomia
    - Macroeconomia (economia agregada)
  - Ciências das Finanças e Ciências da Administração
    - Ciências das Finanças Teóricas
    - Política financeira
  - Medicina Legal
  - Antropologia, Psicologia, Psiquiatria, Criminologia

(Conferir a respeito Wilson de Souza Campo Batalha, *Introdução ao direito*.)

Diagrama 13. Ciência do Direito (conceito e objetivos).

Assim, nasceram as escolas dogmáticas que defendiam um bidimensionalismo do Direito, composto pela vertente da norma (componente normativo) acrescido dos valores sociais da coletividade que o criou, explicando, por efeito, o Direito baseado em contexto de maior complexidade por meio de dois planos sobrepostos e complementares.

Outras importantes doutrinas, como a da escola histórica, sociológica e também a vertente mais moderna da própria escola dogmática, acabaram por conceber o Direito destacando outras de suas dimensões – em especial o valor da *justiça* (a que já nos referimos anteriormente como um dos componentes básicos do denominado binário que se encontra contido no próprio Direito) –, aprimorando o difícil entendimento da chamada realidade jurídica "posta", em toda sua complexa e sofisticada plenitude.

O prof. Miguel Reale, por intermédio de seu estudo da tridimensionalidade do Direito, foi mais um dos notáveis colaboradores da explicação do Direito, concebendo uma nova visão dos planos e âmbitos do conhecimento jurídico.

Muito embora, à luz da absoluta verdade dos fatos, não tenha sido essencialmente o pioneiro no que podemos chamar de "descoberta" das três dimensões do Direito (incluindo, desta feita, a explicação da substância do jurídico), sua contribuição não pode, de forma alguma, ser relegada ao plano de uma importância meramente secundária.

3.1. A Teoria Tridimensional de Miguel Reale e outras vertentes do Direito a respeito do tema

Uma das preocupações do prof. Miguel Reale foi – além da delimitação do objeto da reflexão do jurídico –, sem sombra de dúvida, alargar o ponto de vista da epistemologia (finalidade lógica), estudando o Direito também como realidade fenomenológica e filosófica.

Procurou o autor demonstrar, em sua tese, que o Direito é uma realidade tridimensional, compreendida por meio da soma de três fatores básicos: fato + valor + norma (como, a bem da verdade, muitos autores antecedentes já haviam defendido), associados, por seu turno, entretanto, não por intermédio de uma forma simplesmente abstrata, mas, sim, em um contexto essencialmente dialético, compreendido pela própria dinâmica do mundo real. Em sua explanação teórica, Reale argumentou, com emérita propriedade, que os três elementos dimensionais do Direito estão sempre presentes na substância do jurídico, ao mesmo tempo em que são inseparáveis pela realidade dinâmica da essência do próprio Direito, formando o contexto do denominado tridimensionalismo "concreto", que virtualmente se opõe ao tridimensionalismo "abstrato" que o antecedeu.

Para Reale, há um mundo do *ser* que aprecia a realidade social como ela de fato é; há um quadro de ideias e valores; e, finalmente, um modelo de sociedade desejado (mundo do *dever-ser*). À medida que a norma deseja reproduzir o *ser* podemos afirmar que nos encontramos diante de uma sociedade de essência conservadora; ao contrário, quando o *dever-ser* procura modificar o *ser*, pode ser entendido como verdadeira a afirmativa de que nos confrontamos com uma sociedade eminentemente progressista.

Em qualquer dos casos, entretanto, o *fato* tem sempre um *valor*, porque a reprodução da realidade social também é sempre valorativa, ainda quando a sociedade caracteriza-se pelo aspecto conservador.

É evidente que o Direito é sempre um fim do *dever-ser*, cujo conteúdo é necessariamente o *valor*. Logo, a norma sempre possui um fim e um valor implícito, fazendo com que o Direito sempre projete uma realidade para: 1) *mantê-la* (norma como função conservadora da manutenção do *status quo*); 2) *reestruturá-la* (norma como função evolutiva e reestruturadora das relações sociais); e 3) *transformá-la* (norma como função de alterar relações sociais).

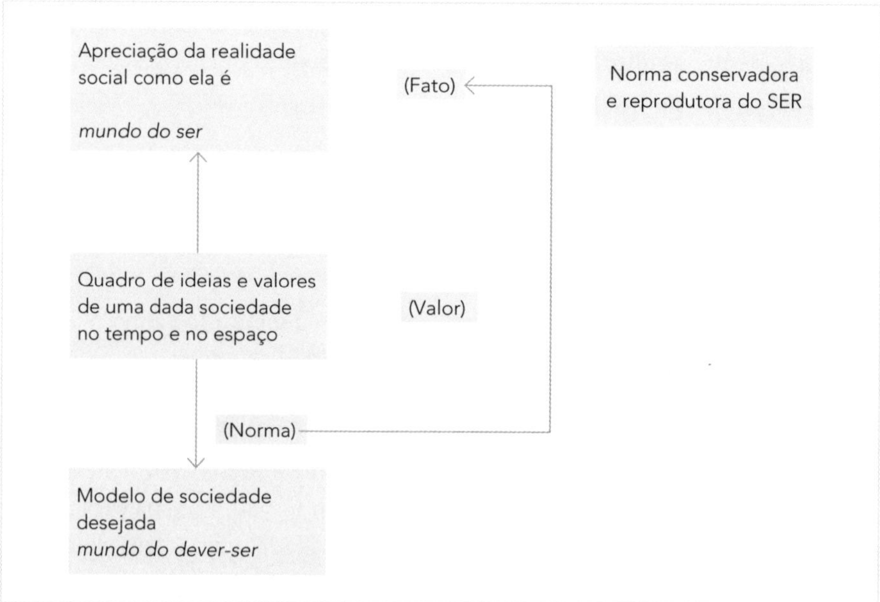

Diagrama 14. Divisão tridimensional da realidade jurídica.

Isso não quer dizer, por outro lado, que haja uma constante e permanente relação de causalidade entre *fato* e *norma*. A sociedade pode estar descontente com o sistema político, mas nem por isso será produzido um novo sistema para contentá-la; afinal, o legislador – como é perfeitamente entendido – busca a todo o momento políticas para solucionar as questões "postas", sem necessariamente procurar, a cada instante, propiciar o que a sociedade, de fato e de Direito, realmente almeja.

A produção do Direito, nesse especial aspecto, não é um processo natural; a norma não projeta simplesmente o *fato*, mas, sempre e a todo instante, a norma *valora o fato*.

Esta é uma das principais razões que explica o Direito *como uma realidade que transcende o plano meramente normativo*, situando-o também nas esferas do *poder*, da *ideologia* e do *interesse* e afastando o Direito da visão estreita da unidimensionalidade que o posiciona, de forma extremamente simplória, como uma realidade que se explica por si mesma.

3.2. A abordagem filosófica e científica do Direito

Na esfera transcendental ou filosófica, o *ser* do Direito está a cargo da filosofia do Direito, enquanto a cada uma das dimensões do Direito – fato, valor e norma – corresponde uma das partes principais da filosofia jurídica, ou seja, respectivamente, a culturologia jurídica (fato), a deontologia jurídica (valor) e a epistemologia jurídica (norma).

PLANO FILOSÓFICO				PLANO CIENTÍFICO
Filosofia jurídica	←	Ser do Direito	→	Plano da TGD
Culturologia jurídica	←	Fato	→	Plano histórico, plano sociológico e psicologia jurídica
Deontologia jurídica	←	Valor	→	Política do Direito
Epistemologia jurídica	←	Norma	→	Ciência Jurídica Positiva

Diagrama 15. Planos do saber jurídico.

No plano empírico ou científico-positivo, o ser do Direito é explicado pela Teoria Geral do Direito (TGD), enquanto cada uma das dimensões do Direito – fato, valor e norma – corresponde a partes da TGD que são, respectivamente, a História, a Sociologia e a Etimologia, além da Psicologia Jurídica (fato), da Política do Direito (valor) e da Ciência do Direito particular (norma).

É evidente que estas duas realidades não são e nem podem ser vistas e analisadas como simplesmente *estanques*. Devem, ao contrário, ser encaradas e estudadas como visões complementares do Direito, procurando traduzir a real substância complexa da verdadeira explicação do próprio fenômeno da existência jurídica.

4. Os problemas e os enfoques do Direito e da realidade jurídica

Inegavelmente, o substrato da norma jurídica se traduz por seu próprio conteúdo. O grande problema com que depara o Direito, entretanto, está justamente na variabilidade do conteúdo da norma que alcança expressões jurídicas e expressões não jurídicas transcendentes, pois a substância da realidade da existência do jurídico é extremamente complexa e compreende também os fatos sociais e a sua consequente valoração intrínseca.

Por isso mesmo, alguns estudiosos entendem que há incontáveis dimensões e planos do conhecimento jurídico e, sob esta ótica, Miguel Reale, entre outros, tão somente procurou polarizar o Direito em três âmbitos fundamentais.

> O prof. Oliveiros L. Litrento, por exemplo, analisa o Direito sob a ótica da denominada pentadimensionalidade, entendendo que, ao lado das dimensões do *fato, valor* e *norma*, existem necessariamente os aspectos dimensionais do *espaço* e do *tempo*.

Isso não quer dizer, todavia, que Miguel Reale *não possa ser visto também como um normativista, a exemplo de Hans Kelsen*, mas apenas que procurou lançar novas perspectivas para analisar a realidade complexa do Direito, construindo um objeto da ciência (abstrato como categoria jurídica) delimitado (para ser mais bem entendido) e não isolado, permitindo entender melhor as relações internas do próprio fenômeno do Direito. Afinal, não resta dúvida de que quanto maior a abstração (formalização) conceitual, mais controláveis são os conceitos; ao mesmo tempo em que maiores simplificações são cometidas e mais afastado da realidade se coloca o cientista, de modo geral, ou o estudioso do substrato jurídico, em particular.

De qualquer forma, cumpre ressaltar que o equilíbrio entre essas duas realidades, aparentemente antitéticas, deve ser buscado sempre, visando a permitir a possibilidade de maior e melhor conhecimento da própria realidade jurídica *posta e pressuposta, sem, no entanto, comprometer*, por outro lado (e em qualquer hipótese), a *inafastável imperatividade das normas de Direito Positivo* a que já exaustivamente nos referimos anteriormente.[14]

Notas complementares

1. Justiça como elemento axiológico intrínseco ao Direito

No que diz respeito à *justiça* como elemento axiológico intrínseco ao Direito, é necessário registrar que, se de um lado várias foram as tentativas de negar qualquer vínculo entre este importante componente e o próprio Direito, inúmeras outras incursões objetivaram, ao contrário, ampliar, de forma desmensurada, o alcance e a importância deste particular elemento dentro do contexto amplo do Direito, desfigurando a própria dialética binária, que procura conciliar o fundamento da segurança das relações jurídicas (ou seja, o imperativo da *ordem* contida no Direito) com a própria acepção básica e ampla de *justiça*.

Ao lado daqueles que simplesmente procuram negar a justiça como conteúdo do Direito, destacamos Trasímaco (para quem o Direito é a vontade do mais forte), Cálicles (que sustentava que o Direito outra coisa não era senão criação puramente convencional para que os débeis pudessem coibir e apagar o Direito Natural dos mais fortes), Hobbes (segundo o qual o contrato, que estabelece a renúncia de todos os direitos naturais, sujeita os associados a uma autoridade suprema, reduzindo o direito natural a mera condição de guia moral para o soberano – *Quod legislator praeceperit, id pro bono; quod vetuerit, id pro malo habendum esse* (*De Cive*, 1782, cap. II, 1, p. 199)), e Vaccaro (que assevera que a justiça, a razão e o Direito existem unicamente para cômodo dos dominadores, para tornar mais profícua e mais segura a sua indizível opressão).

Para Karl Marx, o Direito consagra a prevalência da classe mais forte, a classe detentora dos meios de produção. É um instrumento criado por uma classe econômica para perpetuar o seu poder e manter submetidas as demais. Em uma sociedade integralmente comunista, o desaparecimento do Direito constituiria, por isso mesmo, um postulado.

Também Nietzsche, no seu pensamento fragmentário, invoca o super-homem, a forte personalidade, além do bem e do mal, inspirado pela vontade de domínio e desprezando a moral dos rebanhos que rebaixa a individualidade na sua preocupação de nivelamento. O super-homem, além do bem e do mal, está fora e acima da justiça: o Direito é lei da sua força e do seu gênio.

SOLUÇÕES DAS ANTINOMIAS DOS VALORES JURÍDICOS

- 1. *Momento de abstração*
  - 1. Prevalência da justiça e da segurança sobre o bem comum
    - *Fiat justitia, pereat mundus Justitia fundamentum regnorum*
  - 2. Prevalência do bem comum sobre a justiça e a segurança
    - *Solus populi suprema injuria*
  - 3. Prevalência da justiça e do bem comum sobre a segurança
    - *Summum jus, summa injuria*
  - 4. Prevalência da segurança sobre a justiça e o bem comum
    - *Jus sive justum, Jus quia jussum*
- 2. *Momento de concreticidade*
  - 1. Prevalência da justiça e da segurança sobre o bem comum
    - Estado *gendarme*, Estado-polícia, Estado abstenteísta (individualismo liberal, KANT)
  - 2. Prevalência da segurança sobre a justiça e o bem comum
    - Estado totalitário (supraindividualismo, HEGEL, MARX, GENTILE) Positivismo jurídico: Direito e o Direito estatal
  - 3. Prevalência da justiça e do bem comum sobre a segurança
    - Estado do individualismo social (RADRUCH, República social de Weimar)
  - 4. Prevalência do bem comum (universal) sobre a justiça e a segurança
    - Transpersonalismo e cosmopolitismo, não traduzidos em ideários políticos militantes (Projeto de Paz Perpétua de KANT, Cosmópolis do Direito de JOÃO MONTEIRO)

(Conferir a respeito WILSON DE SOUZA CAMPO BATALHA, *Introdução ao direito*.)

Diagrama 16. Espectro de soluções históricas para a antinomia dos valores axiológicos do Direito.

Outros pensadores sustentam, como adverte F. Battaglia (*Corso*, III, p. 215), que o Direito, se não é força, é comando. Seu fundamento intrínseco é, senão, a força que o impõe, o comando em que a força se traduz. O justo não é tal por natureza, mas pela lei. Arquelaus e Aristipo, o Cirenaico, negaram a existência do justo e do injusto pela natureza: o que é justo ou injusto o é pelo decreto dos homens. E Protágoras sustentara que as leis feitas pelos homens são obrigatórias e válidas, sem consideração a seu conteúdo ético (Diógenes Laércio, *Vidas, opiniões e sentenças dos filósofos mais ilustres*, Livros II e IX), *ius quid jussum*. Uma corrente de pensamento chegava a sustentar que a justiça correspondia ao comando divino; outra reduziu-a a comando de certos homens qualificados ou da sociedade organizada – matizes da mesma doutrina fundamental, que confundia *legalidade e justiça*. Como observa Battaglia (*Corso*, III, p. 220), o comando *põe* a norma, mas não constitui critério que a justifique.

Negando em parte, a *justiça* apresentou, também, o chamado Positivismo (*jus sive justum*) e, mais tarde, as correntes etimológica, comparativa, organicista, contratualista e neocontratualista (Bierling), logicista (Ziltelmann), além dos pensadores (Ulpianus, Spinoza e Heródoto), destacando-se como seus principais pensadores, Pietro Cogliolo (*Filosofia del Diritto privado*, p. 7), Augusto Comte, Herbert Spencer, Alessandro Groppali, Roberto Ardigò, Icilio Vanni, Salvatore Fragapane, Vadalà-Papale, Wautrain Cavagnari, Giuseppe D'Aguanno, M. A. Vaccaro, Vicenzo Miceli, Ferdinando Puglia, Alessandro Levi e Francesco Cosentini.

No Brasil, os principais expoentes do positivismo foram Tobias Barreto, Sílvio Romero, José Mendes, Clóvis Beviláqua, João Arruda e, mais recentemente, Pontes de Miranda e Queiroz Lima, considerando-se, entretanto, o mais ardoroso propugnador do positivismo, em nosso País, Pedro Lessa, que procurou encontrar no Direito uma base exclusivamente sociológica, considerando como princípio fundamental do Direito o seguinte enunciado: "Para que a sociedade se conserve e desenvolva, é imprescindível que cada indivíduo, ou cada uma das entidades coletivas que se formam no seio da sociedade, tenha uma esfera de ação, dentro da qual realize tudo o que lhe é condição de vida e desenvolvimento, sem impedir os consorciados ou as outras coletividades de se conservarem e desenvolverem" (*Filosofia do direito*, p. 96 a 462). A norma jurídica deve ser deduzida das leis científicas: "O conteúdo da norma jurídica deve ser uma verdade científica, uma condição de vida e desenvolvimento da sociedade e do indivíduo, dada pela indução, ou deduzida de uma verdade superior" (ob. cit., p. 465). O critério do Direito não seria a justiça, mas a verdade. E a Filosofia do Direito "seria apenas uma parte geral da Ciência Jurídica" (ob. cit., p. 96).

Radicalmente contrária ao Positivismo, encontra-se a corrente do jusnaturalismo que, não obstante, também admite a identidade entre o Direito e a justiça, eleva o Direito ao nível da justiça e elimina do campo jurídico aqueles dados da experiência que não se enquadram no esquema de justiça absoluta e imutável que deve realizar todo Direito para merecer esse nome.

> *El positivismo rebaja la justicia absoluta al rango de la experiencia jurídica y como en ésta se da la variabilidad, la inmutabilidad propia de aquélla desaparece. El derecho natural, a la inversa, eleva la experiencia jurídica al rango de la justicia, y como ésta tiene un contenido inmutable, arroja del seno de lo jurídico todo cuando la contradice* (Legaz Lacambra, *Filosofia del derecho*, p. 454).

2. Acepção básica dos valores da Justiça

A acepção básica dos valores da *justiça*, conforme já mencionamos, não se confunde com o sentido flagrantemente subjetivo do denominado "*justo abstrato*". Nesse aspecto, é oportuno lembrar a própria imprescindibilidade da clareza e objetividade das leis (na qualidade de revestimento externo da norma jurídica), e da própria representação da *justiça* – com seus "olhos" vendados – a constantemente nos advertir da indesejável parcialidade que envolve resquícios e parâmetros de natureza subjetiva que, em última instância, poderão vir a afetar a correta aplicabilidade do assinalado na Constituição, nos Códigos, nas leis, nos decretos etc.

3. Conflito aparente entre o Direito e a lei

Sobre o aparente conflito entre o Direito e a lei, vale mencionar, a respeito, a opinião (que apenas em alguma medida concordamos) de Paulo Dourado Gusmão ("O Direito, a lei e o juiz", *JC*, 15.10.1992), para quem:

> O (aparente) conflito entre o Direito e a lei importa em admitir que um não esgota o outro. Depende, pois, da *não identificação do Direito com a lei, bem como da aceitação do princípio de que fora da lei não há Direito*. Se por um lado este princípio é fundamental no Estado de Direito, *garantia da certeza do Direito e da segurança jurídica*, por outro lado, levado ao extremo, pode tornar-se fonte de injustiças clamorosas. Se por um lado evita abusos dos titulares e dos governos, por outro pode ser meio para, sob a aparência legal, praticarem-se abusos e injustiças. Como vemos, qualquer um dos lados que se defenda tem seus aspectos negativos, impeditivos de uma solução ideal e universal. Consequentemente, o conflito entre o Direito e a lei é daqueles que não comportam solução que agrade a gregos e a troianos.
>
> *Na tragédia grega,* Sófocles, *acentuando o drama fez a lei prevalecer sobre o Direito.* E na História tem ela predominado, sacrificando o Direito. A questão não é, pois, nova, deve ter surgido quando o primeiro juiz lavrou a primeira sentença. Não é de se admirar que, no limiar do terceiro milênio, dela ainda se cogite. Não se resume ela, nem se reduz, ao problema do Direi-

to Natural e de suas relações com o Direito Positivo, uma das facetas dessa tormentosa questão. Não se trata de catalogar os direitos do homem e de estabelecer os meios, aparelhos e mecanismos eficazes para garanti-los, para que se considere atendido o Direito, deixando desimpedido o caminho para o legislador percorrer. Não é uma questão acadêmica, como podem pensar os praxistas e os dogmatas, mas uma questão que atormenta mais o magistrado do que o jurisconsulto. O advogado a pressente, mas, por profissão, bate-se pelo direito de seu cliente, compreendendo, profissionalmente, o Direito em função do interesse que defende. Mas, o juiz, que deve dar a última e definitiva palavra, está de vez em quando às voltas com ela. E como é a última palavra, muitas vezes é difícil e penosa de ser dada. A filosofia do Direito do nosso tempo não o ajuda a tomar partido pela lei ou pelo Direito. O positivismo jurídico ofuscou o Direito e, apesar de fora de moda, moldou o espírito universitário, como atesta o fato de serem raras no Brasil as faculdades de Direito que incluíram a Filosofia do Direito no bacharelado. É certo, como dissemos, não ser possível ser encontrado nela auxílio para se situar nesse problema. As grandes correntes do pensamento jurídico do entreguerras não contribuem para resolvê-lo: "RADBRUCH fê-lo depender de profissão de fé, acabando, no final da vida, depois de ter sofrido as consequências do império absoluto da lei, por fazer, tardiamente, profissão de fé jusnaturalista, não como filósofo ou jurista, mas como político, cansado e desiludido com a política". *Outra corrente, dominante desde a segunda década deste século, considerava válida a lei desde que formulada segundo o figurino constitucional e desde que eficaz no meio em que vige.* Sofreu o seu criador, um dos maiores juristas de nosso século, considerado por muitos como sendo o maior, também as consequências desse modo de compreender a validade da ordem jurídica, encontrando na naturalização norte-americana a solução de seu problema pessoal. A sua doutrina, perfeita logicamente, pode servir de moldura para qualquer ideologia jurídica fundamentar declarações de direitos individuais e sociais, igualmente o decreto de CALÍGULA, determinando honras de pretor a seu cavalo. Esse não foi, ressaltemos, o objetivo do criador dessa fundamental teoria, movido que foi por espírito científico e filosófico, que, como político, se confessava democrata-social. Mas, a sua doutrina podia ser usada para justificar tiranias estabelecidas segundo o figurino constitucional, desde que tivessem eficácia por tempo razoável. Ressalvo a importância da teoria pura, perfeita logicamente, tão perfeita que talvez seja improvável, no limiar do terceiro milênio, outra ultrapassá-la. Fechou o Direito no próprio Direito e, com o Direito, tornou possível compreendê-lo em todos os seus escalões. Para o juiz, facilita-o a encontrar sem dificuldade a norma válida e apagá-la quando em conflito com a superior, declarando-a inconstitucional, entre nós, seguindo a tradição norte-americana, constitutivamente, enquanto para Kelsen, declarativamente, sendo válida, para ele, até ser fulminada por decisão judicial. Na América Latina, Cossio decompôs o método jurídico, muito próximo do empregado pelo juiz, no vaivém do fato à norma até ser encontrada a decisão desejada, enquanto Reale o fez para o juiz dar-lhe a *consciência de Direito* e reconhecer ser o mesmo constituído de *fato* e *valor* concretizados na norma. Mas, o problema da antinomia entre Direito e lei fica ainda em suspenso, dependendo em certos casos de o magistrado encontrar o caminho a seguir.

Juristas brasileiros, hoje na terceira idade, como quem escreve estas linhas, devem estar lembrados da Carta de 37, cuja paternidade deve-se a um jurisconsulto relativista, inspirado no formalismo jurídico, que foi positivista antes dos anos 20. *É verdade que algumas diretrizes do pensamento jurídico oferecem soluções para o eterno conflito entre Direito e lei, como é o caso, por exemplo, da escola do Direito livre.* Mas, encontraram-na *sacrificando a segurança jurídica e a certeza do Direito.* [...] Quanto à Filosofia do Direito desde os anos 20 isolou-se do mundo, do "melhor dos mundos", como o definiu Stefan Zweig em suas memórias (*O mundo que eu vi*), do mundo em que a massa sofria as consequências do capitalismo selvagem e em que a lei garantia a intocabilidade dos contratos leoninos e o absolutismo do proprietário. Colocando entre parênteses esse mundo, decifrou a estrutura do Direito e descobriu a lógica do jurídico. Muitas vezes usou linguagem esotérica ao alcance somente de iniciados. Foram, entretanto, civilistas, e não filósofos, os franceses sobretudo, que, preocupados com as injustiças, enfrentaram ousadamente a questão do litígio que estamos versando. Destaque merece ser dado a um deles, François Gény, que, de certa forma, passou pela filosofia, mas que marcou a sua presença no pensamento jurídico com a defesa que fez da "*livre criação científica do Direito*". Porém, só a admitia no caso de lacuna, quando o problema consiste em colocar no discurso legal o pensamento justo. Outros, no começo do século, como Pocherot, desfraldaram a bandeira do abuso do Direito, enriquecida nos anos 20 por Josserand, com a sua doutrina da relatividade dos direitos. Bandeira que se manteve erguida apesar da crítica que sofreu por parte de Planiol, com a sua autoridade de mestre. Mas os juízes mostraram-se sempre muito cautelosos em aplicá-la. As ideias dos civilistas franceses citados e até a de um constitucionalista, Duguit, acabaram abalando as colunas mestras do direito privado: a da responsabilidade civil, a da autonomia da vontade e da propriedade. Não deve ficar esquecido, merecendo destaque, um deles, Ripert, pela ênfase que deu à moral no terreno das obrigações. Ênfase atual ainda, se pensarmos nos atos e negócios jurídicos praticados com aparência legal, incompatíveis com a moral.

Nesse mundo muitas vezes encontra-se perdido o juiz, obrigado a cumprir o juramento que fez, ao se empossar no cargo, de aplicar a lei, revoltado em alguns casos, por ser obrigado a praticar injustiças. Mas há a possibilidade de o juiz, se tiver boa formação cultural, principalmente filosófica e sociológica, *adaptar o figurino legal* ao Direito. Mais de uma vez assim procedemos. Em um dos casos, se não o fizéssemos, praticaríamos gravíssima injustiça. Tratava-se de pedido de perdas e danos pelo rompimento abrupto de contrato, por tempo indeterminado, celebrado entre afamada fábrica de automóveis, ou melhor, montadora, e uma empresa, dita revendedora autorizada. O juiz, um dos melhores do Rio de Janeiro, julgou improcedente a ação porque, segundo o modelo legal, tendo se esgotado o prazo contratual, prorrogando-se por tempo indeterminado o contrato, e tendo sido notificada a revendedora-autora, no prazo de 30 dias, nada teria a reclamar. O contrato, com prazo de dois anos, tinha sido firmado em 1958, vencido em 60; não rescindido, perdurou por mais de 10 anos. Decidi, acompanhado de meus pares, tratar-se de um contrato atípico, que enfeixava relações jurídicas de diversas espécies, denominando-o, antes da edição da Lei n. 6.729, de 1979, concessão comercial, cujo rompimento abrupto, imotivado, provocara gravíssimos danos à revendedora. Concedemos vultuosa indenização. Foi, sem sucesso, interposto recurso extraordinário, na época, remédio extremo. No concernente ao concubinato, equiparado jurisprudencialmente à sociedade de fato, fomos os primeiros, na falta de prova do esforço comum, em se tratando de união de longa duração, a reconhecê-la em percentuais que variavam de 30 até 10%, permitido pelo IR para a conservação do patrimônio, para o qual a mulher teria contribuído não o dilapidando, que lhe era fácil de fazer. Hoje há um gravíssimo conflito entre a lei e o Direito criado pelo progresso científico, que está colocando à prova o princípio da coisa julgada. Tal ocorre com as negatórias de paternidade, fundadas no teste de DNA, cuja possibilidade de erro é remota, ajuizadas contra filho, outrora denominado adulterino, bem-sucedido em ação de alimentos. Temos, nesse caso, de um lado, o pseudofilho, na época dito adulterino, com sentença a seu favor transitada em julgado, garantindo-lhe pensão alimentícia, paga por quem foi apurado ser o pai, e que agora, valendo-se da ciência, prova não o ser. De um lado a coisa julgada, de outro a verdade. Como situar-se o juiz? Muitos juízes têm nos consultado a respeito dessa tormentosa questão; a resposta que temos dado é a seguinte: *a coisa julgada é irremovível, intocável, é o que dispõe a lei, mas o Direito está comprometido com a verdade*. Sendo assim, aconselhamos a julgar procedente a negatória, evitando efeito sucessório; quanto à obrigação alimentar decorrente da coisa julgada, a solução é reduzi-la a valor simbólico. Para terminar com exemplos do conflito que nos serviu de tema, vamos nos valer de uma decisão proferida nos anos 20 na Itália. De um lado, um dos maiores civilistas da época, Francesco Ferrara, do outro, o editor de seu *Tratatto di Diritto civile* (1921), grande sucesso naquele tempo e de grande valor ainda hoje. O infeliz editor exigiu que o autor terminasse a obra nas condições contratadas, enquanto o autor pretendia melhores condições dado o sucesso dela e das despesas que fora obrigado a fazer com a aquisição de obras estrangeiras. O *Tribunal de Roma*, em 1928, obrigou Ferrara a terminar a obra nas condições contratadas. É o que mandava a lei. Mas, a *Corte di Cassazioni del Regno*, assim se chamava naquela época, reformou essa decisão, obrigando Ferrara a concluí-la, sem prazo determinado, nas condições contratadas, mas quando tivesse inspiração. Ferrara, como era de se esperar, jamais a teve, interrompendo-se assim a sua magnífica obra. Fazendo depender a conclusão da obra a ter Ferrara inspiração, a Corte conciliou a lei com o Direito, prejudicando é certo o patrimônio jurídico ocidental.

Do que está escrito deduz-se que o *Direito não é o que está na lei e nem nas obras dos jurisconsultos, mas, como bem disse o grande jurista e magistrado norte-americano Holmes, o declarado pelo juiz.*

4. Ramos do Direito como fator de equilíbrio axiológico

Muito embora o *Direito* se constitua, sem a menor sombra de dúvida, em uma *realidade unitária* (consoante lições de inúmeros autores, como Hans Kelsen), as *teses monistas* foram, com o passar do tempo, postas em segundo plano, permitindo a ascensão e o estabelecimento da *nação dualista* da realidade jurídica, reconhecidamente mais consentânea com a própria natureza binária do raciocínio humano.

Desta forma – não obstante a reação de diversos doutrinadores –, o Direito acabou sendo dividido em vários ramos vertentes, ainda que, em alguma medida, com sérios problemas de identidade.

Nesse sentido, foi inicialmente estabelecida uma grande classificação do *Direito* em *público* e *privado* (na qual o posicionamento de diversos ramos, originalmente providos de regras eminentemente privadas, mas de alcance nitidamente público – como o Direito do Trabalho –, exigiu o advento de uma terceira situação classificatória) e, subsequentemente, em outras divisões basilares, como *Direito do Estado* (constitucional, administrativo e tributário), *Direito processual* (patrimonial – civil *lato sensu* – e penal) etc.

Segundo o pensamento doutrinário majoritário, a importância de tais classificações se encontra adstrita fundamentalmente a preceitos de ordem *didática*, não obstante tal afirmativa se constituir, apenas em parte, em um autêntico axioma.

Na verdade, a razão principal da divisão do Direito em diversos ramos (ou espécies),

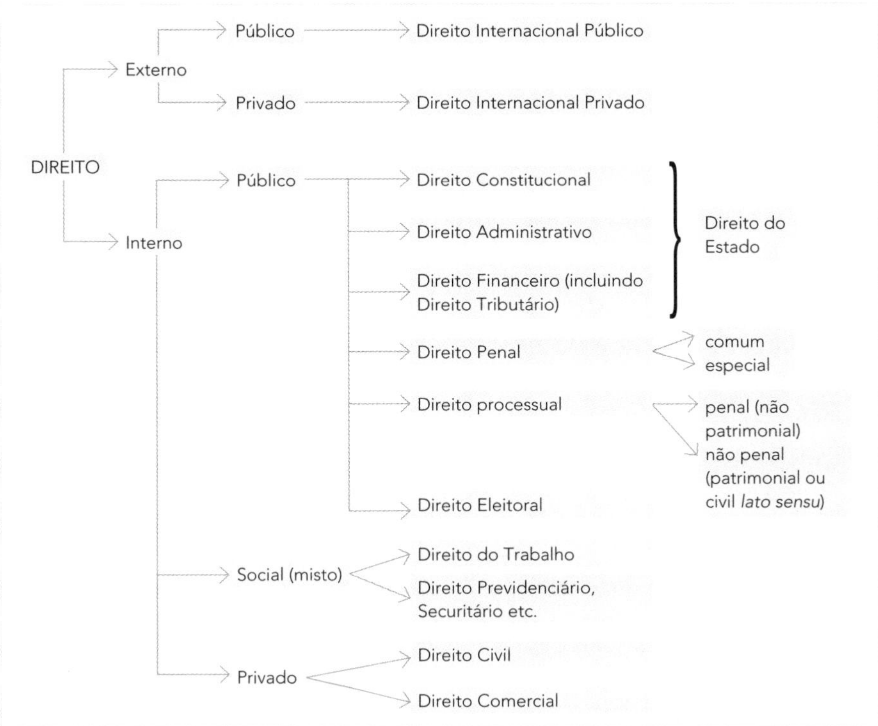

Diagrama 17. Ramos do Direito.

deve ser dito, encontra abrigo em considerações muito mais complexas, associadas à imperiosa necessidade de se estabelecer um equilíbrio entre os diversos (e, eventualmente, antagônicos) valores axiológicos do Direito.

Assim, a existência de diferentes ramos do Direito permitiu, em grande medida, um tratamento legislativo diverso a situações, em princípio, análogas, viabilizando, em última análise, a inteireza do complexo valorativo do próprio Direito e restringindo, por consequência, o campo de atuação de suas inerentes contradições internas.

Segundo este prisma, o *Direito Processual*, ao se subdividir nos ramos *processual penal* e *processual não penal* (civil *lato sensu*), por exemplo, procurou, acima de tudo, estabelecer um diferente equilíbrio entre os fatores axiológicos da *justiça* e da *segurança*, favorecendo o primeiro em detrimento do segundo no caso do Direito Processual Penal (DPP), em contraposição crítica à inversa situação existente no Direito Processual Civil (DPC).

Um dos resultados práticos, facilmente observados, com esta medida foi particularmente a imposição do prazo decadencial de dois anos para a interposição da competente ação autônoma de impugnação no cível (ação rescisória), em contraste com a ausência de qualquer prazo para o ajuizamento de equivalente ação na esfera penal (revisão criminal), demonstrando, claramente, a intenção de privilegiar no DPP, por versar este ramo sobre aspectos instrumentais associados à *liberdade* do indivíduo, o valor da justiça em detrimento da segurança das relações sociais, e no DPC, por disciplinar questões de natureza patrimonial, ao contrário, o valor da segurança sobre eventuais considerações alusivas à justiça no sentido axiológico.

5. Lógica jurídica

Muito embora em diversas situações de análise da realidade jurídica a questão da *lógica* tenha sido (ou, efetivamente, esteja sendo) negligenciada pelos mais diversos estudiosos do *Direito*, é fato inconteste que o *Direito como ciência* somente poderá ser compreendido, em sua essência (e plenitude), a partir do perfeito delineamento da *lógica jurídica* intrínseca à própria formalização científica do Direito.

Para tanto, resta imprescindível o conhecimento não só das *espécies clássicas de lógica* (humana-conceitual), como, ainda, da *lógica dos conceitos jurídicos*, da *lógica dos juízos jurídicos* e da *lógica dos raciocínios jurídicos*.

6. Conceitos de norma jurídica e de lei

Para que não se confundam os conceitos de *norma jurídica e de lei*, enunciamos as definições de dois renomados autores a respeito do tema.

Conceito de norma jurídica

De Plácido e Silva (*Vocabulário jurídico*): "Regra, modelo, paradigma, forma ou tudo que se estabelece em lei ou regulamento para servir de pauta ou padrão na maneira de agir".

De Iêdo Batista Neves (*Norma jurídica*): "Diz-se do preceito de Direito concretamente considerado; do artigo de lei; da prescrição legal. Diz-se, também, da fórmula objetiva da vontade social, manifestada imperativamente a todos pelo Estado".

Conceito de lei

De Plácido e Silva (ibidem): "É a regra jurídica escrita, do legislador, no cumprimento de um mandado, que lhe é outorgado pelo povo".

De Iêdo Batista Neves (ibidem): "Diz-se da prescrição emanada da autoridade soberana: de preceito oriundo do Poder Legislativo. Diz-se, também, da regra geral justa e permanente, que exprime a vontade imperativa do Estado a que todos são submetidos. Diz-se, outrossim, de qualquer norma jurídica obrigatória".

A Lógica e as Lógicas

- Espécies de Lógica
  - Lógica tradicional: bivalente (verdade/falsidade)
    - Lógica aristotélica
    - Lógica aristotélico-tomista (apofântica)
  - Lógica deôntica ou Lógica dos fins
    - Lógica do razoável
    - Lógica dos fins (*v.g.*, *Interessenjurisprudenz*)
  - Lógica plurivalentes (mais ou menos verdadeiro, mais ou menos falso)
  - Lógica simbólica (a lógica como instrumento de mera coerência das proposições)
    - Semiótica
    - Sintaxe
    - Semântica
    - Pragmática
  - Lógica dialética (ou lógica do conteúdo em movimento)
    - hegeliana (tudo o que é real é racional e vice-versa, no processo de teses, antíteses e sínteses)
    - marxista-lenista
      - A lógica do pensamento idêntica à lógica do real
      - A lógica do concreto em movimento
      - O universal-concreto e o materialismo histórico

Lógica dos conceitos jurídicos

Conceito jurídico: unidade do pensamento (o conceito jurídico é conceito de classe, genérico)

Sua expressão verbal: o termo. Sua demonstração verbal: a definição

- Classificação dos conceitos jurídicos
  - Quanto ao objeto
    - Lógico-jurídicos (significações)
    - Ontológico-jurídicos (correlatos objetivos)
  - Quanto à extensão
    - singulares
    - plurais
    - universais
  - Quanto à duração
    - apriorísticos (fundamentais, essenciais), as categorias jurídicas, os conceitos estruturais (sujeito, objeto, relação etc.)
    - históricos/fundamentais
    - históricos/relativos
  - Quanto ao conteúdo
    - simples
    - complexos
  - Quanto à mera representatividade ou potencialidade substancial
    - lógicos – universal abstrato
    - hegelianos – universal concreto
  - Quanto à relação
    - dependentes/independentes
    - compatíveis/incompatíveis
    - coordenados/supra ou subordinados
  - Quanto à verdade
    - verossímeis
    - fictícios

Diagrama 18. Lógica jurídica (o pensamento jurídico como pura normatividade) (*continua*).

Lógica dos juízos jurídicos

Os conceitos agrupam-se em juízos. Juízo: unidade de significação. Expressão verbal do juízo: proposição

A proposição jurídica não se confunde com a norma jurídica: *v.g.*, as proposições definitórias ou classificatórias não são normas, mas partes de normas, constituindo em conjunto um sentido composto.

- Classificação dos juízos *in genere*
  - quanto à natureza
    - 1. enunciativos (verbo *ser*): verdadeiros/falsos
      - analíticos, quando o predicado se acha implicado no sujeito
      - sintéticos, quando o predicado acrescenta algum elemento ao sujeito
    - 2. normativos (verbo *dever-ser*) válidos/inválidos eficazes/ineficazes
      - categóricos: enunciam que algo absolutamente deve ser ou não ser
      - hipotéticos ou condicionais: estabelecem uma consequência para um pressuposto e são precedidos pela condicional "se" disjuntivos: estabelecem para um pressuposto duas consequências, uma excludente da outra
      - conjuntivos: estabelecem predicados incompatíveis, ao passo que os disjuntivos indicam que um dos predicados convém ao sujeito e não o outro
    - 3. estimativos (valorativos): indicam o valor sem vinculação de hipótese à consequência
  - quanto à compreensão
    - simples: a um sujeito atribui-se um predicado
    - composto: a um sujeito atribui-se mais de um predicado, um predicado atribui-se a mais de um sujeito, ou vários predicados atribuem-se a vários sujeitos
    - modais: além da relação entre sujeito e predicado, exprime-se a modalidade da relação (p. ex., provavelmente)
  - quanto à extensão
    - universais
    - particulares
    - singulares
  - quanto à afirmação ou negação
    - positivos
    - negativos
  - quanto ao grau de certeza
    - problemáticos: juízos em suspenso, duvidosos, que aguardam solução – enunciam possibilidade
    - assertórios: juízos afirmativos, que enunciam existência
    - apodíticos: juízos de evidência ou de certeza – enunciam necessidade

Diagrama 18. Lógica jurídica (o pensamento jurídico como pura normatividade) (*continuação*).

- Classificação dos juízos jurídicos (juízos normativos, apodíticos) tendo em vista os pressupostos hipotéticos constituídos de sujeito, predicado e cópula
  - 1. critério sintático (comparação da relação jurídica direta com a relação jurídica conversa)
    - simétricos/assimétricos
    - transitivos/intransitivos
    - reflexivos/irreflexivos
  - 2. critério semântico (comparação também da relação jurídica direta com a relação jurídica conversa)
    - uniúnicos (*one-one*)
    - unimúltiplos (*one-many*)
    - multiúnicos (*many-one*)
    - multimúltiplos (*many-many*)
  - 3. critério relacional (forma proposicional)
    - hipotéticos
    - categóricos
      - simples
      - complexos
        - subordinação expressa
        - subordinação implícita
  - 4. critérios da quantidade (ponto de vista do âmbito pessoal)
    - universais (gerais)
    - particulares
    - singulares (individuais)
  - 5. critérios de qualidade (ponto de vista deôntico)
    - proibitivos – *jus cogens*
    - permissivos, facultativos – *jus dispositivum*
  - 6. critérios do conteúdo
    - juízos referidos a deveres
      - positivo
        - *modus ponendo ponens*
        - *modus tollendo ponens*
      - negativo
        - *modus tollendo ponens*
        - *modus tollendo tollens*
    - juízos referidos a direitos
      - positivo
        - *modus ponendo ponens*
        - *modus tollendo ponens*
      - negativo
        - *modus ponendo tollens*
        - *modus tollendo tollens*

Lógica dos raciocínios jurídicos

Raciocínio: operação através da qual se extraem conclusões de um só ou vários juízos concatenados.

Expressão verbal: argumentação, silogismo

- Modalidades de raciocínio
  - dedução – do geral ao particular
  - indução – do particular ao geral
  - analogia – do semelhante ao semelhante, do singular ao singular
- Modalidades de raciocínio indutivo
  - indução aristotélica (completa) – pesquisa de todos os fatos
  - indução baconiana (incompleta ou científica) – pesquisa do número determinado de fatos

Diagrama 18. Lógica jurídica (o pensamento jurídico como pura normatividade) (*continuação*).

- Modalidades de raciocínio dedutivo
  - figuras do silogismo: consideram a posição dos termos como sujeito ou predicado
    - *sub prae*
    - *prae prae*
    - *sub sub*
    - *prae sub*
      - três figuras de Aristóteles
  - modos do silogismo: consideram a generalidade/particularidade, afirmação/negação das proposições
    - há 256 modos dos quais apenas 19 legítimos
      - 1ª figura: Barbara Celarent, Darii, Ferio (galen.), Bamalipton, Camentes, Dimatis, Fresapno, Fresisonorum
      - 2ª figura: Cesare, Camestres, Festino, Baroco
      - 3ª figura: Darapti; Felapton, Disamis, Datisi, Bocardo, Ferison
- Classificação dos silogismos
  - simples
  - compostos
    - condicionais
    - disjuntivos
    - conjuntivos
  - modais
  - expositórios
  - oblíquos
- Variedade dos silogismo
  - – entinema (exprime-se uma premissa e a conclusão; omite-se outra premissa)
  - – epiquerema (uma das premissas ou ambas vêm acompanhadas de sua demonstração ou prova
  - – dilema (*argumentum cornutum* – o antecedente é bipartido, ou tripartido, e quando o adversário aceita qualquer dos antecedentes a conclusão lhe é adversa)
  - – sorite (série de silogismos abreviados em que o predicado de um se converte em sujeito do seguinte; série de entinemas ou polissilogismo: dois ou mais silogismos em que a conclusão do primeiro (prossilogismo) é a premissa menor do segundo até o último (epissilogismo)
    - – sorites aristotélicos (direto)
    - – sorites goclenius (inverso)
    - – sorites chrysippeus (sofístico)
- Modalidades dos silogismos jurídicos na interpretação das normas jurídicas
  - *argumentum a pari (a simili ratione)*
  - *argumentum a contrario sensu*
  - *argumentum a fortiori ratione*
  - *argumentum a maiore ad minus*
  - *argumentum a minore ad majus*
  - *argumentum a generali sensu*
  - *argumentum rationi legis stricta*
  - *argumentum pro subjecta materia*
  - *argumentum ad auctoritate*
  - *argumentum a rubrica*
  - *argumentum ad absurdum*

Observação: a sentença judicial é um ato voluntarístico, porque envolve um *comando* e não simplesmente um *juízo*.

- Sofismas
  - *ignorantia elenchi*
  - *petitio principii*
  - *circulus vitiosus*
  - *amphibologia*
  - *aequivocatio (homonymia)*

(Conferir a respeito Wilson de Souza Campo Batalha, *Introdução ao direito*.)

Diagrama 18. Lógica jurídica (o pensamento jurídico como pura normatividade) (*continuação*).

7. Posições fundamentais a respeito da estrutura da norma jurídica

Na verdade, como bem salienta Wilson de Souza Campos Batalha (*Introdução ao Direito*, v. 1, p. 219), quatro diferentes posições fundamentais coexistem a respeito da estrutura da norma jurídica:

a) a solução tradicional da *unitariedade da norma jurídica*, equivalendo a sanção à prestação;

b) a solução de Kelsen, na qual a norma jurídica constitui juízo hipotético, desmembrado em norma primária e secundária;

c) a solução de Maynez, para a qual a norma jurídica envolve duas normas paralelas, atributiva e perceptiva, cada qual com seus conceitos lógico-jurídicos e respectivos correlatos ontológico-jurídicos;

d) e, finalmente, a solução de Cossio – à qual parcialmente nos filiamos, em perfeita consonância, com o pensamento jurídico contemporâneo –, e para quem a norma jurídica constitui juízo disjuntivo, abrangendo a *perinorma* e a *endonorma*.

8. Estrutura interna da norma jurídica: perinorma e endonorma

Segundo Carlos Cossio, deve-se distinguir, na estrutura interna da norma jurídica, a perinorma da endonorma. A perinorma corresponde à norma primária, e a endonorma, secundária (segundo Kelsen). Entretanto, perinorma e endonorma não são duas normas e sim dois aspectos da mesma norma, vinculados disjuntivamente em uma só unidade significativa.

Se para Kelsen a norma jurídica (primária) exprime exclusivamente um ato coativo condicionado, para Cossio a norma constitui esquema interpretativo da conduta sob os dois únicos aspectos possíveis: a conduta lícita esquematizada na *endonorma* e a conduta ilícita esquematizada na *perinorma* (conferir Carlos Cossio, *Teoria de la verdade jurídica*, p. 134, 135 e 220).

9. Planos efetivos da norma jurídica

Além dos aspectos estruturais da *norma jurídica*, resta absolutamente indispensável a real compreensão dos denominados *planos efetivos da norma jurídica* e o entendimento derradeiro de que toda a *norma jurídica* somente se operacionaliza, em sua plenitude, quando inserida (com reconhecida compatibilidade) no *ordenamento jurídico vigente* (hierarquizado) que lhe é necessariamente anterior.

Inicialmente, toda a *norma jurídica* é analisada sob a ótica formal-legislativa, quanto à sua sinérgica *existência* e *validade*. Posteriormente, a norma é vista sob o prisma de sua *vigência* (que, em regra, dá-se 45 dias após a sua publicação para que ela possa ser efetivamente conhecida por todos, uma vez que o desconhecimento da lei é inescusável) e, finalmente, a norma jurídica é verificada sob o argumento de sua necessária compatibilidade com o *ordenamento jurídico* preexistente (plano de eficácia jurídica).

Plano	Denominação	Descrição
1º PLANO (primário)[1]	**Plano de existência**	A norma jurídica é estudada sob a ótica do reconhecimento de sua existência, ou seja, o projeto de lei é analisado sob a ótica do preenchimento de todos os requisitos de existência
2º PLANO (secundário)[2]	**Plano de validade** (ou validade formal)	A norma jurídica é vista sob o ponto de vista do preenchimento de todos os requisitos de validade. São analisados, neste plano, a validade dos requisitos que indicaram a existência da norma, por exemplo, a competência do órgão responsável pela aprovação do mesmo e o preenchimento dos condicionantes constitucionais: votação bicameral etc.
3º PLANO (temporal)	**Plano de vigência**	A norma jurídica é analisada sob o prisma temporal: condição necessária, porém não suficiente, para a caracterização da eficácia
4º PLANO (efetividade)[3]	**Plano de eficácia jurídica**[4] (ou validade material)	A norma jurídica é analisada sob o aspecto da compatibilidade hierárquica com o ordenamento jurídico em vigor.

1 Também conhecido por plano formal-primário.
2 Também conhecido por plano formal-secundário.
3 Também conhecido por plano material ou meritório.
4 *Eficácia jurídica* não se confunde com *eficácia sociológica ou política* (aceitação social da norma jurídica). A eficácia jurídica é apenas a verificação quanto à adequação hierárquica da *norma jurídica* presente em relação ao *ordenamento jurídico* que lhe é pretérito. Como a *lei nova* revoga (tácita ou expressamente, no todo – ab-rogação – ou em parte – derrogação) apenas a lei pretérita de igual ou *inferior hierarquia*, a eventual incompatibilidade entre a lei nova e a lei anterior de *hierarquia superior* impede, por ausência de eficácia jurídica, que a lei nova possa produzir a plenitude de seus efeitos originariamente previstos, uma vez que a obediência compulsória da norma jurídica se encontra intimamente associada à plena configuração de todos os seus quatro planos (existência, validade, vigência e eficácia).

Diagrama 19. Planos ou dimensões da norma jurídica.

	Tipo normativo e nível hierárquico	Poder responsável por sua elaboração
Nível supraconstitucional	1. Norma fundamental	Expressão do próprio Poder Constituinte Originário ou de 1° grau
Nível constitucional	2. Disposição fixa	Disposição insuperável do Direito Natural
	3. Cláusula pétrea (norma materialmente constitucional fixada por imperativo do Direito Positivo	Poder Constituinte Originário
	4. Norma materialmente constitucional	Poder Constituinte Originário
	4a. Norma materialmente constitucional derivada de processo revisional	Poder Constituinte Derivado (reformador)
	4b. Norma materialmente constitucional derivada do processo de emenda constitucional	Poder Constituinte Derivado (reformador)
	5. Norma formalmente constitucional	Poder Constituinte Originário
	5a. Norma formalmente constitucional derivada de processo revisional	Poder Constituinte Derivado (reformador)
	5b. Norma formalmente constitucional oriunda de emenda constitucional	Poder Constituinte Derivado (reformador)
Nível infraconstitucional	6. Lei complementar*	Poder Legislativo
	7. Lei ordinária	Poder Legislativo
	7a. Medida provisória (antigo decreto-lei)	Poder Executivo-Legislativo
	7b. Lei delegada	Poder Legislativo
	7c. Decreto legislativo	Poder Legislativo
	7d. Resolução	Poder Legislativo
Nível infralegal	8. Atos administrativos normativos	Poder Legislativo, Executivo e Judiciário
	8a. Decreto	Poder Executivo
	8b. Regimento	Poder Legislativo, Executivo e Judiciário
	8c. Instrução normativa	Poder Legislativo, Executivo e Judiciário
	8d. Regulamento, portaria etc.	Poder Legislativo, Executivo e Judiciário

* Para alguns autores inexiste hierarquia normativa entre lei complementar e a lei ordinária, existindo apenas diferentes competências (veja a respeito nosso trabalho:"A Relação entre Lei Complementar e Lei Ordinária: Hierarquia e Competência", *in Questões de Direito Positivo*, Rio de Janeiro, Thex, p. 45).

Obs.: Os números referem-se aos níveis hierárquicos. Quando inexiste qualquer nível hierárquico ou o tipo normativo em destaque se encontra em idêntico nível hierárquico em relação a outro tipo normativo distinto, ao número de seu nível é acrescentada uma vogal ou consoante diferenciadora.

Diagrama 20. Níveis hierárquicos da norma jurídica.

10. Direito, norma jurídica e lei

As expressões *Direito*, *norma jurídica* e *lei* – não obstante a confusão terminológica que norteia, na atualidade contemporânea, o presente tema conceitual básico da *Ciência Jurídica* – são, em sua perfeita tradução, inconfundíveis.

Em uma análise superficial da questão, seria lícito admitir inicialmente que os três vocábulos basilares da *Ciência do Direito* guardam uma inerente relação de abrangência, permitindo concluir, ainda que de maneira superficial, que o *Direito* engloba a *norma jurídica* e esta, por sua vez, a *lei*, considerando o sentido mais rigoroso que pode ser *in casu* estabelecido.

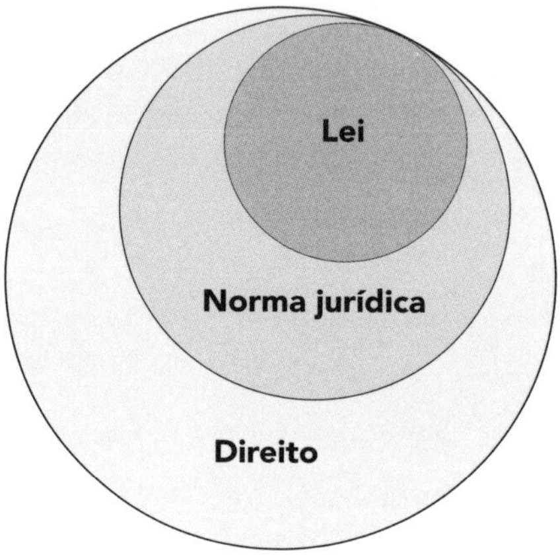

Diagrama 21. Direito, norma jurídica e lei.

Como, em nosso País, a realidade do Direito se expressa, sobretudo, por sua inerente normatividade e esta, por seu turno, em forma de produção estatal, de cunho preponderantemente legislativo, é lícito deduzir que, embora reconhecidamente o *Direito* transcenda à exclusiva existência normativa (e a *norma jurídica* ao escopo restrito de atuação da *lei*), a maior parte do *Direito* se encontra necessariamente na *norma* e esta, ato contínuo, na *lei*, obrigando-nos, por efeito, a reconhecer que o *Direito* (no Brasil e na esmagadora maioria das nações ocidentais) constitui-se em uma realidade essencialmente *normativa* e preponderantemente *legal*.

Não é por outra razão, portanto, que as denominadas *fontes do Direito*, particularmente no nível técnico-jurídico, encontram seu conteúdo fundamental na própria *norma*, revestida sob o arcabouço *legal* (produção estatal), ainda que obrigatoriamente transcendam, por intermédio das chamadas fontes não formais, a esta restrita existência.

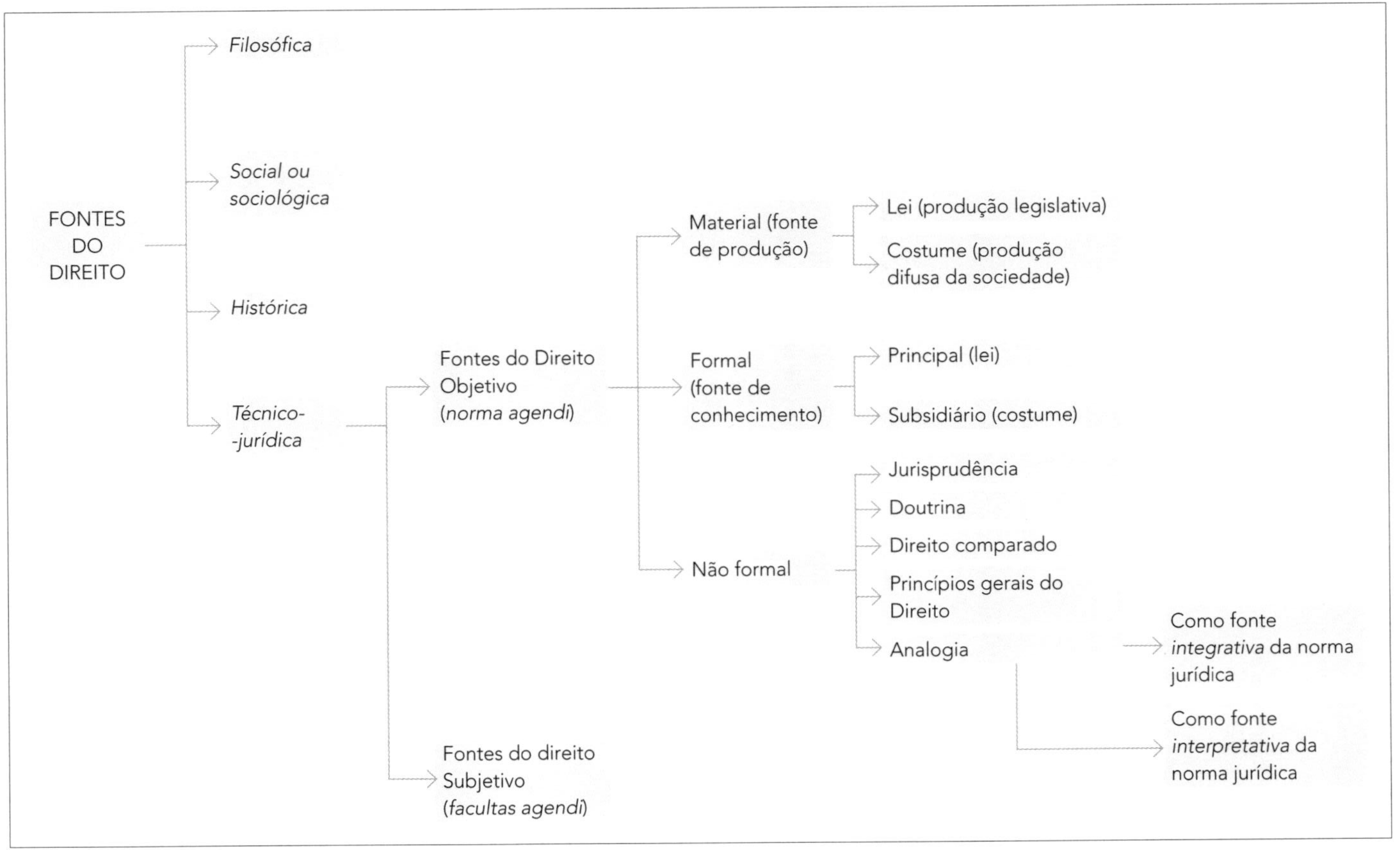

Diagrama 22. Fontes do Direito (segundo a ótica estrutural – orgânica).

- **FONTES DO DIREITO**
  - *Classificação das fontes*
    - Materiais/formais →
      - Teorias racionalistas
      - Teorias empiristas
      - Teoria egológica (tentativa de superação da antinomia)
    - De produção/de cognição →
      - Escola analítica de jurisprudência (Austin)
      - Escola da exegese (Demolombe)
      - Sociologismo jurídico (Roscoe Pound)
      - Escola do Direito livre (Kantorowicz)
      - Livre pesquisa "científica" do Direito (Gény)
  - *Espécies*
    - 1. Lei →
      - Constituição
      - Emendas à Constituição
      - Leis complementares
      - Leis ordinárias, leis delegadas, medidas provisórias
      - Decretos legislativos (tratados e convenções internacionais "interiorizados")
      - Resoluções (do Senado)
    - 2. Atos jurídico-normativos primários (decretos/regulamento/regimento/portaria/aviso) (atos administrativo-normativos *lato sensu*)
    - 3. Atos jurídicos normativos secundários (atos administrativo-normativos *stricto sensu*)
      - → Circulares e instruções/orientações normativas/instruções normativas/resoluções/pareceres normativos/atos declaratórios (normativos)/decisões de órgãos singulares ou coletivos de jurisdição administrativa, a que a lei atribua eficácia normativa/convênios celebrados entre entidades de Direito Público/estatutos autônomos
      - → Atos-regras sindicais →
        - convenções coletivas
        - acordos coletivos
    - 4. Analogia (integrativa ou intepretativa) →
      - Legal (*analogia legis*), jurídica (*analogia juris*)
    - 5. Usos e costumes
      - → Classificações →
        - usos e costumes negociais
        - usos e costumes de praxe social (cortesia e urbanidade)
        - usos e costumes jurídicos (*opinio necessitatis*)
      - → Espécies de usos e costumes jurídicos →
        - *secundum legem*, os que a lei manda observar
        - *praeter legem*, os que aplicam como fonte autônoma, além da lei *contra legem*, *contrarius usus*, usos contra lei
    - 6. Princípios gerais do Direito →
      - Princípios de Direito Natural ou racional (corrente jusnaturalista)
      - Princípios políticos de orientação (corrente política)
      - Princípios decorrentes do ordenamento jurídico positivos (corrente legalista)
    - 7. Equidade →
      - *Aequitas cerebrina* (arbítrio judicial)
      - *Aequitas secundum* (CPC do Brasil, art. 127)
      - *Aequitas praeter legem* (Cód. Civil suíço, art. 1º)
    - 8. Jurisprudência →
      - Normativa (*stare decisis*): *judge made law*
      - Tendencional (precedentes): justiça do caso concreto
      - Sumulada (unificação jurisprudencial): teses
      - Jurisprudenciais oriundas da análise do caso concreto
      - *In abstracto*: inconstitucionalidade ou interpretação de lei ou ato normativo federal ou estadual
    - 9. Convenções →
      - Internacionais/entre entes estatais/coletivas/sindicais/privadas

(Conferir a respeito Wilson de Souza Campo Batalha, *Introdução ao direito*.)

Diagrama 23. Fontes do Direito (segundo a ótica conceitual – descritiva).

A principal consequência desta realidade fática – deve ser consignado – traduz-se especialmente na insuperável impossibilidade de se aplicar qualquer fonte não formal do *Direito* (doutrina, direito comparado, princípios gerais, analogia integrativa etc.) em substituição à *lei*, notadamente quando esta possuir a disciplina adequada e precisa para a solução do caso concreto.

Nesse sentido, a título de ilustração, podemos afirmar, de modo peremptório, que não seria lícito ao julgador, em nenhuma hipótese, simplesmente deixar de aplicar a regra esculpida no art. 284 do CPC vigente (que outorga o prazo de 10 dias para a parte autora proceder à competente emenda da exordial), ampliando, por exemplo, o prazo estabelecido expressamente na *lei* em favor do acolhimento do princípio da economia processual.

Por outro lado, na ausência de regramento legal específico, o juiz deve necessariamente aplicar as fontes não formais do Direito, na exata medida em que o julgador não pode deixar de julgar a *lide* sob o argumento da inexistência de lei, pois o magistrado se encontra adstrito ao fundamento maior do *Direito* (e não unicamente à lei, ou mesmo à norma jurídica em seu sentido mais amplo).

11. Posição comportamental do Direito em sua efetividade plena

Muito embora a perfeita compreensão do substrato fático e objetivo do *Direito* seja absolutamente indispensável, muitos estudiosos (e diversos juristas) ainda encontram efetiva dificuldade em entender que o escopo último de atuação do *Direito*, de modo geral, e da *norma jurídica*, em particular, é exatamente o de servir como sinérgico mecanismo de *projeção comportamental* ou, em outras palavras, como uma espécie de "ponte" entre o *mundo do ser* (ou seja, a realidade como ela se apresenta no mundo fático) e o *mundo do dever-ser* (ou seja, a realidade projetada, segundo os ideais e valores de uma dada sociedade – daí exatamente a afirmação que a norma jurídica se constitui em uma realidade cultural).

Nesse sentido, o *Direito* sempre projeta a realidade para mantê-la como tal, reestruturá-la ou transformá-la – segundo critérios e concepções impostos pela *classe dominante* (ainda que, sob a ótica do desejável – mas não do real –, tais concepções devessem ser oriundas do conjunto homogêneo de toda a sociedade – incluído, nesse diapasão, todos os seus integrantes) –, não sendo, por efeito, verdadeira a afirmação segundo a qual o *Direito* objetiva a imposição de sanções (escopo punitivo). Se assim fosse, a *norma jurídica* seria sempre aplicada retroativamente ao fato ensejador da própria norma, sob o ponto de vista legislativo, o que inclusive, em várias situações, constitui impedimento insuperável.

12. Legitimação do Direito e legitimidades intrínsecas

Não obstante as inúmeras (e ilógicas) resistências ao reconhecimento do *Direito* como fator de manutenção primordial do *status quo* (na medida em que a própria projeção reestruturadora e modificadora da realidade, pelo Direito, dá-se, em última análise, pela concepção conservadora da classe dominante – salvo, é claro, nas situações de rompimento da ordem jurídica, por meio do processo revolucionário), a verdade é que o *Direito* – diferente da situação desejável e da visão míope e romântica de alguns autores – foi efetivamente forjado por uma *classe dominante*, particularmente para servir como instrumento de manutenção de seus privilégios, outorgados politicamente (em dado momento anterior).

Por efeito, o *Direito* é, em última instância, uma realidade política e se encontra irremediavelmente adstrito a incontestes *salamandras políticas*, sendo certo que o denominado *Direito Positivo*, nesse contexto, apresenta-se como sinérgico reflexo de uma ordem política estabelecida pela *sociedade* ainda que, como já afirmamos, sob o aspecto prático, tenha sido virtualmente imposto pela classe dominante no velado intuito de manter, em última análise, seus domínios e seus privilégios (e, até mesmo, por vias transversas, auferir outros).

A *legitimação própria* e específica do *Direito*, portanto, coaduna-se, em uma visão mais ampla, com uma legitimação política anterior e com a própria imposição das *legitimidades intrínsecas* dos principais partícipes dos instrumentais normativos em sua fase criativa (legislador, dotado de legitimidade política conferida pelo voto popular) e em sua fase aplicativa (juiz, dotado de legitimidade técnica, determinada inicialmente pela aprovação em concurso público e, posteriormente, pela necessária e obrigatória fundamentação de suas decisões).

Não é por outra razão, por efeito conclusivo, que não cabe aos membros do Poder Judiciário – como aplicadores da lei em sentido amplo – qualquer engajamento político (por absoluta ausência de legitimidade para tanto) na discussão, por exemplo, de aspectos concernentes ao chamado *justo abstrato* (na qualidade de valor axiológico do Direito), ainda que reconhecidamente seja o magistrado integrante da casta social mais instruída e possua, nesse diapasão, plena consciência (ainda que nem sempre concorde) da orientação primordial do Direito no sentido da manutenção (e proteção) dos interesses da classe dominante. Em essência, vale consignar, trata-se de uma questão precípua de necessária voluntariedade, visto que o julgador se coloca, dessa forma, na posição de simples aplicador da *lei* (em sentido mais amplo), por reconhecida ausência de vocação para a atividade crítica do sistema político, pois de outra maneira teria trilhado a carreira política (e consequentemente auferido a necessária legitimidade política imposta pelo voto popular) e não a servidão insuperável da carreira jurídica.

13. Metodologia jurídica, método no Direito e conceito de Direito

A problemática da *metodologia jurídica*, o *método no Direito* e o *conceito de Direito* são temas absolutamente fundamentais ao perfeito entendimento da denominada *Ciência do Direito* e, especialmente, aos planos e âmbitos do conhecimento jurídico e como tais devem, em nosso entendimento, obrigatoriamente constar do corpo desta obra.

Como ninguém melhor do que o prof. Luiz Alberto de Souza e Silva, ilustre docente da Universidade Federal do Rio de Janeiro, sistematizou o assunto, com notável eficiência, abordando seus aspectos nucleares, tomamos a liberdade de simplesmente reproduzir seus principais ensinamentos, abusando da própria amizade que nos une, desde os tempos em que juntos cursamos o programa de doutorado da UFRJ:

> 1. *A problemática da metodologia jurídica*
>
> Jerome Hall tem razão quando diz que "*a Ciência do Direito deve ser interpretada dinamicamente, como um corpo de doutrina variável, no qual a significação dos termos varia consideravelmente seguindo o movimento das matrizes da cultura*".
>
> Antes dele, porém, o nosso grande pensador jurídico, Djacir Menezes, já afirmara a mesma coisa ao discorrer sobre a teoria científica de Pontes de Miranda. Dissera ele: "*A base das Ciências Jurídicas, como base de todo o conhecimento, se constitui pela experiência e pela observação dos fatos*". Mais adiante em seu estudo, ele completava este pensamento afirmando: "*Ela [a base das Ciências Jurídicas] é sistematização de fatos observados na realidade social, com o método puramente indutivo, a fim de tornar-se objetiva e científica*".
>
> Daí que o conceito de Direito tem vários sentidos; ele é variável, pois acompanha a evolução histórica, resultando, como consequência, as diferentes doutrinas jurídicas que formam teorias e escolas.
>
> Essas doutrinas jurídicas tornaram-se objeto de estudos e de teses em que juristas de diversas nacionalidades tentaram definir o conceito do Direito dentro de suas teorias jurídicas.
>
> Como objeto de teses temos dois grandes estudos: o de Paulino Jacques, "Do conceito do Direito – essências e existência", apresentado como tese de livre-docência para a cadeira de Introdução à Ciência do Direito da Universidade Estadual do Rio de Janeiro, no qual o ilustre jurista engloba as doutrinas jurídicas dentro da dicotomia essêncio-existencialista, e Lourival Vilanova, professor de Teoria Geral do Direito e Teoria Geral do Estado da Universidade Federal de Pernambuco, com "Sobre o conceito do Direito", também apresentado como tese de livre-docência na mesma disciplina, no qual tenta explicar o conceito de Direito através da intuição.
>
> O Direito é expressado dentro de uma concepção e método doutrinários. Carlos Campos, em seu magistral trabalho *O conceitualismo jurídico*, consegue explicar muito bem esta opinião. Afirma ele, "*o conceito fixa um modo de ser constante existente na coisa e que sendo de experiência de todos é por todos aprendido nos símbolos da linguagem*". Entendemos, dessa maneira, que o

conceito de Direito terá tantos conceitos quanto as experiências daqueles que o apreenderam. Desta forma, podemos concordar com o prof. Bugallo Alvarez, da Universidade Gama Filho, que fez a seguinte consideração acertada sobre o método jurídico: "[...] *o exercício da razão prudencial não é arbitrário, mas objetivamente fundado, não em função da verdade em si, mas da conveniência e oportunidade de seu pronunciamento. Não busca, portanto, a certeza própria dos resultados da investigação, mas da oportunidade das ações humanas*".

2. *O método e o Direito*

O método é o caminho usado para se chegar a uma verdade; é o conjunto dos procedimentos que ordenam a investigação científica. A. L. Machado Neto, professor da cadeira de Introdução ao Estudo de Direito da Universidade Federal da Bahia, comenta que "*a possibilidade que tem a ciência de dar a prova de seus acertos, de seus achados, de suas descobertas, eis o que mais decisivamente separa do saber ocasional, assistemático e acrítico do leigo*". O método, então, é o caminho que cada cientista usa para provar seu conceito ou teoria. Gasset sintetiza esta opinião ao dizer que "*a ciência encontra no método o instrumento que garante a elaboração de ideias e conceitos firmes com rumo e destino claros*".

Segundo o exposto, concluímos que existe um método para cada objeto de estudo ou pesquisa científica e que o conceito é o resultado final, é a verdade procurada.

Hall diz que "*o sentido e o funcionamento do método jurídico podem ser indicados em relação aos componentes essenciais de uma ordem jurídica*". Ele, entretanto, estabelece logo em seguida os elementos essenciais da ordem jurídica em que os métodos jurídicos podem abranger. Há método, pois, para investigar as normas, os fatos, os valores, o Poder Judiciário, a jurisprudência, a eficácia e vigência das leis, a dogmática jurídica etc.

Carlos Cossio, o jurista argentino, em sua *Teoria Egológica* consegue esclarecer esta opinião, também, ao escrever: "*En effecto, siendo el método una estructura intelectual de conocimiento, se compreende que sólo una concepción intelectualista remata en un método y por eso los métodos en si llevan implicitas unicamente concepciones intelectualistas, y encuanto cada método pretende ser el único verdadero, cada método incluye una concepción diversa y excluyente de toda otra concepción, como es el caso de las multiplas concepciones intelectualistas entre si*".

François Gény, contudo, alerta para o perigo de qualquer elaboração intelectual do Direito ser tomada como doutrina jurídica. Ele diz: "*Et, comme le droit consiste essentiellement en une pratique fondée sur une connaissance, il s'agit donc principalement de savoir comment nous pouvons discernir les précep-*

tes juridiques independamment des modes d'expression variés et contigents, qui ne le révelent qu'en-les déformant, et par quels moyens nous les devons faire passer dans la vie sociale de l'humanité".

A compreensão do Direito não deve ser estudada e analisada apenas no aspecto abstrato e teórico. O Direito, já dizia o prof. L. CABRAL DE MONCADA, da Universidade de Coimbra, em seu prefácio da obra de GUSTAV RADBRUCH, *Filosofia do Direito*, isto em 1953, 14 anos antes do aparecimento da *Teoria tridimensional do Direito,* de MIGUEL REALE, ao escrever sobre a distinção entre a filosofia jurídica e as ciências empíricas do Direito. Ele afirmava em seu prefácio: "*Há também... uma certa antítese: a existência entre jurisprudência e teoria social do Direito. Esta segunda distinção não é menos importante para a metodologia da Ciência Jurídica. Funda-se em que a Ciência Jurídica tanto pode ser considerada como um complexo de significações normativas objetivas,* [...] *como um fato cultural e um fator de vida social*".

O próprio MIGUEL REALE reconheceu a corrente da jusfilosofia da qual extraiu as bases de sua teoria. Ele assim se expressa: "*Fato, valor, norma são, por conseguinte, elementos ou dimensões da experiência jurídica, o que não só é reconhecida de uma forma ou de outra, por jusfilósofos filiados às mais diversas correntes doutrinárias, como* LASK RADBRUCH, SAUER, POUND, STONE, ROUBIER, HALL, RECASÉNS SICHES, LUIGI BAGOLIN, CARLOS COSSIO, CABRAL DE MONCADA, EDUARDO GARCIA MAYNES e LEGAZ LACAMBRA...".

HEGEL criticava KANT apenas neste aspecto "*que o princípio da universabilidade torna-se um princípio imoral se um desejo imoral é poderoso suficiente para ser considerado como suficientemente importante*".

De forma semelhante ocorre com a aceitação de qualquer conceito, método, teoria, ou escola, se não tiver sido submetido à prova da ciência, da pesquisa ou do método científico. A ciência, segundo a concepção de SÃO TOMÁS D'AQUINO, consiste no conhecimento das conclusões a partir de determinados princípios.

A pesquisa busca o conhecimento e o conhecimento é uma visão da realidade que é externa, objetiva, imutável; em suas outras atividades, o homem procura a satisfação de seus desejos, que são internos, subjetivos, mutáveis. A busca, para certo conhecimento, torna-se uma busca para uma visão de coisas como elas realmente são e não como elas devem ser consideradas a fim de satisfazer qualquer propósito subjetivo particular do homem.

O método fornece instrumentos e cânones para a realização da investigação científica, aceitando ou desprezando as descobertas irrelevantes para o resultado esperado. NORBERTO BOBBIO acredita que a Filosofia do Direito seja o estudo dos procedimentos do método do conhecimento científico do Direito. O Direito deve ser aprendido na vida, na realidade das coisas, nos fatos e é necessário estabelecer conceitos e métodos rigorosos, do contrário, estaremos correndo o risco de aceitar teorias não contrastadas com a prova. João Baptista Machado, outro grande jurista da Universidade de Coimbra, sintetiza este raciocínio jurídico que expusemos. Diz ele: "[...] *se o Direito se fechasse ao fático seria submergido pela evolução da vida e nela se alienaria, perdendo a posição de comando, a iniciativa normadora* [...]. *Conforma-se esta orientação com a posição atrás afirmada quanto ao significado dos conceitos jurídicos e quanto ao sentido da aplicação do Direito*". Larenz conclui da mesma forma. Diz ele: "*A lei, na verdade, é para todas as épocas, mas em cada época da maneira como esta a compreende e desimplica, segundo a sua própria consciência* jurídica".

A realidade jurídica é complexa. Nenhum jurista seria considerado sério se dedicasse seus estudos concentrados apenas num método da escola jurídica, pois não conseguiria reconstruir o seu conjunto histórico dentro de uma metodologia abrangente. Humberto Grande, grande jurista e professor da Universidade Federal do Paraná, abria suas preleções da cadeira de Introdução à Ciência do Direito afirmando: "*A compreensão do Direito não é fácil. Exige a compreensão da época, a compreensão da vida e a compreensão da cultura*". O Direito é, pois, vivência.

Acertadamente, o prof. Oliveiros Litrento, autor de *Dialética e técnica na Teoria Geral do Direito* e outros livros importantes e professor da cadeira de Teoria Geral do Direito, do curso de mestrado da Universidade Federal do Rio de Janeiro, transpõe a compreensão do Direito para nossa época estabelecendo uma teoria jurídica, a *Teoria pentadimensional*, já aceita por juristas italianos e outros do continente europeu. Ele diz: "*Na Teoria Geral do Direito, de compreensão contemporânea, o fato, dado empírico, conduz ao construído, ou seja, à norma, esquema conceitual de conduta estabelecido pelo legislador ou outras fontes subsidiárias do Direito. Norma cuja significação é dada pelo valor com seu conteúdo específico ou pleno de significações e aspirações várias. Mas norma ainda presa ao tempo, outra categoria que lhe limita eficácia. E ao espaço, possibilitando, também como categoria a exigência de sua validade*".

Do exposto, encerramos esta parte com a observação protetora de nosso jurista-mor, Pontes de Miranda. Ele diz: "*De modo que o homem se serve das correntes filosóficas, das tendências de ocasião, das convicções gerais, racionalistas ou não, intelectuais ou pragmatistas, para passageira justificação da livre pesquisa do Direito*".

3. *Método no Direito*

A especulação jusfilosófica ocorre, em épocas e lugares diferentes, pois a cultura está sempre condicionada pela cultura correspondente. Os jusfilósofos vivem e compreendem a sua época. Não enunciam verdades absolutas para toda a eternidade. Seus estudos só têm sentido quando são submetidos à prova da observação, interpretação e comparação. O exercício intelectual por si próprio não é mais garantia da certeza. O método surge, então, como um auxílio para se chegar rápido à conclusão apresentada como verdade. O método, conforme compreendido anteriormente, ultrapassa as barreiras do tempo e espaço como cânone científico. A metodologia jurídica sempre se apresentou ao homem como uma Torre de Babel, não deixando, por isso, de ser uma preocupação especulativa constante. Há, na história do Direito, várias tentativas para sistematizar a metodologia jurídica.

Para cada dimensão do Direito há seu critério metodológico. O Direito, desta maneira, pode ser compreendido através de diversos métodos, como os métodos lógico, histórico, sociológico, teleológico, dogmático, contrativo e exegético, que constituem a estrutura das doutrinas existentes.

Alfred Fuillée, com seu livro *L'idée moderne du Droit*, publicado em 1890, foi um dos primeiros jusfilósofos a tentar encontrar uma metodologia jurídica para explicar o Direito. Seu estudo fundamentado na história e na psicologia social se perde num enciclopedismo filosófico universal. Depois deste jurista conceituado surge um jusfilósofo norte-americano, Roscoe Pound, que escreveu um artigo, "Theories of law", em 1912, em que ele classifica os métodos jurídicos, conforme as escolas de Ciências Jurídicas, a saber: método histórico, método filosófico, método analítico, método sociológico. Além desta classificação, Roscoe Pound encontra um método jurídico para cada componente essencial de uma ordem jurídica. Para ele, há uma metodologia jurídica para as normas jurídicas, para os fatos materiais considerados jurídicos, para as sentenças etc. Da leitura atenta de Pound se depreende que ele considera método jurídico qualquer método usado para compreender qualquer elemento essencial do Direito.

François Gény, que anteriormente já alcançara sucesso com seu *Méthode d'Interprétation et sources en droit privé positif*, publicado em 1899, no qual conseguira sistematizar os métodos de interpretação do direito positivo, voltou-se em direção a uma nova contribuição ao método jurídico, Gény, na sua introdução, explica: "*Avant de reprende, dans l'intention de les éclairer de nouvelles luers, les chemins déjà parcourus, il m'a paru necessaire d'aller plus avant dans la vie de l'investigation profonde, de dépasser le but primitivement visé, d'embrasser corps à corps les réalités à pénétrer, en vue d'élucider quelques-unes despoints, restés obscurs, ou à peine soupçonnés, dans les tâtonnements du premier effort, et tablant forme sur les résultants déjà acquis, grâce à celui-ci, d'assurer la conquête d'une position nouvelle dans le Combat pour la méthode*".

A introdução de Gény, que parece uma promessa de uma revelação fundamental, na conclusão volta ao mesmo problema insolucionável da metodologia jurídica. GÉNY termina seu livro afirmando: "*En definitive, l'examen concret des voies suivies, par le jurisconsulte, mis en face des réalités sociales qu'il doit régir, vient confirmer les conclusions, que nous avait suggerées la considération théorique de sa mission et des oyes s'offrant à lui de la remplir. C'est la méthodologie générale de toute discipline humaine et sociale, que nous avons retrouvée dans le droit* [...]".

A. L. MACHADO NETO compreende bem o problema da metodologia jurídica. Ele sintetiza fielmente nossa posição. Ele afirma: "*Não obstante as considerações acima expendidas, a situação crítica em que até há bem pouco se encontrava a Ciência do Direito não tem sido um terreno propício, antes, ao contrário, adverso a que o jurista empreenda a árdua mas imprescindível tarefa de tematizar de maneira resoluta e radical o problema do método jurídico, do método específico da Ciência do Direito*".

Servimo-nos novamente para encerrar esta parte afirmando que não foi aclamado como definitivo qualquer método jurídico. PONTES DE MIRANDA conclui da mesma maneira. Ele diz: "*O método da Ciência do Direito tem que ser a indução, mas sem que, para o conhecimento prévio do fenômeno social, se prescinda de pesquisas do mecanismo puro*".

4. *O Conceito de Direito e a Metodologia Jurídica*

4.1. *O Conceito de Direito de* PONTES DE MIRANDA

Para PONTES DE MIRANDA, *o Direito* é um "*sistema de regras, sistema lógico, que satisfaz às exigências metodológicas de coerência, ou lógicas de consistência*". PONTES DE MIRANDA analisa o sistema jurídico como produto do círculo social integrando um hipersistema (universo), tudo isto representando muitos sistemas de casualidades. O Direito é equilíbrio, é ordem dinâmica, como são as leis universais. Os sistemas não são independentes mas integrados numa relação de harmonia. O sistema jurídico de PONTES é o produto da perfeita adaptação do homem ao sistema social numa relação geométrica à semelhança das ideias de PITÁGORAS e PROTÁGORAS.

O Direito de PONTES DE MIRANDA é comparado a outras ciências dentro dos fenômenos naturais ou causais; o seu Direito é imanente. Ele explica: "*O objeto da Ciência Jurídica não são as normas impostas, dados históricos e variáveis, mas as relações sociais, que não podem ser alteradas ou destruídas pela vontade de ninguém senão mediante outras forças*".

A Ciência do Direito é "*caracterizada como uma estrutura lógica de enunciados, de proposições e de funções proposicionais sobre o Direito*", mas "*todas as restrições, inclusive as da lógica, ficam sujeitas à inevitável restrição que resulta da relatividade dos fatos ou relatividade objetiva: nas circunstâncias tais, ou tais*".

Pontes de Miranda entende que os fatos, estruturados socialmente, provocam um resultado de expectativa social que gera uma norma da conduta geral. A norma é, assim, a ação do grupo social, que pode provocar uma reação igual. A contribuição de Miranda ao Direito se estende a todas as partes essenciais do sistema jurídico: ele foi o primeiro cientista do Direito a se preocupar com "as realidades", com "os métodos", "com os sistemas", termos que conduzem ao mesmo objetivo dos atuais juristas e jusfilósofos do Direito: a integração do Direito.

4.2. *O Conceito de Direito de Hans Kelsen*

Hans Kelsen apresenta a sua Teoria Pura do Direito explicando que o objeto dela é como é o Direito e dá o significado da Teoria Pura do Direito: "*Ela se propõe a garantir um conhecimento apenas dirigido ao Direito e excluir deste conhecimento tudo quanto não pertença ao seu objeto, tudo quanto se não possa, rigorosamente, determinar como Direito*".

Kelsen elabora sua tese da teoria pura com uma concepção lógica rigorosa distinguindo o ser e o dever-ser. O Direito pertence ao mundo do dever-ser. O Direito, para Kelsen, é uma ciência do espírito em contraposição à ciência da natureza onde uma ordem coativa distingue-se das demais pelo elemento sanção.

Kelsen leva a sua lógica do Positivismo a cometer um atentado à história do homem no universo: a saber, que não existem princípios éticos.

Esta ética naturalista do Positivismo Lógico enquadra Kelsen na chamada "escola de Viena". Para Kelsen só há o Direito Positivo, aquele que tira da norma fundamental, o ápice de sua pirâmide jurídica, o fundamento para converter o poder social evidentemente existente num dever jurídico.

Para Kelsen, "*a ordem jurídica é uma pluralidade de normas gerais e individuais que regulam o comportamento humano, isto é, o determinam como devido*". A norma é o braço forte do Estado e a justiça é um ideal irracional. As normas jurídicas são criadas por atos de legislação e estes atos constituem a fonte criadora do Direito. São os chamados atos jurisdicionais, administrativos e contratuais.

Entretanto, a norma para ser considerada jurídica deve ter uma relação entre o dever-ser jurídico e o ser, uma vez que o ato do ser deve ser de fato aplicado e obedecido, isto é, tem que ter eficácia. A validade de uma norma jurídica tem que ser conduzida para uma interpretação do último ato de sentido subjetivo, porque a norma só pode ser considerada válida e obrigatória para seus destinatários se o ato em questão é pressuposto como ato jurídico na interpretação dos sujeitos que o interpretam. Kelsen explica: "*Será pressuposto se se interpreta o sentido subjetivo dos atos criadores de normas realizados de acordo com ela como seu sentido objetivo, como normas, se se interpretam as normas objetivamente válidas e obrigatórias e se interpretam as relações constituídas por estas normas como relações jurídicas, isto é, como deveres jurídicos subjetivos, competências etc.*".

ALF ROSS define a norma "*como um diretivo que corresponde a certos fatos sociais de tal maneira que a forma de conduta expressada na norma seja seguida em geral pelos membros da sociedade e seja sentida por eles como obrigações*".

A norma básica tem um pressuposto que é a condição estabelecida pela Ciência Jurídica para analisar estes juízos. Sem este pressuposto, estes juízos não são possíveis e tampouco as interpretações que resultam dele. O Direito para KELSEN é o conjunto de normas caracterizadas pela sanção. O normativismo tem sua origem na filosofia de EMANUEL KANT. VERDROSS define o Direito de KANT desta maneira: "*O Direito é o conjunto de condições debaixo das quais a vontade de uns é respeitada pelos demais, segundo uma lei universal da liberdade*". KANT distingue a norma jurídica de moral pelo elemento sanção.

LEGAZ LACAMBRA define o Direito como "*uma forma de vida social na qual se valoriza um ponto de vista sobre a justiça, que delimita as respectivas esferas de licitude e dever, mediante um sistema de legalidade dotado de valor autártico*". RAFAEL HERNANDEZ, jurista mexicano, diz que "*o Direito é a ordenação positiva e justa da ação ao bem comum*". Para RECASÉNS SICHES, "*o Direito impõe seu cumprimento de maneira inexorável por execução forçosa*". Estas definições de concepções normativistas têm como essência do jurídico a sanção ou pelo menos a coercitividade. FERNANDO PINTO LOUREIRO, em seu prefácio da tradução portuguesa da *Teoria do Direito*, vê a obra de KELSEN como uma teoria do conhecimento jurídico inspirada na obra de KANT. Assim, como KANT explica a transcendentalidade da natureza através de uma realização das formas de intuição pura *a priori* (tempo e espaço) e as categorias de entendimento, KELSEN, de modo semelhante, institui a norma fundamental como condição de todo conhecimento jurídico.

Resumindo: o método produz o objeto, mas não se submete à comparação de métodos de outras ciências, pois tem pressupostos particulares diferentes.

4.3. *O Conceito de Direito de MIGUEL REALE*

KARL LEWELLYN situou notavelmente a problemática do conceito de Direito, pois uma definição tanto exclui como inclui. Não nos parece apropriado conceituar o Direito dentro do critério metodológico das escolas filosófico-jurídicas, como fez de maneira brilhante o prof. PAULINO JACQUES com seu livro *Do conceito do Direito*. A classificação das escolas dentro de uma caracterização de vinculação dos conceitos de essência e existência já foi superada pela nova corrente jurídica da integração do Direito, começada pela *Teoria Tridimensional* de Miguel Reale e sua escola justilosófica de São Paulo e pela *Teoria Pentadimensional* do prof. Oliveiros Litrento, do Rio de Janeiro.

Miguel Reale já explicava a sua teoria tridimensional, logo depois da publicação de sua *Filosofia do Direito*, em 1957, afirmando: "*O que mais importa é esclarecer a natureza da correlação existente entre aqueles três fatores (fato, valor, norma) e determinar o nexo que os liga ou os implica entre si, o que só será possível colocando-nos perante a normatividade como uma expressão da experiência histórica do homem...* O Direito, em suma, não é senão o processo mesmo de integração dos três fatores acima discriminados [...]".

Na concepção de Reale, o Direito é um processo dialético de integração do fato, valor e norma. Exemplificando: a norma jurídica é a projeção de uma conjuntura de fatores e valores que se implicam, ou se contrastam ou se chocam, em maior ou menor intensidade, em determinado momento histórico. Hegel raciocinava que as colisões da aplicação da lei ao fato eram de essência dialética do Direito enquanto pensado. Dizia ele: "*Daß es bei der Anwendung der Gesetze Kollisionen gibt, wo der Verstand des Richters seinen Platz hat, ist durchaus notwendig, weil sonst eben die Ausführung etwas durchaus Maschinenmäßiges würde. Wenn man darauf gekommen ist, die Kollisionen dadurch abzuschaffen, daß man vieles dem Gutdünken der Richter überlassen will, so ist ein solcher Ausweg weit schlechter, weil auch die Kollision dem Gedanken, dem denkenden Bewußtsein und seiner Dialektik angehört, die bloße Entscheidung durch den Richter aber Willkür wäre* [...]"*.

Um conceito não aparece isolado. Ele está sempre ligado a outros conceitos que, por sua vez, estão circunscritos por outro conceito de oposição. A norma é, pois, uma realidade de tipo cultural através da qual se resolvem os conflitos dos três elementos: fato, valor e norma através da dialética. Reale enquadrava esta corrente filosófica sob o prisma da Filosofia do Direito e dentro de uma necessidade essencial de análise do poder em três posições: 1) a nomogênese jurídica como momento de um processo total; 2) a nomogê-

* "É absolutamente necessário que, na aplicação das leis, haja colisões, onde o entendimento do juiz tem o seu lugar, pois justamente o cumprimento [da lei] teria se tornado algo absolutamente mecânico. Quando se chegou à conclusão de que, para suprimir as colisões, pretende-se deixar muitas coisas ao arbítrio dos julgadores, então uma tal saída é muito pior, pois a colisão também pertence ao pensamento, à consciência reflexiva em sua dialética, mas a simples decisão, pelo julgador, seria voluntária."

nese jurídica atomicamente concebida como um mundo "a se"; 3) a nomogênese jurídica como solidariedade no mundo dos valores. A essência do pensamento de REALE está sintetizada em que o homem é o único ente no qual o ser e o dever-ser coincidem. Esta visão do homem de REALE configura-se num método histórico-axiológico, que é dialético.

É, nas palavras de REALE, "*um método que reflete a atividade do espírito na tomada de consciência de si mesmo, autoconsciência que se realiza por força de atos constitutivos de valores e através de bens culturais nos quais e pelos quais os valores se revelam*".

REALE sempre procura em sua tridimensionalidade dinâmica a conexão entre os pressupostos metodológicos e a estrutura interna.

CIREL CZERNA tece algumas observações importantes sobre a tridimensionalidade dinâmica de REALE. Diz ele: "[...] *fiel ao senso de unidade e à exigência de rigor metodológico, características do culturalismo de origem neokantiana (*REALE*) captou o condicionamento recíproco de ambos os fatores, ou seja, a exigência de uma apreensão unitária e totalizante do real, tendo no método sua própria condição de possibilidade*".

O conceito de Direito de REALE é, pois, o processo de integração do fato, valor e norma dentro da dialética. O Direito é entendido como um conjunto de significações normativas que ocorrem na vivência do homem na história.

4.4. *O conceito de Direito de* OLIVEIROS LITRENTO

A teoria jurídica do prof. LITRENTO não é uma consequência natural do estudo do prof. REALE. O conceito tridimensionalista do prof. REALE é o resultado da utilização da dialética da complementaridade na integração dos elementos: fato, valor e norma. Esta corrente de pensamento jurídico já era reconhecida por outros juristas que antecederam REALE, conforme ele mesmo declara em sua gratidão. A *eureka* do descobrimento se deveu em grande parte ao chamado conceito de "colisão" de HEGEL. O prof. LITRENTO, embora esposasse a corrente tridimensionalista de REALE, acrescenta dois outros elementos: tempo e espaço, provocando uma nova contribuição jusfilosófica. O prof. LITRENTO explica sua teoria citando PONTES DE MIRANDA que nos parece sua influência maior, e mais KANT e FICHTE. A semente do Direito é explicada por PONTES DE MIRANDA: "*Como fato realiza-se o Direito segundo as contingências da época e do lugar, mas, considerado em si, há nele algo que é reproduzível em todos os lugares e em todos os tempos*".

Este pensamento de MIRANDA concretizou-se no trabalho do prof. LITRENTO, de maneira admirável: "*Todos nós e o mundo vivemos a* sub especie temporis?".

Este é o fundamento básico da teoria pentadimensional.

O pensamento de Miranda, apresentado como fragmento, em sua obra de 1922, *Sistema de ciência positiva de Direito,* foi de certo modo seguido ou referido por outros juristas, os quais não deram qualquer sequência ou explicação para a concepção de Direito do pensador jurídico-mor nacional.

Del Vecchio explicava o Direito de modo semelhante. Dizia ele: "*O Direito, como exigência própria da natureza, brota inexaurivelmente da consciência; a qual através das circunstâncias mutáveis repropõe perenemente a instância de um reconhecimento da subjetividade que lhe é própria, e de uma coordenação dela com a alheia*".

Para Del Vecchio, esta ideia do Direito acompanha o homem na era histórica incorporando um complexo de normas reguladoras de convivência, estas normas sendo observadas e impostas. Para ele, a humanidade não existe sem o Direito.

Resumindo: a ideia do Direito está ínsita em nossa mente e é fato histórico. Entretanto, Del Vecchio não deu qualquer sequência a esta ideia, mesmo porque estava se referindo à justiça e não ao Direito.

A concepção de Direito do prof. Litrento, conforme apresentada anteriormente, não é o prosseguimento da pesquisa do prof. Reale, mas, sim, o resultado de uma meditação jusfilosófica perspectivista. O Direito, para o prof. Litrento, é a síntese das relações do homem no espaço social.

Afirma ele: "*Sendo a realidade do Direito a própria realidade da ação humana, é nas categorias tempo e espaço, no evento espaço-temporal, que se ergue a experiência da vida do homem coexistindo com a vontade arbitrária de outro sob uma lei geral de liberdade, conforme lúcida compreensão kantiana*". Protágoras estava adiantadamente correto quando disse que o homem é a medida de todas as coisas. O homem é a referência essencial do universo e não o tempo cronológico. Por isso, Miranda dedica quase quarenta páginas de seu trabalho para explicar a teoria da relatividade de Einstein. Lorenzo Carnelli, em seu livro, *Tempo e direito*, explica este tempo e espaço; sobre o primeiro diz: "*A temporalidade é, antes de tudo, qual já se disse, autotemporalização* [...] *o tempo-substância do homem fica circunscrito às limitadas possibilidades do ser humano*". E sobre o segundo afirma: "*O espaço depende, assim, de uma ordem relacional e é, portanto, variável. Não coincide com nenhum outro espaço. Cada instante, cada conduta, possui seu próprio espaço, que se organiza utilitariamente*".

No começo deste século houve várias tentativas de sintetizar a antropologia com o Direito para explicar o fenômeno do Direito através da história dos povos. Huntington Carins, sociólogo inglês, escreveu: "*Law has been regarded as a subject which contains within itself the seed of its own growth; but with the movement towards synthesis and the development of a functional attitude in jurisprudence and in anthropology it may well be that these departments by again combining will contribute to each other's advancement*". A tese do prof. Litrento não se atém ao tempo e espaço conforme concepção antropológica, mas à temporalidade e espacialidade do Direito no homem: o prof. Litrento foi mais além de Pontes de Miranda e outros juristas.

O prof. Djacir Menezes consegue sintetizar magistralmente o pensamento jurídico do prof. Litrento. Diz ele: "[...] *o* prius *é um* posterius *que resultou de longa filogênese gnosiológica na evolução mental do* homo faber". O prof. Litrento com sua teoria pentadimensional tenta harmonizar o *prius* com o *posterius* transformando o tempo numa contínua evolução social e jurídica do homem. Para explicar isto, o prof. Litrento recorre a Kant e Fichte: sobre Fichte escreve o autor, "*o homem, sendo o agente, o sujeito da experiência, é o produto da cultura e inventor de todas as outras formas da atividade humana. Assim, com o uso da razão e da experiência, o homem é artífice exclusivo de seu mundo*".

Sobre Kant, ele afirma, "*a idealidade do tempo e do espaço, que para Kant são formas de intuição e não das coisas, revaloriza Descartes, tornando válida sua primazia da consciência*". O homem, para o prof. Litrento, ultrapassou seus limites de tempo e espaço para chegar ao tempo da consciência postulado por Husserl. A teoria do conhecimento de Kant fala do conhecimento *a priori* (razão) e do conhecimento *a posteriori* (experiência), o que poderia representar as qualidades inerentes do justo (razão) e as sanções impostas pela sociedade (experiência). O homem é um problema vivo, não é um ser acabado ou dado. Ele vive numa eterna encruzilhada entre o ser e o que deve ser. Sua busca de identidade é interior, questionando sua conduta, adaptando-se ao seu mundo, compreendendo seu semelhante. Augusto Comte disse certa vez que os mortos dirigem cada vez mais os vivos, numa clara alusão a que o homem é uma continuação temporal infinita. O homem contemporâneo está preocupado apenas em construir sua história, esquecendo-se dos que já determinaram o curso da história para nós. A herança que nos foi legada é impossível de ser despojada. Só a consciência das ideias, e neste caso em particular está a consciência jurídica, que representa o passado, poderá esclarecer e orientar o nosso caminho dos valores do presente e do futuro.

Konczewski, psicólogo polonês, faz uma analogia interessante a respeito desta colocação. Diz ele: "*Nous pensons toujours, soit que notre penseé progresse dans l'espace e dans le temps, soit qu'elle passe à l'expectative. Toutes les convictions incluses dans une attitude forment un seul système cohêrent; elles changent par variations simultanées, logiquement coordonées, toutes les réactions qu'une attitude suggère étant logiquement liées entre elles*".

O conceito de Direito do prof. LITRENTO não é, pois, uma sequência da teoria tridimensional do prof. REALE, mas uma teoria do conhecimento de KANT, nos aspectos do *a priori* e *a posteriori*, mas que vai muito além da finitude do homem de KANT, pois a tese do prof. LITRENTO descobre a *eureka* da transcendentalidade do homem no tempo e no espaço. O tempo e o espaço para o autor são sessões do único tempo e espaço, o homem é que com sua existência histórica aprende-os quantitativamente. Espaço e tempo são infinitos e contêm entre si espaços e tempos, como partes, partes estas limitadas por individuações concretas do homem. O conceito de Direito do prof. LITRENTO rompe as barreiras do *a priori* para se harmonizar e integrar *a posteriori*; é o Direito Natural transcendentalizando-se com o Direito Positivo no tempo e no espaço, é o imanente e o transcendente se transcendentalizando. A jusfilosofia do prof. LITRENTO coloca a existência do homem na mesma transcendentalidade de Deus, é a prova metafísica de Deus. Concluindo esta parte afirmamos que a teoria pentadimensional do prof. LITRENTO coloca o Direito como condição da vida do homem, pois ele é condição inerente do mesmo. O Direito será sempre condicionado pela existência do homem em seu determinismo histórico e a teoria pentadimensional do prof. LITRENTO integrou o homem (razão) à sua existência (experiência) nos elementos tempo, espaço, valor, fato e norma (LUIZ ALBERTO DE SOUZA E SILVA, *A metodologia jurídica e o conceito de Direito*).

14. Direito Natural, Ideal e Positivo

Muito embora possamos afirmar, com relativa segurança, que grande parte das controvérsias associadas ao virtual confronto entre o *Direito Positivo* (posterior ao advento da sociedade) e o *Direito Natural* (anterior ao advento da sociedade política e juridicamente organizada) já tenham sido, pelo menos, transpostas (ainda que não efetivamente superadas), por intermédio, entre outros mecanismos, da aceitação pelo *macrodireito* de uma relativa superioridade hierárquica das *disposições fixas* constitucionais (cláusulas pétreas impostas por determinação última de princípios basilares do Direito Natural) sobre as normas material e formalmente constitucionais, a verdade é que – não obstante esta circunstância e a conscientização geral no sentido da *imperatividade* do Direito Positivo (especialmente em matéria infraconstitucional) – subexistem inúmeros aspectos de efetivo confronto (e concepções de até mesmo negação do Direito Natural) que simplesmente não podem ser esquecidos, permitindo-nos concluir, com plena convicção, que a questão central se encontra ainda muito distante de uma solução global ou, pelo menos, de um regramento universal que possa ser considerado mais preciso e que forneça concreção plena à própria concepção da imperatividade do Direito positivo na atualidade contemporânea.

- Direito positivo (*jus in civitate positum*): conjunto de normas escritas ou não escritas, que vigem efetivamente no Estado e/ou nas comunidades por ele abrangidas
  - Confronto do Direito Positivo com o Direito Natural (considerado superior e anterior ao Estado)
    - Direito Natural quanto à origem
      - Direito Natural (*Naturrecht*) de origem divina (*Logos*, razão cósmica, participação da lei eterna na criatura racional)
      - Direito Natural racional (*Vernunftrecht*), oriundo da razão humana
      - Direito Natural decorrente da natureza humana ou da natureza das coisas
    - Direito Natural quanto ao conteúdo
      - Direito Natural abrangente (Código "eterno"; jusnaturalismo)
      - Direito Natural limitado a princípios gerais (aristotélico-tomismo; o irredutível Direito Natural: GÉNY
      - Direito Natural de conteúdo variável (Direito Natural "formal", quanto aos conceito e quanto à ideia): STAMMLER
      - Direito Natural de conteúdo progressivo: RENARD
      - Direito Natural do Positivismo: princípios básicos do convívio humano: (a) vida em sociedade e (b) limitação recíproca das liberdades (PEDRO LESSA)
      - Direito Natural formal: as "permanências" do Direito (fora das contingências e do fluxo histórico)
        - conceito formal do Direito válido em todos os tempos e lugares
        - valores jurídicos abstratos e formais, válidos em todos os tempos e lugares (axiologia pura): justiça, segurança e bem comum, em sua dimensão abstrata
      - Direito Natural quanto à crítica ao Direito Positivo
        - Direito Natural conservador (crítica "positiva" do Direito Positivo)
        - Direito Natural revolucionário (crítica "negativa" do Direito Positivo)
  - Confronto do Direito Positivo com o Direito Ideal (considerado ideologicamente preferível)
    - Direito Positivo é o Direito constituído (*jus in civitate positum*)
    - Direito Ideal é o Direito constituído ou desejado, de acordo com as ideologias (axiologia aplicada; valores concretos, históricos, transitórios)
      - individualismo
        - liberal (indivíduo abstrato, átomo social)
        - social (indivíduo concreto e socializado; tipos sociais; categorias)
      - supra-individualismo
        - Estado/Nação/Povo
        - Cultura humana universal
      - transpersonalismo
        - cosmopolitismo
        - normas jurídicas supranacionais ou internacionais

Diagrama 24. Direito Natural e Direito Positivo (*continua*).

- Negação do Direito Natural
  - Idealismo
    - opõe-se ao empirismo (fenomenismo) e ao formalismo de KANT (categorias formais exclusivamente racionais)
    - apregoa a unidade da razão/natureza, do real/ideal, formulando o universal-concreto (HEGEL)
    - o Direito Natural e o Positivo são formas ideais e históricas da mesma realidade espiritual, que é a um tempo positividade e ideal de reformulação na consciência dialética (FELICE BATTAGLIA)
  - Positivismo
    - o que é "natural" em uma época não é em outra (JHERING)
    - não há leis superiores ou anteriores ao Estado
  - Socialismo soviético
    - o Direito revolucionário como direito de uma classe contra o predomínio de outra: apenas em nome dos direitos gerais da sociedade pode uma classe reivindicar para si o domínio geral (MARX)
    - o Direito revolucionário como instrumento de dominação de uma classe (proletariado) para a instauração de uma sociedade sem classes
  - Realismo escandinavo
    - os "direitos naturais" só existem por força da sugestão dos hábitos mentais adquiridos e do significado emocional das noções (OLIVECRONA)
    - o Direito é fenômeno de força; as categorias jurídicas constituem mitos

(Conferir a respeito WILSON DE SOUZA CAMPO BATALHA, *Introdução ao direito.*)

Diagrama 24. Direito Natural e Direito Positivo (*continuação*).

Direito Ideal: conjunto de valores histórico-culturais; aspiração de concreticidade
Direito Positivo: conjunto de normas vigentes, que consagram determinados valores histórico-culturais

- Direito Ideal e Direito Positivo
  - semelhanças
    - têm conteúdo concreto
    - estão na história
  - diferenças
    - o Direito Positivo é realidade social como determinação do Estado; é estatal (*a*) quanto à origem ou (*b*) quanto à crítica positiva estatal dos ordenamentos intraestatais
    - o Direito Ideal é Direito desejado
      - pelo indivíduo: aspiração individual, valores subjetivos
      - pelos grupos: aspirações de categorias, valores grupais
      - pela coletividade: aspiração geral, valores coletivos culturais, históricos da sociedade civil abrangida pelo Estado
      - pela humanidade: aspiração ao cosmopolitismo; "direitos humanos"; Declaração Universal dos Direitos do Homem
- Tensão entre Direito Ideal e Direito Positivo
  - crise da legalidade
    - direito válido mais ineficaz sob a ótica sociológica
    - confronto entre "legalidade" e "legitimidade"
    - direito não escrito, *contra legem*
  - direito de resistência: passividade como crítica social "negativa", ao Direito vigente
  - direito de revolução: ativismo como crítica social "positiva" de rompimento com o Direito vigente
    - movimentos de cima para baixo: golpes de Estado
    - movimentos de baixo para cima: revoluções, subversões, guerrilhas

(Conferir a respeito Wilson de Souza Campo Batalha, *Introdução ao direito*.)

Diagrama 25. Direito Ideal e Direito Positivo.

Parte 5

Da Interpretação da Norma Jurídica[1]

Sumário

Notas complementares

Diagramas explicativos

Inegavelmente, todo o conhecimento científico é, por si só, aberto e, sem a menor sombra de dúvida, resultante de um extenso processo de investigação que, necessariamente, deve ser conduzido com a máxima objetividade possível. Não se trata o conhecimento cumulativo, entretanto, de algo finito, completo e acabado; mas, muito pelo contrário, tal conhecimento caracteriza-se, sem dúvida, por algo essencialmente sem fronteiras, em permanente fase de expansão.

O próprio homem, em termos concretos, não tem a perfeita noção se a própria verdade coincide ou não com a técnica aplicada, ou mesmo, se o que nós convencionamos chamar de "verdade" é, em termos precisos, relativa ou absoluta.

Por isso mesmo, é importante salientar que o conhecimento não pode, de forma alguma, extrapolar para tudo aquilo que não condiz com a realidade perceptível, na medida em que não é, em nenhuma hipótese, lícito ao cientista ou ao estudioso qualquer tipo de consideração que caminha no sentido do denominado "extranatural".

O método científico (que é sempre fático) resulta da formalização de várias hipóteses, que necessariamente precisam ser examinadas com todo o cuidado possível, objetivando-se, sempre, apurar a hipótese mais provável, mais aceitável, com o propósito de convertê-la em dado geral, para, afinal, saber se coincide ou não com o que convencionamos chamar de *verdade*.

Somente a repetição do evento fático nos conduz à *verdade*; convertendo o *fato* em *lei*, criando, em consequência, um princípio genérico.

Por isso é que, nas chamadas ciências hermenêuticas – de que é exemplo a *Ciência do Direito* –, necessário se faz saber, com a máxima precisão, a data, o autor, a eficácia ou não da lei, o cumprimento ou não de seus objetivos, entre outros inúmeros parâmetros, para, afinal, compreendermos a efetiva essência da "verdade" desta importante ciência.

A *interpretação* é, assim, por efeito conclusivo, a crítica interna da lei, que lhe permite uma verdadeira "transparência", com o consequente *conhecimento científico da norma jurídica, em todas as suas dimensões*, em pleno e necessário complemento ao próprio estudo da norma jurídica em termos gerais.

1. Da interpretação e da hermenêutica

Não representa nenhum exagero, sob a ótica anteriormente exposta, afirmarmos que o estudo e o conhecimento da *hermenêutica* revestem-se de uma importância verdadeiramente capital no contexto das ciências jurídicas, considerando ser seu objetivo específico, exatamente, a indispensável sistematização dos processos aplicáveis, objetivando, em última análise, determinar o sentido final e o alcance específico das variadas expressões do Direito.

As leis positivas, como bem sabemos, são sempre formuladas em termos gerais;[2] fixam regras, consolidam princípios, estabelecem normas, em linguagem clara e precisa, porém ampla, sem abordar, entretanto, minúcias desnecessárias. A tarefa fundamental do executor da lei passa a ser, então, a pesquisa da relação entre o texto abstrato e o caso concreto, entre a norma jurídica e o fato social, aplicando, em última análise, o *Direito*.

O primeiro passo consiste então em descobrir e fixar o sentido verdadeiro da regra positiva, como uma verdadeira preliminar, para, logo após, desvendar os respectivos alcance e extensão que são concedidos àquela regra.

Este processo se realiza por meio de uma técnica própria elaborada com o auxílio da Sociologia e, fundamentalmente, com a ajuda da própria hermenêutica que, por sua vez, aproveita-se das conclusões da Filosofia jurídica, para, afinal, fixar um processo dinâmico que colima novos procedimentos de interpretação.

O conceito próprio de *interpretação* não se confunde com o de *hermenêutica*, pois a *interpretação* é, em essência, mera aplicação da *hermenêutica*, uma vez que somente descobre e fixa os princípios que regem a última. A *hermenêutica* pode ser, portanto, entendida como a verdadeira teoria científica da denominada arte da *interpretação*.

A hermenêutica é, por via de consequência, um processo dinâmico, vivo e cíclico, que alimenta, crescente e constantemente, os próprios métodos de interpretação, procedendo, em última instância, à sistematização dos processos aplicáveis para determinar, ao final, o sentido verdadeiro e o alcance real das expressões do Direito.[3]

> A hermenêutica tem por objeto investigar e coordenar, por modo sistemático, os princípios científicos e leis decorrentes que disciplinam a apuração do conteúdo, do sentido e dos fins das normas jurídicas e a restauração do conceito orgânico do Direito, para efeito de sua aplicação e interpretação, por meio de regras e processos especiais, procurando realizar, praticamente, estes princípios e estas leis científicas; a aplicação das normas jurídicas consiste na técnica de adaptação dos preceitos, nelas contidos e assim interpretados, às situações de fato que se lhes subordinam.
>
> Fixando os precisos termos dessa distinção, não queremos significar, entretanto, que hermenêutica, interpretação e aplicação constituem-se em três disciplinas inteiramente distintas, sem ligação, nem recíproca dependência.
>
> Ao contrário, aquilo que as distingue é, tão somente, a diferença que vai entre a teoria científica, sua prática e os diferentes modos técnicos de sua aplicação.
>
> Em substância, entre elas existe uma unidade conceitual e uma continuidade, que devem ser devidamente consideradas, pois o Direito Teórico, Normativo ou Aplicado, é sempre e precipuamente uma ciência (VICENTE RÁO, *O Direito e a vida dos Direitos*, v. 2, p. 542).

2. Da norma jurídica e da interpretação

Sob o império das assertivas anteriormente expostas, é imperioso concluirmos que não se encontra propriamente na *norma jurídica* – ou mesmo na *lei* em seu sentido extra-amplo (*vide* diagrama n. 25) – a verdadeira e indispensável *segurança do Direito*. Muito pelo contrário, é importante entendermos que a *hermenêutica* e, mais especificamente, seu mecanismo próprio – a *interpretação da norma jurídica* – são o que verdadeiramente desempenham a função básica de proteger o *Direito*, garantindo, em última análise, uma estabilidade às relações sociopolíticas e socioeconômicas.

> "A paixão perverte os magistrados e os melhores homens: a inteligência sem paixão – eis a lei" (Aristóteles, *Política*, Livro III, Capítulo XI).

> Nada é mais inimigo da verdadeira *justiça* do que a *paixão*. E nada a atropela mais do que a pressa. Os julgamentos apaixonados não são julgamentos, são libelos, são atos unilaterais eivados de nulidade (Sílvio Meira, "Clamor pela justiça", *JC*, 04.09.1992).

Muito embora seja incontestável o fato de, nas complexas relações sociais de nossos dias, ser imperiosa a existência de normas escritas, nas quais possam apoiar-se com segurança os contratos, a atividade negocial e mercantil e o próprio convívio em sociedade, não é propriamente na existência ou não destas normas que o problema da *segurança* (como uma das vertentes fundamentais do *Direito*, ao lado da *justiça*) pode ser entendido e, especialmente, resolvido.

A correta aplicação dos critérios de interpretação da norma jurídica, mais do que qualquer outro fator, é que torna verdadeiramente seguro o ordenamento social, impedindo, em última instância, a subversão à ordem legal (geradora de instabilidade social) e afastando a irresponsável e inconsequente imposição da denominada "justiça social abstrata" (ou de outras essências da paixão) sobre a própria concepção normativa inafastável das regras de Direito, particularmente do denominado Direito Positivo.

É exatamente por esta razão que apenas a *interpretação técnica*[4] (que considera a correta aplicação dos critérios básicos) é que pode ser conduzida na aplicação acertada do Direito sem qualquer tipo de vinculação ou descumprimento dos preceitos fundamentais, conforme já ensinava Ennecerus, *verbis*:

> [...] insubordinação do Direito Positivo ao direito ideal ou à justiça absoluta, deve caber ao legislador a tarefa de corrigir a injustiça através da derrogação da lei má, mas não ao juiz recursar-lhe aplicação em nome de uma justiça ideal (citado por Hélio Cavalcanti, *Direito Alternativo*).

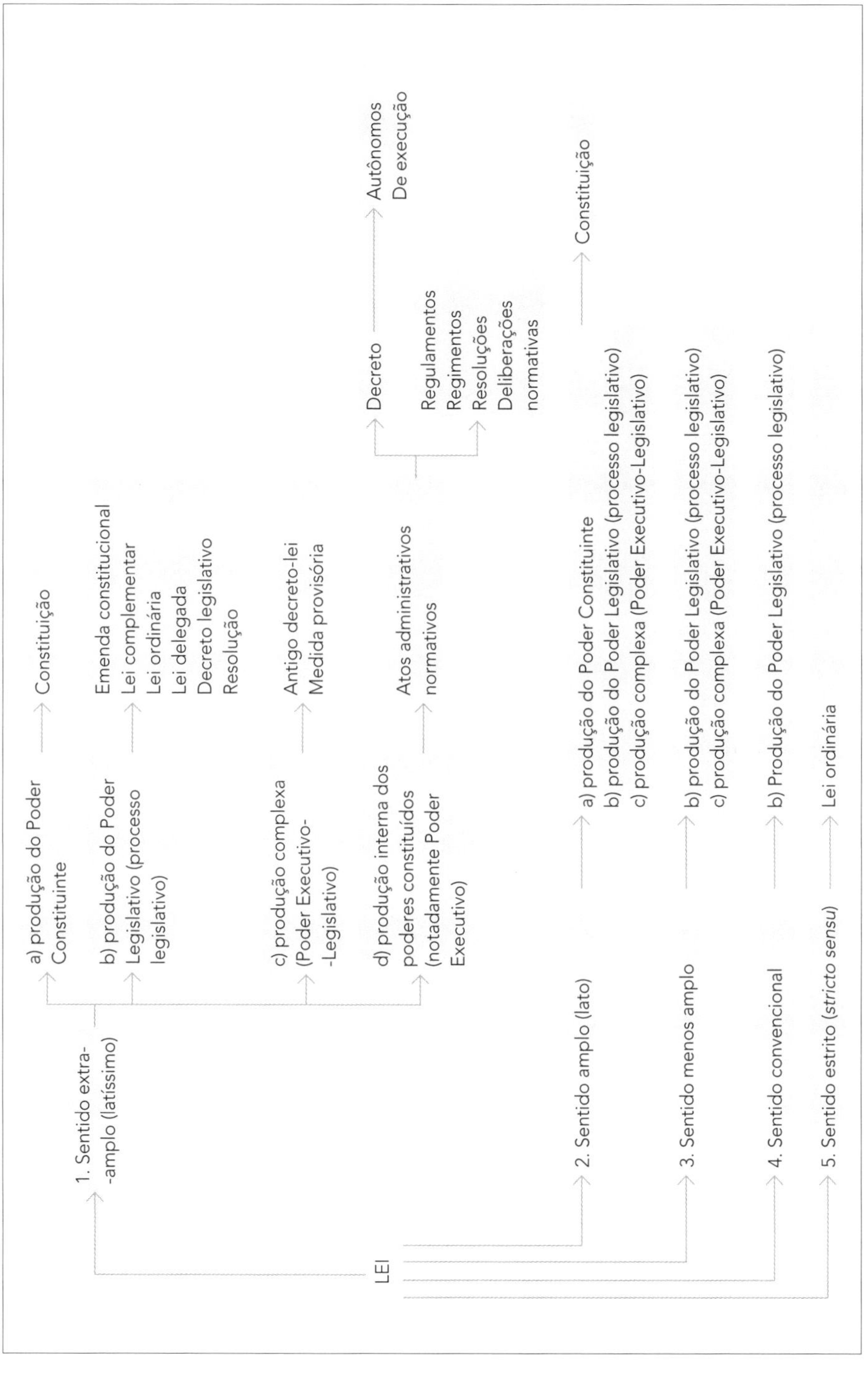

Diagrama 26. Classificação orgânica da lei.

2.1. Da interpretação propriamente dita

Interpretar, em seu conceito fundamental, não é senão conhecer, saber, em essência, exatamente a consistência da própria norma, o que ela quer dizer; afirmar o seu significado, as suas finalidades e, associadas a estas, as razões do seu aparecimento e as causas de sua elaboração (Fernando L. Coelho, *Lógica jurídica e interpretação das leis*, p. 182).

Se interpretar é conhecer, não há norma jurídica que, de uma forma ou de outra, possa escapar à interpretação. Algumas, sem a menor dúvida, conhecem-se facilmente; outras, no entanto, são conhecidas com maior dificuldade. O somatório de todas, entretanto, é passível, sem qualquer exceção, de interpretação. Esta é, justamente, a razão que nos obriga a afastar a crença errônea de que somente se interpretam as normas jurídicas cujo conhecimento envolva necessariamente dificuldades. É totalmente falso o princípio segundo o qual "*in claris non fit interpretatio*" – quando a norma é clara não se procede à interpretação, ou, em outras palavras, as normas claras, as leis claras, não se interpretam ou dispensam a teoria hermenêutica. A afirmação de clareza de uma lei, muito pelo contrário, é, apenas, um estágio obrigatório de sua interpretação.

> A palavra "intérprete" tem origem latina *interpres* que designava aquele que descobria o futuro nas entranhas das vítimas. Tirar das entranhas ou desentranhar era, portanto, o atributo do *interpres*, de que deriva a palavra "interpretar", no sentido próprio de traduzir o significado específico de desentranhar a própria alma das palavras da lei, deixando implícito que a tradução do verdadeiro sentido da lei é algo bem guardado, entranhado, portanto, em sua própria essência (Fernando Coelho, *Lógica jurídica e interpretação das leis*, p. 182). [acréscimos nossos].

Por outro lado, se a todos, por seu cunho de generalidade, as normas se destinam, todos precisam necessariamente interpretá-las. Mas é claro que não é preciso dizer que algumas pessoas estão mais capacitadas do que outras para a interpretação das normas jurídicas. Também torna-se desnecessário que se diga que o conhecimento de muitas normas é extremamente difícil e, às vezes, tais dificuldades são agravadas até mesmo pelo próprio legislador. Na verdade, estuda-se o Direito acima de tudo e, inclusive, com essa finalidade elementar (a interpretação).

A tarefa do intérprete é extrair o real conteúdo da norma jurídica expressa no texto da lei que a veicula. Para tal, é necessário que seja reconstituído o pensamento legislativo de forma objetiva, desapaixonada, equilibrada e até ousadamente, mas não revolucionariamente, uma vez que o intérprete deve manter-se sempre fiel à essência da lei.
A lei deve ser interpretada de modo que o resultado se apresente autônomo, tal como são o pensamento e a vontade da norma nela contida. Interpretar não é declarar o sentido histórico já inexistente na lei, mas aquilo que seja imanente e vivo, muitas vezes expresso em metáforas, que se esclarece à medida que é colocado em conexão com outras normas.
Na interpretação o jurista deve ter sempre em mente o resultado prático que a lei visa a atingir.
Podemos dizer que o objetivo da interpretação da lei é exatamente o de desentranhar o sentido atual da norma jurídica, que nem sempre será o mesmo da época em que a lei foi promulgada.
Todavia, tal liberdade não pode ser levada a extremos para que o intérprete não venha, sob pretexto de interpretar, acabar por assumir a posição de legislador.

Existem, entretanto, para auxiliar o aplicador da lei e todos a que ela se destina, uma série de princípios ou ensinamentos especiais (conjunto escalonado de técnicas de interpretação) cujo conhecimento se torna absolutamente indispensável à moderna hermenêutica (considerando que melhor habilitam o indivíduo à interpretação), permitindo, por seu turno, a correta tradução do verdadeiro sentido da norma jurídica, garantindo, em última análise, a sinérgica efetividade do fator *segurança* na aplicação das regras de Direito na sociedade.[5]

2.1.1. Da interpretação autêntica

O leigo poderia bem supor que a tarefa de interpretação devesse ser exclusiva do próprio legislador ou, ainda, da própria lei. Parece, em princípio, óbvio que ninguém deva conhecer melhor a norma que editou ou a lei que elaborou do que o próprio legislador. Porém, não obstante em uma análise preambular pareça correto esse tipo de suposição, em nenhuma hipótese tal conclusão pode ser apresentada como absolutamente verdadeira. Primeiro, porque o legislador é um representante do povo que, em sua maioria, não conhece e nem possui obrigação de conhecer com profundidade a Ciência Jurídica de forma geral, e o Direito em particular; segundo, porque depois que a norma jurídica entra em vigor, ou que a norma jurídica passa a viger, esta se desagrega, por completo, do legislador, deixando, por imposição da própria dinâmica legislativa, de ser obra de sua quase exclusiva autoria.

- Interpretação e aplicação do Direito
  - Critérios de interpretação e aplicação
    - Interpretação como fixação do sentido do comando abstrato
      - teorias subjetivistas (vontade psicológica do legislador)
        - escola de exegese
        - escola restritiva das fontes tradicionais (GÉNY)
      - teorias objetivas (vontade normativa da lei)
        - escola histórica (SAVIGNY, PUCHTA)
        - escola histórico-evolutiva de hermenêutica (BINDING, WACH, KOHLER)
        - escola lógica do razoável (RECASÉNS SICHES)
        - escola ecológica de interpretação (COSSIO)
        - escola da multiplicidade de interpretações possíveis ao poder decisório do juiz (KELSEN)
    - Aplicação como fixação do comando concreto
      - o Direito "do caso"
      - a sentença como "criação" do Direito, ao influxo de outros fatores estranhos à lógica dedutiva
  - Métodos de interpretação
    - Gramatical
    - Lógico (racional)
    - Sistemático
    - Histórico
    - Sociológico
  - Espécies de interpretação
    - Quanto à origem
      - autêntica
      - judicial
      - doutrinária
    - Quanto aos efeitos
      - declaratória (enunciativa)
      - ampliadora (extensiva)
      - restritiva
      - revogatória (inadmíssivel)

(Conferir a respeito Wilson de Souza Campo Batalha, *Introdução ao direito*.)

Diagrama 27. Interpretação e aplicação do Direito (segundo a ótica analítica).

Na verdade, muito pelo contrário, no método que convencionamos chamar de interpretação autêntica, o legislador dá apenas um mero depoimento sobre os trabalhos preparatórios da lei, como bem assim da realidade social dela determinante e, finalmente, de seus objetivos fundamentais.[6,7]

A interpretação que dá o legislador, por exemplo, a uma posição preliminar é uma modalidade de justificação de atos legislativos, privativa, contudo, das codificações. É uma peça ampla, analítica, que não se limita às referências fáticas ou às informações jurídicas. É elaborada, na realidade, pelos autores de anteprojeto de códigos. Nela são indicadas as inovações incorporadas ao texto e suas fontes inspiradoras, as teorias consagradas e as referências necessárias do Direito Comparado.
A norma, objeto da interpretação autêntica, pode continuar a ser interpretada de forma diversa da estabelecida pelo legislador, se o intérprete concluir que a interpretação legislativa sucedeu ao texto, não correspondendo de forma alguma ao sentido da lei nele contido.

2.1.2. Da interpretação doutrinária

Mais do que o legislador, sem sombra de dúvida, encontra-se capacitado para interpretar as leis o jurista, na qualidade de verdadeiro cientista do Direito. É conveniente lembrar que, em essência, quem estuda em profundidade a doutrina jurídica não é propriamente o legislador, mas, sim, o jurista, que, por seu turno, conhece com a necessária profundidade o Direito e pode, portanto, interpretar adequadamente as leis, amparado no seu conhecimento técnico-jurídico que, indiscutivelmente, deve ser suficiente para remover todas as dificuldades que se encontrem no caminho da interpretação.

A essa interpretação que apresenta o jurista, por intermédio de escritos, em tratados, compêndios, manuais, monografias, teses ou comentários à legislação, denomina-se interpretação doutrinária.[8-10]

2.1.3. Da interpretação judicial

É evidente, por todos os motivos, o fato de que quem tem por profissão aplicar as leis precisa, necessariamente, conhecê-las melhor do que qualquer outra pessoa e, muito possivelmente, melhor até do que o próprio jurista, considerando, em última análise, que é da interpretação judicial que resultarão os efeitos práticos, de caráter definitivo, para todos os jurisdicionados (no caso de interpretação de uma norma *in concreto* realizada por um juiz singular) ou mesmo para toda a sociedade (no caso de interpretação de uma norma *in abstrato* realizada pelos tribunais, especificamente pela Suprema Corte).

É, portanto, a interpretação que emana do juiz *lato sensu* a chamada interpretação judicial. Ao contrário do que ocorre com as outras interpretações – a autêntica e a doutrinária –, a interpretação judicial, exposta em sentenças ou acórdãos, é sempre obrigatória para as partes do litígio.

A interpretação judicial possui, ainda, um relevo flagrantemente excepcional, na medida em que esta modalidade de interpretação normativa revela, com notável clareza, os verdadeiros embates das leis com a realidade social, influenciando, sobremaneira, o Poder Legislativo, na qualidade de responsável último pela criação de novas normas jurídicas.[11]

2.1.4. Da interpretação quanto aos meios: gramatical, racional, sistemática, histórica, teleológica

A par das interpretações autêntica, judicial e doutrinária – interpretações classificadas quanto às fontes –, outros tipos hermenêuticos também podem ser classificados conforme os *meios* que, efetivamente, são utilizados para conhecer o significado da lei, visando, em última instância, à sua correta aplicação.

Sob esta ótica, os estudiosos do tema têm apontado pelo menos cinco principais critérios de interpretação quanto aos meios, traduzidos, em linguagem simples, pelos seguintes métodos: *gramatical* (literal ou filológico), *racional* (lógico), *sistemático, histórico* e *sociológico* (teleológico).[12]

a) Da interpretação gramatical

Embora existam doutrinadores que acreditam que a interpretação gramatical é a única interpretação possível no Direito (chegando mesmo a afirmar que qualquer interpretação que escape à exclusiva literalidade da lei significa forjar uma norma jurídica que não existe), a esmagadora maioria dos estudiosos da Ciência Jurídica, em particular, e da hermenêutica, em termos gerais, sustenta a tese de que tal meio de interpretação é apenas um preliminar exame das palavras e das proposições – mediante as quais as leis são apresentadas –, representando, portanto, apenas e obrigatoriamente o primeiro passo que necessariamente tem de dar o intérprete em busca do verdadeiro significado da norma jurídica.[13]

Portanto, a interpretação gramatical é sempre o primeiro método a ser empregado na busca do verdadeiro significado da norma jurídica, mas, em nenhuma hipótese, pode ser considerado o *único* ou mesmo o *mais importante*.[14]

É fundamental entender, também, que a interpretação gramatical não busca o verdadeiro sentido das expressões do Direito, contidas na norma, apenas pela própria literalidade implícita a ela, mas necessariamente por meio da rigorosa análise das específicas regras gramaticais vigentes à época da redação do dispositivo normativo sob exame.

Por exemplo, o art. 485 do Código Civil de 1916 (Lei n. 3.071/16) estabelece que se considera possuidor todo aquele que tem, de fato, o exercício pleno ou não de alguns dos poderes inerentes ao domínio, ou propriedade. O artigo disse, expressamente em seu texto, "domínio (vírgula) ou propriedade" e não, simplesmente, "domínio ou propriedade" (que seria uma simples sinonímia que a boa técnica jurídica repulsa). Assim, pela interpretação gramatical (que considera a existência da vírgula após a extensão domínio, separando-a do termo propriedade), fica claro que domínio não é o mesmo que propriedade, na opinião do legislador, traduzindo o sentido jurídico não sinonímico das expressões. Entretanto, esta primeira análise do artigo em questão, na forma literal, como recomenda a técnica hermenêutica, não pode ser definitiva. A conclusão da existência da diferença entre domínio e propriedade deve ainda ser reanalisada à luz dos demais critérios e meios de interpretação (racional, histórico, sistemático etc.) para, afinal, concluir-se em definitivo (e com muito maior segurança) na direção do verdadeiro sentido das duas expressões do Direito.
Por isso, a interpretação gramatical (literal ou filológica), embora guarde sua indiscutível importância, não pode, de maneira alguma, eliminar a utilização sistêmica (integral) dos outros meios de interpretação.
Porém, com o advento do CC/2002, por meio do art. 1.196, alterou-se o teor do art. 485 do CC/1916, retirando a expressão "domínio", e sedimentando que possuidor é todo aquele que tem de fato o exercício, pleno ou não, de algum dos poderes inerentes à propriedade.

b) Da interpretação racional

A interpretação racional ou lógica, consoante o sistema básico hermenêutico, deve ser sempre observada de imediato após a interpretação literal, independentemente da aparente solução definitiva que a interpretação gramatical possa sugerir ao intérprete.[15]

Este meio de interpretação, a que alguns autores denotam a importância máxima no sistema hermenêutico, subdivide-se em cinco itens componentes: o *mens legislatori*, o *mens legis*, o *ocasio legis*, o argumento *a contrario sensu* e, finalmente, o argumento *a fortiori*.[16]

O argumento do *mens legis* busca, em resumo, verificar o que realmente o legislador *disse*, independentemente de suas intenções. O argumento do *mens legislatori*, ao contrário, procura conhecer o que o legislador *queria dizer*, independentemente do que realmente acabou registrando no texto da norma jurídica.[17]

Já o componente do *ocasio legis* se traduz pelo conjunto de circunstâncias que determinaram a criação da lei, independentemente da intenção e dos objetivos específicos do legislador.

O argumento *a contrario sensu*, por outro lado, é o componente da interpretação lógica, que utiliza o fato de que a lei sempre faculta a conclusão pela exclusão, dada a regra hermenêutica que afirma que as exceções devem vir sempre expressas. Assim, sempre é possível admitir direitos ou aferir proibições interpretando pelo que não está, respectivamente, proibido ou permitido.

Por exemplo, se um dispositivo proíbe expressamente o louco de testemunhar e silencia sobre as outras pessoas, pelo argumento *a contrario sensu* conclui-se – por exclusão – que qualquer um que não seja louco pode vir, em princípio, a ser testemunha.

Finalmente, o argumento *a fortiori* pode ser resumido pela máxima do Direito segundo a qual "quem pode o mais pode o menos". Tal regra, também de larga utilização hermenêutica, pode ser encontrada na interpretação lógica do art. 623 do Código Civil de 1916 (art. 1.314 do CC/2002), entre outras normas jurídicas em vigor.

c) Da interpretação sistemática

As leis, em sua grande maioria, encontram-se organizadas e, até mesmo, codificadas. Seus dispositivos em artigos, por exemplo, estão sempre abaixo de capítulos, títulos, livros etc., indicando, de qualquer forma, o assunto e, por efeito, o direito tutelado.

A interpretação sistemática consiste, assim, no propósito de resolver eventuais conflitos de normas jurídicas, examinando-a sob a ótica de sua localização junto ao direito que tutela. Desta forma, o aparente conflito entre os arts. 1.631 e 1.750, ambos do Código Civil de 2002 (que estão a afirmar direitos distintos, aparentemente, aplicáveis a pessoas idênticas – menores), é perfeitamente resolvido, verificando a sistemática do mesmo diploma legal, que posiciona o art. 1.750 no título " Do exercício da tutela", induzindo-nos a entender que o art. 1.631 prevalece sempre no caso específico de "menores sob o pátrio poder" (atual poder familiar).

Também a interpretação do art. 15 da Lei de Alimentos (que afirma expressamente que a sentença concessiva de alimentos não faz coisa julgada material – 1ª parte do artigo, podendo ser, em qualquer tempo, revista, desde que haja mudança na situação fática do requerente – 2ª parte) pode ser analisada e resolvida sob a ótica sistemática. Em princípio, dada a literalidade da lei, o intérprete é levado a concluir, de imediato, que a sentença que concede alimentos não faz coisa julgada material. Sem dúvida, em uma mera interpretação isolada, utilizando-se dos meios lógicos, outra não poderia ser a conclusão mais apropriada. Ocorre, entretanto, que pela Sistemática do Código de Processo Civil, havendo modificação na situação fática das partes (o mesmo dispositivo que a Lei de Alimentos utiliza para afirmar que a sentença concessiva não faz coisa julgada), qualquer sentença (e não só a relativa a alimentos) pode ser alterada, sem que isso importe em prejuízo à existência da coisa julgada material (dispositivo expresso do art. 471 do CPC de 1973). Dessa forma, conjugando sistematicamente os dois dispositivos, verifica-se que a sentença concessiva de alimentos faz, de fato, coisa julgada material (não se constituindo, na exceção, que é a separação consensual que, de fato, não faz coisa julgada material) e que o art. 15 da Lei de Alimentos, em vista do art. 471 do CPC e da sistemática do Processo Civil brasileiro, é dispositivo redundante que só está presente na referida lei, em face de esta dispor de direitos materiais e adjetivos, considerando a técnica legislativa empregada.

d) Da interpretação histórica

A interpretação histórica também se traduz em outro meio importante de conhecer a lei e seu verdadeiro significado. Este método de interpretação consiste basicamente em considerar o conhecimento evolutivo (e, portanto, histórico) da linguagem utilizada na redação do texto legal para se chegar à essência do dispositivo normativo, buscando o verdadeiro significado da lei, eventualmente camuflado nas expressões antigas presentes no texto legal.

O melhor exemplo deste meio de interpretação está presente no art. 1.210, § 1º, do Código Civil de 2002 que prevê o chamado "*desforço em contingência*". Segundo a interpretação histórica, o termo "em contingência" significa, exatamente, "logo", "imediatamente", pela razão específica que tal dispositivo é mera réplica de um dispositivo romano, que assim previa a possibilidade da apelidada "legítima defesa civil", e estipulava os requisitos, entre eles a repulsa imediata (equivalente, pois, à legítima defesa penal, que prevê o mesmo requisito, ou seja, repulsa, logo em seguida à injusta agressão).

e) Da interpretação teleológica

Este meio de interpretação, também conhecido pelo nome de interpretação sociológica, busca, em última análise, interpretar as leis, objetivando sua melhor aplicação na sociedade a que estão voltadas.

Por esta razão, deve ser sempre observado em último lugar, evitando os elevados riscos de que o intérprete acabe por se confundir com o próprio legislador, criando normas jurídicas onde não existam ou, no mínimo, deturpando o verdadeiro significado das já existentes.

f) Da interpretação integral (sistêmica e escalonada)

A interpretação integral não é exatamente um meio de interpretação das leis. (Por isso mesmo é que se diz que só há cinco meios ou métodos de interpretação das leis.) Trata-se, claramente, de um procedimento a ser observado obrigatoriamente pelo intérprete – a exemplo das denominadas interpretações sistêmica e escalonada –, quando na realização da interpretação das leis, quanto aos meios (ou métodos).

Esta regra (ou procedimento) deve ser sempre seguida pelo intérprete que, desta forma, procederá, em primeiro lugar, à interpretação gramatical para, em seguida, observar as interpretações racional, sistemática, histórica e teleológica (procedimento escalonado e sistêmico) concluindo, afinal, pela integralização de todos esses meios (interpretação integral) e, consequentemente, pelo conhecimento do verdadeiro significado e conteúdo da norma jurídica.[18]

2.1.5. Da interpretação quanto ao resultado: declarativa, extensiva e restritiva

A interpretação, finalmente, pode ser encarada sob a ótica do resultado.

Assim, a interpretação é declarativa (ou enunciativa) quando o legislador disse exatamente o que está escrito, ou seja, o *mens legis* é exatamente igual ao *verba legis*. Tal interpretação é típica do Direito Penal, que não permite qualquer tipo de extensão do resultado interpretativo, salvo *in bonam partem*.

A interpretação extensiva dá-se quando há um desequilíbrio entre o *mens legis* e o *verba legis*, em benefício do primeiro. Ou seja, o legislador acabou por dizer menos do que era desejado e, dessa forma, necessariamente devemos interpretar o dispositivo de maneira a estender o seu alcance. (Como no caso do art. 1.719 do Código Civil de 1916, que disse "concubina" no lugar de "cúmplice adulterino".)

O oposto ocorre com a interpretação restritiva, em que o *mens legis* é menor que o *verba legis*; como é o caso do art. 175 da CF/67, que afirma ser o casamento indissolúvel. (O que nunca foi verdadeiro – ainda que antes do divórcio –, em razão de sempre ter sido possível a dissolução do casamento com a morte, com a anulação e com a nulidade intrínseca.)

2.2. Da interpretação da norma jurídica relativa às medidas urgentes

No que tange particularmente à interpretação das normas jurídicas relativas às medidas judiciais urgentes – por sua incontestável importância derivada do imediato efeito para o mundo jurídico da aplicação normativa considerada –, cumpre registrar – destacando com toda a ênfase necessária – a absoluta e inafastável imperatividade consistente na necessidade de se proceder sempre a um rigoroso e correto exame de todos os aspectos hermenêuticos envolvidos, permitindo, por efeito, a verdadeira *tradução* (com a imprescindível transparência) do real sentido da lei disciplinadora das medidas judiciais urgentes.

Necessário ressaltar, por derradeiro – ratificando *in totum* o que já tivemos oportunidade de registrar nesta obra (*vide* item da interpretação integral) –, que toda interpretação (e, especialmente, no que diz respeito à interpretação de normas jurídicas) é sempre procedida de forma escalonada,[19] integral[20] e sistêmica.[21] Por efeito conclusivo, a interpretação das normas jurídicas relativas às medidas judiciais urgentes – não constituindo qualquer exceção a esta regra imperativa do sistema hermenêutico – necessariamente deve ser realizada por meio da efetiva observância de todos os métodos próprios, além, naturalmente, da mesma observância quanto ao seu alcance (extensão do resultado).

A correta interpretação das normas jurídicas relativas às medidas judiciais urgentes, portanto – como imperativo máximo para a própria segurança jurídica –, só poderá ser obtida por intermédio da perfeita aplicação imparcial de todos os critérios (sem qualquer exceção) hermenêuticos, provedores, em última instância, da necessária garantia da ordem jurídica e da absoluta igualdade de tratamento entre os que buscam a tutela jurisdicional, de modo geral.

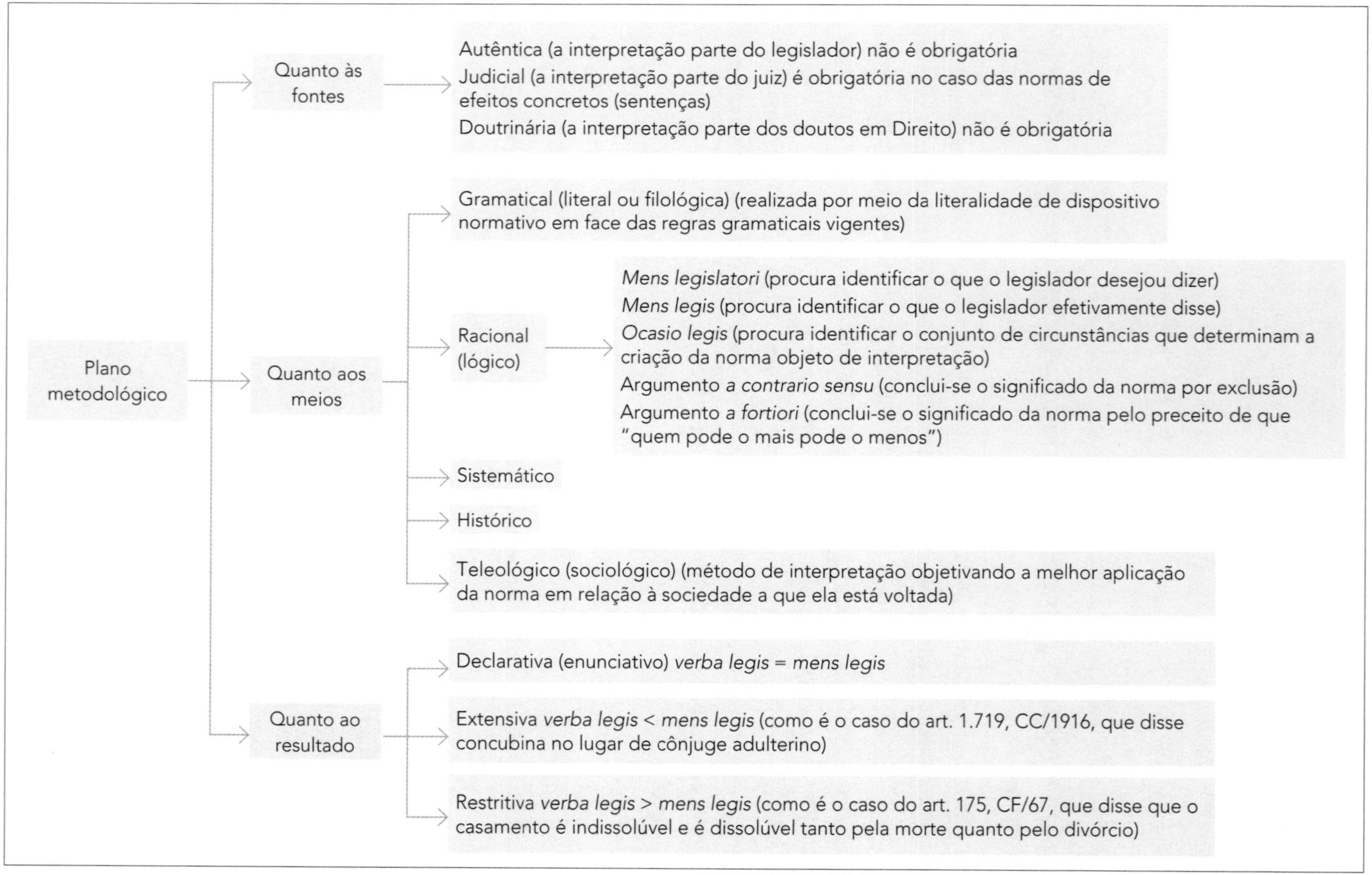

Diagrama 28. Interpretação da norma jurídica.

Notas complementares

1. Interpretação e ordem jurídica

Consoante o magistério de Nelson Saldanha (*Ordem e hermenêutica*, p. 265-72), a *interpretação do Direito* (e, em particular, da norma jurídica) é sempre uma questão de *aplicação de uma ordem jurídica* preestabelecida. Nesse sentido, são suas as seguintes palavras:

> A ideia de pré-compreensão, que em todas as ciências sociais se relaciona com a historicidade, vincula-se também ao fato de que cada um dos "setores" da vida social integra uma *ordem*. Assim temos, atravessadas todas pela historicidade que é tempo vivificador e transformador, a ordem econômica, a política, a jurídica; todas juntas compõem a ordem social em sentido genérico, e cada uma se encontra no *social* como em um contexto maior. Para compreender-se um dado ocorrente em qualquer destes setores, tem-se de situá-lo na ordem em que ocorre: na econômica, na jurídica, na política. E com isso situá-lo num quadro de tempo e de espaço, onde se acham valores e estruturas.
>
> No caso do Direito, toda interpretação, referente a ato ou a norma, implica um conhecimento *pré-compreensivo* da *ordem* dentro da qual ocorre o ato, ou vigora a norma. A referência à *ordem* é organicamente necessária para a visão adequada dos contornos do objeto que se interpreta. Ao questionar sobre um dispositivo das leis trabalhistas temos de pensar na parte da Constituição concernente à ordem social, bem como em tudo o que, dentro do ordenamento vigente, representa alusão à regulação das situações que as leis trabalhistas definem. Ao discutir o alcance de um "direito", a ser defendido como líquido e certo, temos de ponderar o caráter geral do sistema jurídico em que nos achamos, e de compreender a noção de "direito" em conexão com os valores individuais e metaindividuais que a ordem jurídica como um todo acolhe.
>
> Destarte não bastará dizer que a norma não funciona destacada das outras, nem por si mesma; porquanto o próprio prisma formal indica que a inserção de cada norma no conjunto de tal ou qual código condiciona a sua leitura como norma processual ou material. Nem basta, também, aludir à "incidência" da norma como a uma espécie de linha perpendicular que a conduz a tal ou qual "espécie" regulável. É necessário observar que o conjunto – chame-se sistema em qualquer acepção ou chame-se ordenamento –, para servir de referência ao entendimento de seus dispositivos, deve ser visto como *ordem*, ou seja, como uma estrutura que além de suas simetrias específicas possui uma carga de valores e uma projeção em direção à prática.

Na verdade, muitos dos conceitos jurídicos mais gerais, e dos esquemas vigentes na teoria do Direito, são produtos de uma *elaboração interpretativa*. São provenientes de um *modo* de entender institutos ou situações. Dos juristas romanos em diante, e após as reformulações feitas pelos glosadores e comentaristas, vários conceitos jurídicos gerais permaneceram através de expressivas alterações, como foi o caso da noção de "negócio jurídico"; outros, como os de "equidade" e "analogia", passaram depois de certo tempo a um significado predominantemente hermenêutico.

A própria distinção entre o Direito Público e o Direito Privado vem sendo própria de períodos peculiares, nos quais se revela plenamente e como algo necessário, enquanto em outros se dilui diante do tipo de ordem predominante. Em Roma ela teve um significado variável, havendo inclusive uma diferença histórica entre o *jus publicum* e as *leges publicae*; no Estado Moderno ela reapareceu, ganhando nitidez maior a partir da Revolução Francesa, quando a palavra *código* teve seu uso restringido aos ramos específicos do Direito (Civil, Penal etc.), e o termo *Constituição* – que antes aludia ao regime político – passou a designar a lei que organiza o Estado como estrutura político-jurídica.

Na crise do liberalismo, vivida durante meados do século XX, tem sido reexaminada a noção do espaço público, correlato do "Direito Público" e de suas conotações histórico-culturais. A estas alturas, muitas observações emitidas outrora sobre a "elaboração" do direito privado precisam ser retomadas com vistas ao Direito chamado público.

São também fundadas em alguma atitude interpretativa as reformas do Direito Positivo. Do mesmo modo que as alterações impostas à ordem política sempre provêm de movimentos ou campanhas que envolvem dimensão interpretativa – a não ser (e sob certo aspecto) as que nascem de um evento revolucionário –, as modificações de texto de códigos ou de constituições implicam um entendimento básico, um modo de interpretar os institutos e sua relação com as móveis condições da realidade. O próprio fato de terem sentido ideológico deve ser entendido como indicador de uma ligação a um correlato hermenêutico.

O Direito Legalista, que se organizou paralelamente ao Estado dito moderno e ao racionalismo pós-renascentista (e que se distinguiu frontalmente do Direito "costumeiro" do medievo feudal), expressou uma conexão muito especial com o trabalho interpretativo. Na verdade, com o Direito de tipo legalista passou a correr um movimento recíproco entre a ordem jurídica positiva e a interpretação: parte-se de conceitos hermeneuticamente elaborados para a *norma positiva*, e desta se parte para a *elaboração hermenêutica*. O conceito legalista de "Direito Positivo" revela com bastante clareza o que chamamos, mais acima, a ordem e a interpretação em reciprocidade. Dele viria, já em nosso século, o conceito normativista, e este conotaria em certos autores a pretensão "purista" segundo a qual somente é problema jurídico o que se tem a partir do Direito formalmente vigente; e neste caso a elaboração hermenêutica que *precede* a redação das leis cairia fora das vistas da teoria jurídica, o que é sem dúvida um reducionismo lamentável. Aqui voltamos a um tema de certa relevância: a distinção entre a "vontade do legislador" (*voluntas legislatori*): e a "vontade da lei" (*voluntas legis*), estabelecida pela doutrina desde muitas décadas. O entendimento estritamente formal, sobretudo o dos normativistas de hoje, recusa à primeira qualquer interesse jurídico, reduzindo o trabalho interpretativo dos juristas à captação da segunda. Uma perspectiva menos adstringente, entretanto, buscará entender a "lei" recorrendo às suas circunstâncias de origem, o que em muitos casos é sem dúvida necessário, e estas circunstâncias são as da própria elaboração da lei, cuja compreensão plena só se obterá com a alusão (não exclusiva, mas ao menos complementar) à intenção com que foi feita. O jurista não é um contabilista de normas nem um calculador de incidências: é um intérprete de situações e de experiências. Daí suas responsabilidades.

A presença de um componente hermenêutico dentro do pensamento jurídico contemporâneo é portanto crescente. Ela retoma a velha herança escolástica, com seus moldes que foram contemporâneos das retortas alquímicas, e também a herança filológica dos humanistas, retemperada pelo racionalismo ilustrado e pela paixão romântica. O componente hermenêutico, ainda "ingênuo" na escola da exegese, e mesmo posteriormente na pandectística, torna-se latentemente "crítico" com o evolucionismo e o comparatismo, inclusive sob a influência de Ihering. A manutenção deste componente, na teoria jurídica de nossos dias, terá que ver obviamente com sua realimentação por parte de uma perspectiva histórico-axiológica: as posições a-históricas ou mesmo anti-históricas tendem a reduzir a teoria a uma *ars combinatoria* puramente analítica, em que o elemento *crítico* é evitado e em que a *compreensão* (que é a base de toda hermenêutica) se reduz ao mínimo. Como no pensamento de Gadamer, a conservação dos caminhos hermenêuticos abertos pelas teorizações passadas é condição para uma maior identificação com a realidade humana da experiência jurídica.

A sucessão das teorizações sobre o Direito, nelas incluídas as formulações interpretativas, forma com o tempo um tecido de conhecimentos e de questões, articulados com citações e referências, que como conjunto não pode ser ignorado. Pelo meio desse mosaico passam linhas e constantes que traçam a figura do próprio "saber jurídico", com algumas disparidades e mudanças de plano na passagem de uma geração a outra, mas com algumas continuidades que são significativas e que permitem falar-se num "saber jurídico" como algo historicamente permanente e culturalmente definido.

É necessário ter em conta a parte de continuidade existente neste agregado histórico, para rever e reestruturar a teoria da interpretação no Direito. Ter em conta, inclusive, as disputas metodológicas contemporâneas, em especial as do século XX; ter em conta a contribuição de Gény e também a dos adeptos do "Direito livre"; em seguida a estratégica alusão de Kelsen à norma como "esquema de interpretação"; as ideias de Cossio sobre a norma como significação da conduta, a proposta de Recaséns sobre uma interpretação baseada na razão vital e várias outras ideias fundamentais.

Cada uma destas ideias é herdeira de alguma tendência central, presente na evolução contemporânea do saber jurídico. De um lado se podem colocar as inclinações formalistas, que incluem no século XIX a escola de exegese e a pandectística, e que no século XX correspondem sobretudo ao normativismo com seus vários matizes. De outro temos as inclinações não formalistas, que vão do antiformalismo extremado da *Freirechtsschule* às colocações tridimensionais. Deixar ou não deixar que os conteúdos axiológicos e as concretezas existenciais entrem na compreensão do jurídico, e portanto sejam referências hermenêuticas para o intérprete; reduzir ou não o trabalho interpretativo a uma análise formal das peças que integram o direito positivo (neste caso já previamente interpretado como algo integrado por peças formais: conceitos e institutos articulados deste ou daquele modo). Estas são as alternativas fundamentais, e o mais são variações em torno delas.

Retomando a ideia básica, segundo a qual ordem e hermenêutica se implicam reciprocamente, cabe aludir de novo ao problema da "aplicação" do Direito. Todos os temas da teoria do Direito e da *Ciência Jurídica* podem ser envolvidos nas discussões sobre interpretação, mas convém não esquecer que o ponto de convergência dessas discussões é a *aplicação do Direito.* E na verdade esta expressão tem de ser usada com ressalvas, porque ao dizer-se "aplicação do Direito" se sugere que o *Direito* é uma realidade distinta de sua própria aplicação, algo que se aplica ou não, sem que isto afete sua condição de objeto real. Se, entretanto, se toma o Direito num sentido amplo, abrangendo seu aspecto de estrutura e sua dimensão de experiência – ambos constantes da noção de ordem –, *a aplicação da ordem jurídica* será entendida como algo que integra a realidade do que se chama "Direito": seus preceitos, que revelam valores e supõem uma forma de poder, alcançam o real ao incidir sobre as condutas. E sem isso não se teria sua realidade completa. Portanto a expressão "aplicação do Direito" deve ser entendida como um momento que ocorre dentro da própria realidade do Direito, não como um problema extrínseco a ela. O mesmo cabe pensar e dizer com referência à interpretação.

Neste sentido, uma das ideias que tem de ser reexaminada é a de que o Direito não existe apenas "no" ou "como" conjunto de normas, mas sim (ou também) no comportamento das pessoas, que espontânea e implicitamente, ou não, "cumprem" os preceitos da ordem. Esta ideia, difusa ou latente em várias doutrinas (e exemplarmente exposta na egológica), coloca um tema filosófico-sociológico muito importante.

Afim a esta é a ideia de KARL ENGISCH, segundo a qual as normas jurídicas se realizam por parte daqueles aos quais se acham dirigidas. Com esta observação, que vincula a uma série de conotações a respeito das relações entre o "Direito" e a realidade social, ENGISCH complementa sua importante teoria sobre a *concreção* no Direito e na Ciência Jurídica: a conexão do Direito com a realidade concerne, segundo ele, à questão da presença do concreto nos institutos e nas categorias que organizam a juridicidade.

Toda uma série de problemas se podem colocar a partir da alusão às relações do Direito (ordenamento) com a "concreteza" das vidas reais e das situações visadas pelas regras jurídicas (ao dizer regras tentamos abarcar princípios e normas). Por exemplo, o problema da equidade e do *jus aequum* como problema dado na esfera da aplicação: o da analogia, velho e ambíguo mas incancelável dentro dos refolhos da hermenêutica; ou o da equivocamente chamada interpretação extensiva, que corresponde justamente à elasticidade da ideia de "interpretar".

Uma observação que deve ser entendida com ressalvas é a de JOSEF ESSER, quando afirma que a *justiça*, enquanto observância de parâmetros que funcionam como premissas, é antes um atributo da decisão, do que do ordenamento jurídico positivo. Obviamente a coisa dependerá do sentido em que se tomar a noção de justiça.

Certamente que uma ordem consiste tanto na ordenação de partes, ou seja, na estruturação, quanto na vigência ou na aplicação dos preceitos, que se incluem na estruturação ou surgem dela. Por isso mesmo se pode dizer que a ordem e a interpretação se implicam reciprocamente, posto que o aplicar envolve as conclusões de interpretar. "Envolve", isto é, traz "dentro" de si estas conclusões: o interpretar está dentro do aplicar, e o aplicar o exterioriza.

Podemos reiterar a tais alturas a ideia segundo a qual o entendimento de determinada norma e a decisão sobre determinado caso demandam a consideração da ordem como um todo.

Cada um dos grandes conceitos políticos e jurídicos, vigentes em especiais contextos históricos (assim como lei, justiça, povo, rei, poder, liberdade), constitui uma peça de um amplo entendimento hermenêutico, sempre situado mas sempre voltado a abranger a compreensão da ordem e a aplicação dos detalhes. Uma ordem jurídica não se compõe apenas de tantos ou quantos dispositivos explícitos, mas também (e isto é essencial para sua compreensão) da articulada relação entre várias ideias fundamentais, que o intérprete tem de ter em vista; ideias e imagens que são princípios, categorias e até arquétipos.

Daí a observação de Cossio, a um tempo óbvia e sugestiva, segundo a qual a aplicação de uma norma representa em realidade a aplicação de todo o ordenamento. E daí o enriquecimento que representa para o trabalho interpretativo o recurso ao Direito Comparado e também à História, inclusive a referência aos correlatos romanos. É claro, entretanto, que a alusão à ordem como um todo não significa recapitular todos os itens de todas as normas positivas que a integram, nem esmiuçar todas as representações que são associáveis a ela; o que se tem de ter em conta, basicamente, são os *caracteres* da ordem em sua organicidade, e com eles os valores centrais que a alimentam. Não seria demais, nem impertinente, comparar a menção a tais caracteres com a atitude do clínico, que só pode avaliar plenamente um sintoma relacionando-o a um conjunto de peculiaridades encontradas num mesmo organismo.

O correto itinerário do raciocínio interpretativo corresponde, deste modo, a uma compreensão da relação entre a *norma* e a *ordem* a que pertence. Interpreta-se a aplicação da norma ao caso, interpretando-se com a norma o caso, cuja figura se situa, em sua inteligibilidade, em função dos quadros gerais e dos conceitos gerais que estão na ordem. Sem se ter em mente o *espírito* fundamental da ordem, que se expressa através de seus caracteres, seus valores e seus conceitos centrais, não se pode dominar de modo completo as implicações de um caso nem a aplicabilidade de um preceito: as implicações do caso com toda a rede de contingências do humano, nele envolvidas, e a aplicabilidade do preceito com todas as falhas do esforço dos homens no sentido de racionalizar e sistematizar as coisas da vida.

2. Formulação geral e genérica do tipo normativo

A formulação do tipo normativo também é realizada de forma *genérica*, no sentido que abrange todas as pessoas do tipo descrito (o Código Civil, por exemplo, reveste-se do caráter de norma geral). Por outro lado, ainda que o Código Comercial, quanto à aplicação pessoal, tenha caráter especial (só atinge um determinado número de pessoas – os comerciantes), suas normas, enquanto leis positivas, estão formuladas, inegavelmente, em termos gerais.

3. Hermenêutica e interpretação da lei

Muito embora a palavra hermenêutica, etimologicamente, represente interpretação, pois o vocábulo vem do grego *hermeneuein*, que significa interpretação, renomados autores, como Carlos Maximiliano, Hermes Lima, Vicente Raó, afirmam que hermenêutica é a parte da Ciência Jurídica que estuda o processo de interpretação da lei (sentido amplo). Em sentido estrito é entendida por alguns autores, como Machado Neto, como sinônimo de interpretação, integração e aplicação da norma jurídica.

Epistemologicamente, entretanto, o objeto da ciência hermenêutica é o estudo e sistematização dos processos lógicos de interpretação, integração e aplicação do Direito.

4. Solução justa

Por esta razão, *data maxima venia*, não podemos concordar, neste particular, com algumas conclusões *apressadas* – e, quanto ao espectro maior da doutrina a respeito, *isoladas* – no sentido da busca *desmedida* da denominada *solução justa* como resultado – nem sempre "técnico-jurídico" – da interpretação da norma do Direito, como deseja, entre outros, Sálvio Figueiredo Teixeira, *verbis:*

> A melhor interpretação da lei é a que se preocupa com a solução justa, não podendo o seu aplicador esquecer que o rigorismo na exegese dos textos legais pode levar a injustiças (REsp n. 299, *RSTJ* 4/1.355, reproduzido pelo Min. Athos Gusmão Carneiro no REsp n. 2.447-RS. *ADV* 92/201-3).

5. Interpretação das normas jurídicas de Direito Constitucional

A interpretação das normas jurídicas de Direito Constitucional, por obra do óbvio, também se enquadra no mesmo sistema básico de interpretação hermenêutica a que estão adstritas todas as demais normas jurídicas do Direito como um todo. A única diferença que deve ser observada, neste particular, cinge-se apenas e tão somente à efetiva caracterização binária – de natureza político-jurídica – que ostenta, de forma diversa das normas infraconstitucionais, as normas jurídicas constitucionais, notadamente as de cunho materialmente constitucionais.

Nesse sentido, entendemos por oportuno transcrever importantes ensinamentos de Luís Roberto Barroso ("Notas sobre a interpretação constitucional", *Fonte*, ano VI, n. B, p. 2-3) a propósito do tema, procurando outorgar, à presente obra, maiores subsídios doutrinários sobre a questão fundamental da interpretação da norma jurídica em sua inerente complexidade:

> Uma Constituição é um sistema de normas. Ela institui o Estado, organiza o exercício do Poder Político, define os direitos fundamentais das pessoas e traça os fins públicos a serem alcançados. Como lei fundamental, sujeita-se aos métodos clássicos de interpretação de qualquer lei – o gramatical, o lógico, o histórico e o sistemático –, aos quais se ajunta, com especial relevância, o método teleológico, fundado na finalidade da norma. Mas, de parte, estas regras tradicionais avultam no processo de interpretação constitucional de-

terminados princípios, próprios às peculiaridades do Direito Constitucional. Faz-se, a seguir, breve nota sobre cada um deles.

Pelo princípio da unidade da Constituição, também referido como princípio da unidade hierárquico-normativa da Constituição, a lei maior, apesar da diversidade de seu objeto, jamais apresenta elementos estanques. Isto significa que não é possível analisar-se uma disposição constitucional isoladamente, fora do conjunto harmônico em que está situada. De outra parte, as normas constitucionais não guardam entre si relação de hierarquia. Todas têm a mesma dignidade. Por assim ser, as normas constitucionais devem ser interpretadas de modo a evitar conflitos e contradições com outras normas constitucionais.

Pelo princípio da presunção de validade dos atos do Poder Público, as normas jurídicas nascem sob o símbolo da presunção de constitucionalidade. A atipicidade da interferência do Judiciário na função legislativa, ao proclamar a inconstitucionalidade de uma norma, impõe ao órgão jurisdicional o uso criterioso e, sobretudo, parcimonioso de tal competência. Havendo plausibilidade jurídica na manutenção da norma, ainda quando temperada por interpretação predeterminada, não deve o Judiciário avançar no juízo de inconstitucionalidade. Aliás, paralelamente a este princípio, existe outro: *o da interpretação conforme a Constituição*, que induz o intérprete, dentre diferentes possibilidades interpretativas, a prestigiar e fixar interpretação que afirme e não que infirme a constitucionalidade da norma.

Cabe, ainda, destacar a necessidade da *interpretação à luz dos princípios constitucionais*. De fato, é regra superior de interpretação constitucional que os princípios inscritos no corpo da Constituição subordinam a aplicação das outras normas constitucionais específicas, de vez que indicam os valores supremos eleitos pelo Poder Constituinte Originário. Toda atividade de interpretação constitucional deve começar pela busca do princípio maior que rege a matéria. E, entre os princípios constitucionais, os *fundamentais* condicionam a compreensão dos *gerais*, e estes condicionam os *específicos* ou *setoriais*. Os princípios constitucionais têm tríplice função: expressar os valores fundamentais que inspiram um determinado Estado; funcionar como fio condutor dos diferentes segmentos do texto constitucional, dando unidade ao sistema normativo; condicionar a interpretação e aplicação de todas as normas jurídicas vigentes.

Há, ainda, um outro princípio relevante, cuja enunciação exige alguns comentários preliminares. As normas jurídicas, como os atos jurídicos em geral, comportam análise científica em três planos distintos e inconfundíveis: o da existência, o da validade e o da eficácia. Já não mais se disputa, na melhor doutrina, que o exame da constitucionalidade ou não de uma norma situa-se no plano de validade da norma. Cabe ao Judiciário, ao aplicar uma lei, apreciar sua compatibilidade formal e material com o ordenamento constitucional.

Em linha de princípio, não é legítimo, no exercício da jurisdição constitucional, que o órgão judiciário investigue, por seus próprios critérios, a *conveniência* ou *oportunidade* de qualquer ato atribuído à competência dos demais Poderes Públicos. Seu papel se exaure no exame de validade, onde poderá pronunciar, conforme o caso, a nulidade de pleno Direito da norma incompatível com o texto da Constituição.

Remarcado, portanto, que não cabe ao Judiciário substituir-se aos órgãos próprios perante os quais se desenrola o processo político, é oportuno uma ressalva, ou, antes, um temperamento. É que, em qualquer ordem jurídica lógica e racional, encontra-se sempre subjacente o princípio da *razoabilidade*. Disto resulta que ao Poder Judiciário caberá, em qualquer hipótese, verificar se o *fim* objetivado pela norma é legítimo e se os meios apontados pelo legislador são adequados à sua consecução. Se o fim eventualmente não for legítimo, ou se o meio não for adequado – *e.g.*, por importar no sacrifício de outros bens jurídicos ou não aguardar proporcionalidade com o fim visado –, pode o Judiciário emitir juízo de mérito sobre o ato, seja legislativo ou administrativo, e invalidá-lo. De modo que, além do controle convencional de validade, a análise constitucional deve incluir, igualmente, um ente de razoabilidade.

6. Conceito de interpretação autêntica

De acordo com as lições de José Naufel (*Novo dicionário jurídico brasileiro*, verbete "interpretação autêntica", p. 637):

> [...] interpretação autêntica é a que emana do próprio poder que fez o ato cujo o sentido e alcance ela declara. A que procede o próprio legislador, sob forma de outra lei [...]. Pode ser contextual, isto é, quando integrante da própria lei em causa. Ex.: o conceito de funcionário público, como sujeito ativo e passivo de crime, explicado pelo art. 327 do CP ou posterior, isto é, quando destinada a diminuir incertezas e obscuridades da lei anterior.

7. Autenticidade maior da interpretação autêntica

Maior autenticidade, todavia, este tipo de interpretação não possui, exclusivamente pelo fato de provir do legislador. Apenas a expressão é tida como tradicional, sendo utilizada e repetida através dos tempos. Pode dizer-se, sem erro, também, que há uma interpretação autêntica quando há qualquer tipo de interpretação exposta pelo autor de qualquer tipo de norma independente do fato de o autor ser, ou não, um legislador.

8. Origem da palavra "doutrinária"

Segundo José Naufel (*Novo dicionário jurídico brasileiro*, verbete "interpretação doutrinária"), a palavra doutrinária tem como origem o vocábulo *douto*, que significa "quem aprendeu muito, erudito, muito instruído", o que difere da expressão *doutor* que é reservada para aqueles que concluíram o mais elevado grau em uma universidade.

9. Interpretação doutrinária

Nas obras que publicam, os escritores manifestam opiniões pessoais, que, mesmo podendo ser mais abalizadas, carecem de força vinculante. Formam, porém, o pensamento jurídico, de larga influência na elaboração do Direito. Tem a doutrina, por conseguinte, grande autoridade moral. São os doutrinadores que constroem as noções gerais, os conceitos, as classificações, as teorias, os sistemas, contribuindo, em última análise, para a própria criação, reforma e aplicação do Direito.

Tal influência se manifesta, por exemplo, sobre o próprio ensino ministrado nos cursos jurídicos, sobre o legislador e mesmo sobre o juiz (quanto à aprendizagem dos conceitos e técnicas indispensáveis à manipulação do Direito Positivo e conhecimento de sua teoria). Por outro lado, é incontestável a influência da obra dos autores sobre os legisladores que, não raro, nela objetivam buscar subsídio para legiferar. E, por fim, registra-se notável contribuição da doutrina para a construção da jurisprudência, não só porque, geralmente, proporciona fundamentos aos julgados, como porque, por intermédio da crítica, modifica-se, frequentemente, a orientação dos tribunais.

10. Interpretação jurisprudencial

Como bem sabemos, a jurisprudência – cristalizada por meio dos julgamentos dos juízes singulares e especialmente dos tribunais – não possui qualquer caráter vinculativo "extrapartes". Isso quer dizer, em linguagem clara e objetiva, que o atendimento à orientação das decisões judiciais anteriores não é, de forma alguma, compulsória, uma vez que a jurisprudência não é fonte material de normas jurídicas.

11. Interpretação judicial

O legislador, quando interpreta a norma jurídica, lembra-se do que fez, da realidade a que procurou atender, das finalidades a que visou; acredita-se, até mesmo, por tais razões, que ele se encontre investido de uma certa autoridade superior em relação à dos demais intérpretes. Por outro lado, quem realiza a interpretação doutrinária, sem dúvida, conhece todos os segredos da hermenêutica, na qualidade de verdadeiro pesquisador do Direito. Porém, só quem realiza a interpretação judicial conhece as reais necessidades práticas e as verdadeiras dificuldades que esse sutil contato entre as leis e a realidade está, de forma permanente, a suscitar. O defeito que, porventura, apresentar a interpretação autêntica, é exatamente essa suposição de que o leigo possa estar imbuído de que o legislador, quando interpreta a lei, está revestido da mesma autoridade que exerceu quando a fez. O defeito que tem a interpretação doutrinária, por sua vez, é o possível excesso de abstração: o jurista e o cientista tendem, naturalmente, à abstração e esta, em excesso neste setor, representa, sem dúvida, uma fuga nociva à realidade, caracterizando o grave perigo que enfrenta, na atualidade contemporânea, interpretação doutrinária, ou seja, a denominada "jurisprudência dos conceitos".

12. Interpretação: origem, desenvolvimento e soluções

Em tempos remotos, quando se julgava o Direito como uma expressão da vontade divina, ou de alguma voz dotada de valor excepcional (profeta), não havia lugar para os intérpretes. A lei tinha valor sacramental e suas palavras eram sagradas: "*dura lex, sed lex*". Porém, mesmo nessa posição, a aplicação incondicional do texto da lei levanta problemas que a inteligência humana, constantemente, era chamada a resolver.

Depois que a necessidade da interpretação finalmente se impôs, interpretar passou a privilégio de certos órgãos do Estado. Até época não muito distante, podemos admitir que chegou mesmo a constituir-se em função privativa do legislador e, em certos países, acabaram por instituir-se comissões legislativas permanentes encarregadas de resolver as dúvidas apresentadas pelos tribunais.

13. Interpretação gramatical

A interpretação gramatical foi expressivamente utilizada, como denotada importância e de forma exclusiva, na fase áurea da escola da exegese, considerando que em tal época era relevante apenas buscar-se o que o legislador houvera escrito, pois tal era entendido como a vontade da lei, fundida à própria vontade do legislador.

14. Importância atual da interpretação gramatical

A importância atual da interpretação gramatical repousa no fato de ser exatamente o ponto de partida para a utilização dos outros meios, uma vez que a hermenêutica jurídica atual determina sempre que, para o resultado da interpretação ser válido e consistente, é absolutamente necessário levar-se em conta elementos outros que não a simples literalidade da norma, mas também os aspectos histórico, sociológico, ideológico e filosófico.

15. Definição de interpretação racional (ou lógica)

Consoante os ensinamentos de LUIZ FERNANDO COELHO (*Lógica jurídica e interpretação das leis*), a interpretação racional ou lógica define-se como o procedimento interpretativo que procura descobrir o sentido da lei mediante aplicação dos princípios científicos da lógica.

16. Princípios (ou itens) componentes da interpretação racional (ou lógica)

Não é completamente pacífica na doutrina a respeito da existência dos chamados princípios ou itens componentes da interpretação lógica, na exata forma que procuramos apresentar.

Em verdade, as quatro leis do denominado "pensamento correto" aplicam-se na interpretação racional, no chamado plano lógico formal, que incluem o Princípio da Identidade ("O que é, é, o que não é, não é"), o Princípio da Contradição ("O contrário do que é verdadeiro é falso"), o Princípio do Terceiro Excluído ("Se duas proposições são contraditórias, sendo uma verdadeira e a outra falsa, não há uma terceira proposição cabível entre uma e outra") e o Princípio da Razão Suficiente ("Nada ocorre sem que haja uma causa ou uma razão determinante"), além do Princípio do *Silogismo* (Se "A" é igual a "B" e "B" é igual a "C", então "C" é igual a "A") que, por sua vez, criaram a base da interpretação racional forjando os denominados principais argumentos lógicos:

A fortiori, a maiori, a minori, a simili, a contrario sensu.

A fortiori – "Pela razão mais forte, ou mais importante", é o que determina o argumento. Se a lei autoriza algo muito importante, por implicação lógica, fica entendido que aquelas que menor importância possuem estão também autorizadas. É o que diz o adágio latino: "*Qui potest plus, potest minus*".

A ratione legis stricta – É o argumento estritamente em razão da lei. Este argumento enfatiza o princípio "*in claris non fit interpretatio*" e revela adesão dogmática ao texto da lei, com que não concorda a maioria dos autores modernos.

A generali sensu – É o argumento que amplia a extensão da lei em relação ao número de situações, às quais, por hipótese, a lei poderia ser aplicada. De tal argumento deriva o resultado extensivo da interpretação.

A contrario sensu – "Ao contrário do especificado na lei", é o que determina o argumento. Fundamenta-se no Princípio da Plenitude do Ordenamento Jurídico, que informa ser a ordem jurídica um contínuo de licitudes, o que significa que tudo que não está proibido pelo Direito está juridicamente permitido.

A simili – "Em semelhança ao especificado em lei", é o que determina o argumento.

Procede a um raciocínio analógico, pelo qual a lei pode ser aplicada a situações não previstas nela, quando o fato jurídico novo tem semelhança com os fatos expressamente previstos em lei.

É importante observar que os argumentos lógicos *a fortiori, a contrario sensu* e *a simili* são de caráter apodítico, podendo, portanto, ser demonstrados sempre pela lógica formal.

Segundo alguns autores, outros argumentos, não apodíticos, também podem ser aplicados à interpretação lógica, como são exemplos os procedimentos paralógicos:

- *Pro subjecta materia*;
- *Ratione legis stricta*; e
- *A generali sensu.*

17. *Mens legislatori* e *mens legis*

O argumento do *mens legislatori* e do *mens legis* apresenta situações que, embora aparentemente conflitantes, são perfeitamente distintas e harmonicamente convergentes em matéria de técnica lógica de interpretação.

Um bom exemplo da importância desses dois componentes na interpretação lógica está, exatamente, na redação do art. 110, § 2º, do Código Penal, que trata da chamada prescrição retroativa e de sua forma de contagem. Segundo a exposição de motivos da nova parte geral do CP a contagem do referido prazo é realizada em duas etapas, em face da interrupção do prazo em consequência da apresentação da peça vestibular da ação penal (denúncia ou queixa). Sem dúvida, ali se encontra o *mens legislatori* da redação do artigo (conclusão interpretativa adotada pelo antigo Tribunal de Alçada Criminal do Rio de Janeiro).

Contudo, como bem reconhece o Egrégio Tribunal de Justiça do Estado do Rio de Janeiro, não se encontra ali, de forma alguma, o *mens legis*, uma vez que, embora o legislador desejasse a contagem bifásica do prazo, a redação final do artigo dispõe da contagem única do prazo da prescrição retroativa, sem qualquer tipo de interrupção. (Entendimento adotado hoje pelo TJRJ, em confronto com o antigo TACRRJ, utilizando-se, em conjunto, da interpretação literal e lógica pelo *mens legis*.)

Embora o exemplo seja altamente ilustrativo, é cediço reconhecer que a situação retratada perdeu, em grande parte, seu objeto na atualidade, posto que os Tribunais de Alçada do Rio de Janeiro foram extintos em 1998.

18. Interpretação e aplicação da norma jurídica na Teoria Pura do Direito (Hans Kelsen)

Interessante trabalho sobre a interpretação da norma jurídica, à luz dos preceitos básicos da Teoria Pura do Direito de Hans Kelsen, foi recentemente elaborado por nosso colega Hugo de Brito Machado, magistrado federal e professor, da Universidade de Fortaleza, dentro de um contexto analítico-descritivo peculiar.

Muito embora não possamos nos alinhar, de forma irrestrita, ao pensamento jurídico declinado pelo ilustre professor, entendemos por bem transcrever seus principais ensinamentos, procurando, desta feita, outorgar maiores subsídios ao estudo da matéria em epígrafe, reconhecendo, desde já, as suas inerentes complexidades e o grande número de controvérsias, particularmente de cunho doutrinário, que norteiam o tema vertente.

O juiz, como qualquer outro aplicador do Direito, não faz a interpretação, apenas, da norma, como simples atividade cognoscente. Ele cria a norma individual, ou, em outras palavras, ele individualiza a norma geral para o caso concreto.

A compreensão do conceito de *norma* na doutrina de Kelsen é fundamental. O dizer-se que o Direito é um sistema de normas, sem esclarecer o que se deve entender como norma, parece responder por graves equívocos, entre os quais o de supor que a doutrina de Kelsen tolhe a atividade jurisdicional, deixando o juiz preso a esquemas abstratos e gerais, distantes do caso concreto em face do qual terminaria muitas vezes impedido de realizar a justiça.

Não queremos, entretanto, afirmar que a perquirição em torno da justiça seja problema da Ciência do Direito. Aliás, essa afirmação implicaria negar a distinção entre esta, a Sociologia e a Filosofia do Direito. (Para uma distinção entre Ciência do Direito, Sociologia Jurídica e Filosofia do Direito, veja-se Paulo Bonavides, *Teoria do Estado*, Rio de Janeiro, Forense, 1980, p. 306-7.) Mas o juiz, como qualquer outro aplicador de normas jurídicas, não fica limitado ao puro conhecimento das normas. Além da atividade cognoscente, que é científica, ele realiza obra de criação.

Outro ponto onde se faz indispensável um esclarecimento é o que pertine ao conceito de interpretação jurídica. Estamos convencidos de que toda interpretação "remonta essencialmente a pressupostos cuja investigação e esclarecimentos são tarefas da filosofia" (Emerich Coreth, *Questões Fundamentais de Hermenêutica*, tradução de *Carlos Lopes de Maros*, São Paulo, Editora da Universidade de São Paulo, 1973, p. 1), até porque "no fundo do problema hermenêutico surge sempre e inevitavelmente a questão da verdade" (Emerich Coreth, ob. cit., p. 147). Fixemos, porém, para o simples efeito de melhor compreensão de nossas afirmações neste estudo, o entendimento de que a *interpretação jurídica* pode ser tomada no sentido de pura atividade cognoscente, desenvolvida em plano fundamentalmente teórico, em termos abstratos e gerais, ou no sentido de uma concretização da norma abstrata com o objetivo de realizar a justiça (para melhor compreensão dos significados *latíssimo, lato* e *estrito*, veja-se Fernando Gómez Mejía, *La Interpretación del Derecho*, Colômbia, Ediciones Ananké, 1979, p. 81-97).

Norma jurídica e Ciência do Direito

As normas jurídicas são produzidas pelos órgãos da comunidade aos quais a ordem jurídica confere competência para a produção normativa.

Resultam de uma função criadora do Direito, exercida pela autoridade jurídica. Não são *verdadeiras*, ou falsas, mas *válidas* ou *inválidas*, e prestam-se como esquemas de interpretação da conduta humana. É a norma jurídica que confere significado *jurídico* aos fatos. A Ciência do Direito *conhece* e *descreve* normas jurídicas, assim como apreende e descreve fatos da conduta humana enquanto constituem conteúdo de normas jurídicas. Ao descrever essas normas, faz *proposições jurídicas*. "Na distinção entre proposição jurídica e norma jurídica ganha expressão a distinção que existe entre a função do conhecimento jurídico e a função, completamente distinta daquela, da autoridade jurídica, que é representada pelos órgãos da comunidade jurídica.

A Ciência Jurídica tem por missão conhecer – de fora, por assim dizer – o Direito e descrevê-lo com base no seu conhecimento. Os órgãos jurídicos têm – como autoridade jurídica – antes de tudo por missão produzir o Direito para que ele possa então ser conhecido e descrito pela Ciência Jurídica. É certo que também os órgãos aplicadores do Direito têm de conhecer – de dentro por assim dizer – primeiramente o Direito a aplicar" (Hans Kelsen, *Teoria Pura do Direito*, tradução de João Batista Machado, Coimbra, Arménio Amado, Sucessor, 1974, p. 111-2).

Realmente, o juiz, para exercer sua função, precisa *conhecer* o Direito, mas o que caracteriza o seu agir, o seu atuar, é a criação de normas individuais para a solução dos conflitos que lhe apresentam. Igualmente, o legislador precisa *conhecer* a Constituição, mas o que caracteriza sua função é a produção normativa e não os *ensinamentos* que possa dar a respeito da Constituição. Legislador e juiz são autoridades da comunidade jurídica incumbidos de produzir normas, predominantemente gerais, o primeiro, e predominantemente individuais, o segundo.

A Ciência Jurídica corporifica-se no labor dos que procuram conhecer o Direito, isto é, as normas jurídicas. Entretanto, "apenas pode descrever o Direito; ela não pode, como o Direito produzido pela autoridade jurídica (através de normas gerais ou individuais), *prescrever* seja o que for. Nenhum jurista pode negar a distinção essencial que existe entre uma lei publicada no jornal oficial e um comentário jurídico a essa lei, entre o Código Penal e um tratado de Direito Penal. A distinção revela-se no fato de as proposições normativas formuladas pela Ciência Jurídica, que descrevem o Direito e que não atribuem a ninguém quaisquer deveres ou direitos, poderem ser verídicas ou inverídicas, ao passo que as normas de dever-ser, estabelecidas pela autoridade jurídica – e que atribuem deveres e direitos aos sujeitos jurídicos – não são verídicas ou inverídicas, mas válidas ou inválidas, tal como também os fatos da ordem do ser não são quer verídicos, quer inverídicos, mas apenas existem ou não existem, somente as afirmações sobre esses fatos podendo ser verídicas ou inverídicas" (Kelsen, ob. cit., p. 113-4).

É certo que tanto na *norma*, como na proposição jurídica, a conduta humana é colocada como um *dever-ser*. Mas a palavra *dever* é ambivalente. O dever-ser, relativo à *norma*, tem um sentido *prescritivo*, enquanto o *dever-ser*, relativo à *proposição jurídica*, tem apenas um sentido descritivo. "A proposição que descreve a validade de uma norma penal que prescreva a pena de prisão para o furto seria falsa se afirmasse que, segundo tal norma, o furto é punido com prisão, pois casos há nos quais, apesar da vigência desta norma, o furto não é efetivamente punido, *v.g.*, quando o ladrão se subtrai à punição. A proposição jurídica que descreve esta norma apenas pode traduzir que, se alguém comete furto, deverá ser punido. Porém, o dever-ser da proposição jurídica não tem, como o dever-ser da norma jurídica, um sentido prescritivo, mas um sentido descritivo" (Kelsen, ob. cit., p. 116).

Interpretação e aplicação da norma

Do que antes se disse a propósito da distinção entre o Direito e a Ciência Jurídica é possível extrair-se uma noção de interpretação e de aplicação. Entretanto, conforme destacamos no início deste estudo, a interpretação jurídica pode ser tomada em mais de um sentido. Para Kelsen, "existem duas espécies de interpretação que devem ser distinguidas claramente uma da outra: a interpretação do Direito pelo órgão que o aplica e a interpretação do Direito que não é realizada por um órgão jurídico mas por uma pessoa privada e, especialmente, pela Ciência Jurídica" (Kelsen, ob. cit., p. 464).

É comum nos compêndios de Direito a classificação da interpretação, segundo suas "fontes", em legislativa ou autêntica, judicial e doutrinária. A primeira seria efetuada pelo legislador, mediante lei tendente a esclarecer o significado de lei anterior. A segunda seria tarefa do juiz que, para aplicar a lei aos casos concretos, tem de fixar o seu significado. A terceira, finalmente, seria a obra de jurisconsulto, em trabalho teórico ou em parecer (Caio Mário da Silva Pereira, *Instituições de Direito Civil*, Rio de Janeiro, Forense, 1974, v. I, p. 178-9). Na verdade, porém, é inegável a distinção existente entre a interpretação, como atividade meramente cognoscitiva, e a aplicação, ou, mais exatamente, a criação da norma.

É evidente que o legislador ordinário, para ter condições de legislar, há de conhecer a Constituição. Há, portanto, de interpretá-la. Mas a elaboração da lei é tarefa distinta da interpretação da Constituição. Do mesmo modo o juiz, ao julgar um caso, há de conhecer a lei a este aplicável. Há de interpretá-la. Mas a atividade decisória, o julgamento, não se confunde com aquela outra, de simples conhecimento da norma.

Fernando Gómez Mejía, em excelente estudo sobre a interpretação do Direito, ensina, por isto mesmo, que a *interpretação* pode ser tomada em três diferentes sentidos. Um, latíssimo, querendo dizer, a atividade de conhecimento, quando o intérprete indaga pela significação da norma. Um segundo, lato, querendo dizer, a atividade de concreção, de realização da norma em contato com o caso concreto. E, finalmente, um terceiro, estrito, querendo dizer, realizar, a norma em contato com o caso concreto, tendo em vista o marco referencial de uma cultura, os valores que deram origem à norma (Fernando Gómez Mejía, ob. cit., p. 81-97).

A interpretação feita pelo órgão jurídico, vale dizer, a interpretação feita, *v.g.*, pelo juiz, é aquela que tem como objetivo a produção de uma norma individual. A questão que se coloca, neste ponto, é a de saber se essa interpretação é aquela em *sentido lato*, ou aquela *em sentido restrito*, na linguagem de Mejía. Em outras palavras, o que se questiona é a ocorrência de valoração, na interpretação pelo órgão aplicador da norma.

Na terminologia kelseniana, *aplicação* da norma significa *produção*, a partir da norma geral, de uma norma individual. Aplicação é sempre criação. Aplicando-se uma norma cria-se outra. A elaboração de uma *lei* é aplicação da Constituição, do mesmo modo que o prolatar uma *sentença* é aplicar a *lei*. Em seu aspecto dinâmico, o Direito evolui de expressões mais gerais para expressões mais individuais. Do mesmo modo a interpretação pelo órgão jurídico, que Kelsen denomina interpretação autêntica, é também criação de norma. "A interpretação feita pelo órgão aplicador do Direito é sempre autêntica. Ela cria Direito. Na verdade, só se fala de interpretação autêntica quando esta interpretação assume a forma de uma lei ou de um tratado de Direito Internacional e tenha caráter geral, quer dizer, crie Direito não apenas para um caso concreto mas para todos os casos iguais, ou seja, quando o ato designado como interpretação autêntica represente a produção de uma norma geral. Mais autêntica, isto é, criadora do Direito é a interpretação feita através de um órgão aplicador do Direito ainda quando crie Direito apenas para um caso concreto, quer dizer, quando esse órgão apenas crie uma norma individual ou execute uma sanção" (Kelsen, ob. cit., p. 470-1).

Para Kelsen, a interpretação entendida como fixação, por via cognoscitiva, do sentido da norma, não pode oferecer mais que uma moldura dentro da qual existem várias possibilidades de aplicação. "Sendo assim, a interpretação de uma lei não deve necessariamente conduzir a uma única solução como sendo a única correta, mas possivelmente a várias soluções que – na medida em que apenas sejam aferidas pela lei a aplicar – têm igual valor, se bem que apenas uma delas se torne Direito Positivo no ato do órgão aplicador do Direito – no ato do tribunal, especialmente. Dizer que uma sentença judicial é fundada na lei não significa, na verdade, senão que ela se contém dentro da moldura ou quadro que a lei representa – não significa que ela é a norma individual, mas apenas que é *uma* das normas individuais que podem ser produzidas dentro da moldura da norma geral" (Kelsen, ob. cit., p. 467). A norma de escalão superior, isto é, a Constituição, não pode vincular sob todos os aspectos o ato de produção da norma do escalão inferior, isto é, a lei. Da mesma forma não pode a lei vincular, em todos os sentidos, o ato em que se individualiza, vale dizer, a sentença. "Tem sempre de ficar uma margem, ora maior, ora menor, de livre apreciação, de tal forma que a norma do escalão superior tem sempre, em relação ao ato de produção normativa ou de execução que a aplica, o caráter de um quadro ou moldura a preencher por este ato" (Kelsen, ob. cit., p. 464).

A *interpretação autêntica* significa criação de norma. Não apenas de norma geral, mas igualmente de norma individual. É nesta criação que "não somente se realiza uma das possibilidades, reveladas pela interpretação cognoscitiva da mesma como norma, como também se pode produzir uma norma que se situe completamente fora da moldura que a norma a aplicar representa". Mesmo fora da moldura fixada pela interpretação cognoscitiva, pode ser produzida norma individual pelo "órgão aplicador do Direito, desde que o ato deste órgão já não possa ser anulado, desde que ele tenha transitado em julgado. É fato bem conhecido que, pela via de uma interpretação autêntica deste tipo, é muitas vezes criado Direito novo – especialmente pelos tribunais de última instância" (Kelsen, ob. cit., p. 471). É importante esclarecer, porém, que a produção de norma individual fora do quadro ou moldura, oferecido pela norma geral, não se pode dizer autorizada pela Ciência do Direito. É ato puramente político. Quando, pelo contrário, a norma individual é elaborada dentro do quadro ou moldura, dado pela norma geral, tem-se como cientificamente autorizada, embora a escolha de uma entre as diversas possibilidades seja política. Há notável diferença entre a escolha de uma das possibilidades cientificamente admitidas e a elaboração de norma individual diversa, fora do quadro dessas possibilidades.

É inevitável a valoração na atividade de aplicação, vale dizer, na atividade de elaboração da norma individual. E, ao que nos parece, Kelsen não negou essa valoração, mas, pelo contrário, ele a afirmou, como adiante tentaremos demonstrar.

Os métodos de interpretação

Insistimos em que, segundo Kelsen, não é possível, mediante uma interpretação apenas cognoscitiva, chegar-se a uma significação, determinar-se um sentido da norma que seja o único correto. "A teoria usual da interpretação quer fazer crer que a lei, aplicada ao caso concreto, poderia fornecer, em todas as hipóteses, apenas *uma única* solução correta (ajustada) e que a *justeza* (correção) jurídico-positiva desta decisão é fundada na própria lei. Configura o processo desta interpretação como se se tratasse tão-somente de um ato intelectual de clarificação e de compreensão, como se o órgão aplicador do Direito apenas tivesse que pôr em ação o seu entendimento (razão), mas não a sua vontade, e como se através de uma pura atividade de intelecção pudesse realizar-se, entre as possibilidades que se apresentam, uma escolha que correspondesse ao Direito Positivo, uma escolha correta (justa), no sentido do Direito positivo" (Kelsen, ob. cit., p. 467). Por isto afirma ele a inexistência de "qualquer método – capaz de ser classificado como de Direito Positivo – segundo o qual, das várias significações verbais de uma norma, apenas uma possa ser destacada como *correta* – desde que, naturalmente, se trate de várias significações possíveis: possíveis no confronto de todas as outras normas da lei ou da ordem jurídica" (Kelsen, ob. cit., p. 468).

A escolha, isto é, a determinação da norma dentro das várias opções igualmente corretas, não pode resultar de um critério científico. A interpretação científica limita-se a, conhecendo a norma, indicar a sua significação verbal, o seu sentido e, como a norma pode ter mais de uma significação verbal, a Ciência do Direito resta, sem condições de resolver o impasse.

Segundo Karl Larenz "este restringir da interpretação contraria tudo o que a Ciência do Direito fez em todos os tempos e em todos os lugares. Dificilmente se pode conceber uma jurisprudência que admita uma tal expropriação dos seus objetivos. Daí a pouca audiência que colheu a teoria da interpretação de Kelsen" (Karl Larenz, *Metodologia da Ciência do Direito*, Lisboa, Fundação Calouste Gulbenkian, 1969, p. 96-7). Entretanto, reconhece Larenz que a posição kelseniana a propósito da interpretação "é uma consequência iniludível do conceito positivista da ciência e que, se se partilha deste conceito, essa teoria é perfeitamente inatacável" (Larenz, ob. cit., p. 97).

Anota Larenz, em outro ponto, a proximidade existente entre as posições de Kelsen e de Less e afirma que este último "não reconhece diferença alguma de essência entre a legiferação e a interpretação", acrescentando ser tal doutrina indefensável por contradizer o princípio constitucional da separação dos Poderes Legislativo e Judicial (Larenz, ob. cit., p. 419, nota n. 3).

Sem pretender questionar aqui a existência ou não de diferença essencial entre as atividades legislativa e jurisdicional, não podemos deixar de reconhecer que, na doutrina de Kelsen, o ver na atividade jurisdicional uma atividade de criação do Direito efetivamente afasta a distinção tradicionalmente feita entre legiferação e interpretação por um órgão jurídico. Tanto na primeira, como na segunda, tem-se ato essencialmente de política e não de

Ciência do Direito. (A propósito da função criadora de Direito dos tribunais, veja-se KELSEN, ob. cit., p. 344.) Não retira, porém, a importância da separação dos Poderes do Estado. É que a atividade jurisdicional volta-se predominantemente à produção de normas individuais, enquanto a atividade legislativa se ocupa, predominantemente, da produção de normas gerais.

A questão das lacunas

Outro ponto em que se mostra KELSEN contrário à doutrina mais difundida sobre interpretação jurídica diz respeito à questão das lacunas no ordenamento jurídico. Para a teoria pura do Direito tais lacunas não existem. A ordem jurídica é logicamente plena, e assim pode ser aplicada a qualquer caso. A aplicação da ordem jurídica não se dá apenas positivamente, mas também negativamente. Desta forma, se A promove ação contra B objetivando obter uma indenização, e não existe lei prevendo, no caso, o dever de indenizar, a sentença que nega o pedido está aplicando a ordem jurídica. "A aplicação da ordem jurídica vigente não é, no caso em que a teoria tradicional admite a existência de uma lacuna, logicamente impossível. Na verdade, não é possível, neste caso, a aplicação de uma norma jurídica singular. Mas é possível a aplicação da ordem jurídica – e isso também é aplicação do Direito. A aplicação do Direito não está logicamente excluída. E, efetivamente, não se costuma de forma alguma presumir a existência de uma *lacuna* em todos os casos nos quais o dever do demandado ou acusado afirmado pelo demandante ou causador não é estipulado por qualquer norma do Direito vigente. Vistas as coisas de perto, verifica-se que a existência de uma *lacuna* só é presumida quando a ausência de uma tal norma jurídica é considerada pelo órgão aplicador do Direito como indesejável do ponto de vista da política jurídica e, por isso, a aplicação – logicamente possível – do Direito vigente é afastada por esta razão político-jurídica, por ser considerada pelo órgão aplicador do Direito como não equitativa ou desacertada. Porém, a aplicação da ordem jurídica vigente pode ser havida como não equitativa ou desacertada, não apenas quando esta não contenha uma norma geral que imponha ao demandado ou acusado uma determinada obrigação, mas também quando ela contenha uma tal norma. O fato de a ordem jurídica não conter qualquer norma que estabeleça uma pena para o furto de energia elétrica pode ser considerado tão iníquo ou desacertado como o fato de uma ordem jurídica conter uma norma que é de aplicar tanto ao roubo acompanhado de homicídio como à hipótese de uma filha matar o pai que sofre de doença incurável, a pedido deste. Lacuna no sentido de inaplicabilidade lógica do Direito vigente tampouco existe num caso como no outro: e é pelo menos inconsequente ver num dos casos, e não no outro, uma lacuna. A isto acresce que o juízo segundo o qual a ausência de uma norma jurídica de determinado conteúdo vai contra a equidade ou é desacertada representa um juízo de valor altamente relativo que de forma alguma exclui um juízo de valor oposto" (Kelsen, ob. cit., p. 339).

Efetivamente, a afirmação da existência de uma lacuna pressupõe uma valoração. Considera-se injusta a solução do caso mediante a aplicação *negativa* da ordem jurídica e então se afirma a necessidade de elaborar uma norma para o caso, buscando-se com isto a efetivação do ideal de justiça.

Karl Engisch abordou com profundidade a questão das lacunas, das quais identificou duas espécies. Uma delas compreenderia as lacunas *de lege ferenda* e a outra compreenderia as lacunas *de lege lata*. As lacunas *de lege ferenda* não seriam verdadeiramente lacunas, mas simples ausência de regulação jurídica compatível com a ordem normativa vigente, não podendo, por isto, ser considerada uma deficiência a ser superada pelo aplicador da lei, podendo apenas, como simples questão política, motivar o Poder Legislativo a uma reforma do Direito. As da segunda espécie, vale dizer, as lacunas *de lege lata*, seriam, estas sim, verdadeiras lacunas a exigir colmatação judicial. Ter-se-ia de buscar a distinção entre essas duas espécies de lacunas vendo no sistema normativo um todo lógico, de sorte que se poderia identificar a verdadeira lacuna sempre que a omissão da lei representasse um momento de incongruência. Tendo-se em vista que o Direito Positivo incorpora *valores*, haveria essa incongruência quando, não havendo uma norma singular aplicável ao caso, a solução deste mediante a aplicação da ordem jurídica vigente resultasse incompatível com esses mesmos valores já incorporados através de outras normas (Karl Engisch, *Introdução ao pensamento jurídico*, 3. ed., Lisboa, Fundação Calouste Gulbenkian, 1977, p. 222-82).

A posição de Engisch é, sem dúvida, digna da maior atenção. Tem-se como certo que a identificação de uma lacuna, de uma ou de outra espécie, decorre sempre de uma consideração valorativa. Nisto tem Kelsen inteira razão. Pode-se, todavia, colocar a questão de saber se o juízo de valor necessário à identificação de uma lacuna *de lege lata* não seria aquele *juízo de valor objetivo*, ou *lógico*, distinto, portanto, de um juízo de valor axiológico. Recorde-se, a este propósito, a distinção feita por Kelsen entre o valor em sentido *subjetivo* e o valor em sentido *objetivo* (Kelsen, ob. cit., p. 37-47).

Voluntarismo e Escola do Direito Livre

Embora em justeza classificada como *normativista*, a teoria kelseniana muito difere da denominada *escola de exegese*, e pode ser considerada uma vigorosa reação a esta.

Como assevera Paulo Bonavides, "durante muito tempo a escola de Viena parece haver hesitado em tomar posição diante da controvérsia, metodológica, na hermenêutica jurídica. É verdade que há uma contribuição precursora e importantíssima de Merkl, que data de 1916, e que parece constituir, ainda agora, ao lado do artigo de Kelsen, estampado 28 anos depois no período internacional da teoria do Direito, a parte mais expressiva do pensamento da escola concernente à interpretação do Direito. O artigo de Kelsen apareceu também reproduzido no mesmo ano de 1934, quase sem modificações, na primeira edição da *Teoria pura do Direito*, até padecer um alargamento na segunda edição dessa obra, publicada em Viena em 1960" (Paulo Bonavides, *Direito constitucional*, Rio de Janeiro, Forense, 1980, p. 280).

Recorde-se que Kelsen estabeleceu, de logo, a distinção entre a interpretação como obra da Ciência do Direito e a interpretação feita por um órgão jurídico, ou, em outras palavras, entre a interpretação cognoscitiva e a interpretação autêntica. E apenas desenvolveu considerações a respeito desta última.

O traço de originalidade de sua teoria da interpretação, que no dizer de Paulo Bonavides avulta como das mais relevantes e significativas dentre as modernas contribuições no campo da hermenêutica jurídica, "flui incontrastavelmente da posição de Kelsen, quando ele entende que a interpretação é em essência um ato de decisão (um ato volitivo, um *Sinngebung*) e não um ato de cognição (um ato intelectivo, um *Sinnverstaendnis*), de sorte que na hermenêutica jurídica, quando se interpreta uma norma, o intérprete, ao eleger um de seus possíveis significados, guia-se mais pela vontade do que pela inteligência, ou seja, pesa mais sobre a escolha a primeira do que a segunda" (Paulo Bonavides, ob. cit., p. 280-1).

Não se há de confundir, todavia, a posição kelseniana, em tema de interpretação, com a tese da escola do Direito livre, embora não se possa negar a estreita ligação entre ambas, confessada, aliás, por Kelsen, como observou Paulo Bonavides (ob. cit., p. 285). Na verdade, enquanto na escola de Direito livre o voluntarismo se apresenta amorfo ou informe, porquanto tudo é entregue livremente à vontade do juiz, no voluntarismo kelseniano o juiz não está livre de marcos conceituais dentro dos quais se circunscreve sua atividade criadora (Paulo Bonavides, ob. cit., p. 285). A interpretação como atividade cognoscitiva, obra de Ciência do Direito, embora não possa oferecer, para todos os casos, a solução que seja a única correta, oferece uma moldura, ou quadro dentro do qual se colocam algumas soluções. Ao intérprete cabe, então, por ato de vontade, escolher a solução que lhe parecer mais adequada. Essa escolha, assim, não é livre. Está limitada pela moldura, ou quadro, traçado pela Ciência do Direito (veja-se Kelsen, ob. cit., p. 471). Já neste estudo aludimos à criação de norma individual fora do quadro ou moldura dado pela norma geral. Entretanto, como se disse ali, tal criação não se pode considerar autorizada pela Ciência do Direito.

Valoração. O problema da Justiça

Como ensina ARNALDO VASCONCELOS, "a base da norma é o fato, sem dúvida, mas o fato axiologicamente dimensionado. Essa apreciação, que se dá quando do surgimento da norma, renova-se todas as vezes que ela é aplicada: os fatos e os valores originais são trazidos à compatibilização com os fatos e os valores do momento presente. Esse processo evidencia o dinamismo do Direito e responde por sua vitalidade" (ARNALDO VASCONCELOS, *Teoria da norma jurídica*, Rio de Janeiro, Forense, 1978, p. 11).

Assevera RECASÉNS SICHES que, independentemente de ser mais ou menos difícil aprender as convicções resultantes de critérios axiológicos, *"esas convicciones de hecho actúan sobre el común de las gentes, cuando éstas interpretan esportánea y directamente al alcance de algunas normas jurídicas como modeladoras de su conducta: y actuan también sobre los jueces y sobre los funcionarios públicos que están encargados de decidir sobre conflictos, o de resolver sobre casos concretos. Las convicciones predominantes en una sociedad son a veces como una especie de atmósfera que respiram las gentes, incluso los jueces y los funcionarios administrativos, aunque no siempre prestan atención a ese respirar, y auanque no se hayan percatado exactamente de la atmósfera que respiram"* (*Luís Recaséns Siches, Nueva Filosofia de la Interpretación del Derecho*, segunda edición, México, Editorial Porrúa, 1973, p. 254-5).

Afastando da Ciência Jurídica a questão axiológica, KELSEN atribuiu ao *aplicador* do Direito função criadora onde a valoração é inevitável. E com isto na verdade reduziu a importância da Ciência do Direito, reconhecendo ser esta insuficiente, incapaz de fundamentar a atividade judicial. Mas não colocou o juiz em posição secundária. Pelo contrário. Suas reflexões a respeito da interpretação, como afirma PAULO BONAVIDES, reforçam consideravelmente a função do juiz (PAULO BONAVIDES, ob. cit., p. 285).

De acordo com a teoria pura do Direito o juiz, como qualquer autoridade competente para aplicar as normas gerais nos casos concretos, cria, dentro do quadro de responsabilidades apresentado pela norma geral à luz da ciência, uma norma individual, para o caso concreto. Age, todavia, também como político, quando escolhe uma das alternativas válidas para o caso. No primeiro momento não faz considerações valorativas. No segundo momento, porém, incorpora ao Direito os valores do momento em que atua.

É engano dizer-se que a teoria pura do Direito não reconhece ao juiz oportunidade para valorações. Na verdade o juiz, mais que qualquer outro aplicador do Direito, tem obrigação de fazer valorações. O que não pode é fazê-lo como se estivesse simplesmente declarando o conteúdo da lei, como cientista. Há de assumir a responsabilidade de quem pratica um ato de política do Direito (Hugo de Brito Machado, "Interpretação e aplicação da norma jurídica na Teoria pura do Direito", *Revista Forense*, v. 281, p. 97-102).

19. Forma interpretativa escalonada

A forma interpretativa *escalonada* traduz-se pelo sentido de que a interpretação, quanto aos métodos, necessariamente se inicia pela observância do método gramatical e, somente após esgotado este – e nunca antes –, viabiliza-se a interpretação pelo método racional (incluindo todos os seus subitens) e, após este, pelo método sistemático etc., dentro, portanto, de um contexto de absoluto respeito a uma verdadeira escala de precedência e prevalências de critérios interpretativos.

20. Forma interpretativa integral

A forma interpretativa *integral* corresponde a um contexto próprio em que a verdadeira tradução do real sentido da expressão jurídica normativa só pode ser encontrada por meio da utilização de todos os cinco métodos – de forma escalonada (e, portanto, organizada) – sem qualquer exceção, independente da eventual clareza ou cristalinidade de uma determinada norma jurídica em particular.

21. Forma interpretativa sistêmica

A forma interpretativa *sistêmica* (e não sistemática, que é apenas um dos métodos de interpretação) traduz-se pelo sentido de que a interpretação é sempre realizada de maneira integral (utilizando todos os métodos) e escalonada (respeitando a ordem de precedência dos métodos) dentro de um sistema próprio e específico que busca, em última análise, evitar a possibilidade de interpretação diversa sobre o conteúdo de uma mesma norma jurídica.

Bibliografia

ACOSTA, Walter P. *O processo penal*. 10. ed. Coleção Jurídica da Editora do Autor, 1974.

ADLER, F. "The value concept in sociology". *American Journal of Sociology*, 1956-57, v. LXII.

AGUIAR, Roberto. *A crise da advocacia no Brasil: diagnósticos e perspectivas*. São Paulo, Alfa-Ômega, 1991.

ALOISI, Ugo. *Manuale pratico di procedura penale*. Milano, A. Giuffrè, 1952, v. III.

ALVES DA SILVA, A. B. *Introdução à ciência do Direito*. São Paulo, Salesianas, 1940.

ARAGÃO, Egos D. Monis de. "Considerações práticas sobre o agravo". *Revista Forense*. São Paulo, Forense, v. 246.

ARRAES, Gerson Silveira. *1.000 perguntas de direito processual penal*. 3. ed. Rio de Janeiro, Rio, 1983.

BARROS, Hélio Cavalcanti. "Direito alternativo", *JB*, 22.05.1992

BARROSO, Luís Roberto. "Notas sobre a interpretação constitucional". *Fonte*, ano VI, n. B, outubro/1994.

BATALHA, Wilson de Souza Campos. *Introdução ao Direito*. São Paulo, Revista dos Tribunais, 1967, v. I.

_____. *Teoria geral do Direito*. Rio de Janeiro, Forense, 1982.

BERMUDES, Sérgio. *Comentários ao Código de Processo Civil*. São Paulo, Revista dos Tribunais, 1975, v. VII.

_____. *Curso de direito processual civil – recursos*. Rio de Janeiro, Borsói, 1972.

BEVILÁCQUA, Clóvis. *Comentários ao Código Civil*.

BETTI. *Diritto processuale civile italiano*. 2. ed. Roma, Società Editrice del "Foro italiano", 1936.

BOBBIO, Norberto. *Teoria della scienza giuridica*. Torino, Giappichelli, 1950.

BONAVIDES, Paulo. *Ciência política*.

BONFIM, Benedito Calheiros. "Lei, direito e justiça". *JCB*, 06.02.1995.

BONUMA, João. *Direito processual civil*. São Paulo, Saraiva, 1946, v. III.

BORGES, Marcos Afonso. *Comentários ao Código de Processo Civil*. São Paulo, Universitária de Direito, 1975.

BRAGA, Antônio Pereira. *Exegese do Código de Processo Civil*. São Paulo, Max Limonad, 1942, v. I.

BRANCO, Vitorino Prata Castelo. *Prática penal da 2ª instância*. São Paulo, Sugestões Literárias, 1967.

BRAYBROOKE, D. *Philosophical problems of the social sciences*. New York, MacMillan, 1965.
CAIRNS, H. "Sociology and the social sciences". In G. D. GURVITCH; W. E. MOORE (orgs.). *Twentieth century sociology*. New York, Philosophical Library, 1945.
CALDARO, Emílio. *Interpretazione delle leggi*.
CAMPOS FILHO, Paulo Barbosa de. *Ação popular constitucional*. São Paulo, Saraiva, 1968.
CARNEIRO, Bernardino. *Primeiras linhas de hermenêutica jurídica e diplomática*. Coimbra, Imprensa da Universidade, 1855.
CARNELUTTI. *Diritto e processo*. Nápoles, Morano, 1958.
______. *Teoria general del Derecho*, trad. de F. J. OSSET. Madri, 1955.
CARVALHO, Amilton Bueno de. *Magistratura e direito alternativo (ou da liberdade no ato de julgar)*.
CASSIRER, E. *The logic of the humanities*. New Haven, Yale University, 1960.
CAVALCANTI, Hélio. *Direito alternativo*. Coimbra, Imprensa da Universidade, 1855.
CHAMOUN, Ebert V. *Direito civil e instituições de Direito*.
CHIOVENDA, Giuseppe. *Instituições de direito processual civil*. São Paulo, Saraiva, 1969, v. II.
CINTRA, A. C. A.; GRINOVER, A. P.; DINAMARCO, C. R. *Teoria geral do processo*. São Paulo, Saraiva.
COELHO, Fábio Ulhoa. "A justiça desequilibrando a economia". *Valor Econômico*, 10.11.2006.
COELHO, Fernando L. *Lógica jurídica e interpretação das leis*. Rio de Janeiro, Forense, 1981.
COELHO, Vicente de Faria. *Recursos de revista*. Rio de Janeiro, Editora Nacional de Direito, 1957.
COGLIOLO, Pietro. *Filosofia del diritto privato*. Firenzi, Barbèra, 1912.
COSSIO, Carlos. *El derecho en el derecho judicial*. Buenos Aires, Kraft, 1945.
______. *Las atitudes filosoficas de la Ciencia Juridica*. Buenos Aires, La Ley, 1956.
______. *Teoria de la verdad juridica*. Buenos Aires, Losada, 1954.
COSTA E SILVA. *Dos recursos em 1º grau de jurisdição*. 2. ed. Rio de Janeiro, Forense, 1980.
COSTA, Walter P. *O processo penal*. 10. ed. Coleção Jurídica da Editora do Autor. Rio de Janeiro, Editora do Autor, 1974.
DALLARI, Adilson Abreu. *Regime constitucional dos servidores públicos*. São Paulo, Revista dos Tribunais, 1978.
DANTAS, Francisco W. L. "Uma abordagem hermenêutica sobre o chamado Direito Alternativo". *Revista AJUFE*, maio/jun. 1992.
DE LAMBADERÉ, André. *Traité élémentaire de Droit Administratif*. Paris, Librairie générale de droit et de jurisprudence, 1953.
DEL POZZO, Carlos U. *Le impugnazioni penali*. Pádua, Cedam, 1951.
DEMANGEAT, Charles. *Cours élémentaire du Droit Romain*. Paris, Marescq Aine, 1866.
DINAMARCO, Cândido R. *Direito processual civil*. São Paulo, José Bushatsky, 1975.
DINIZ, Maria Helena. *A Ciência Jurídica*. 3. ed. São Paulo, Saraiva, 1995.
DOWER, Nelson Godoy Bassi. *Curso moderno de direito processual civil*. Rio de Janeiro, Forense, 1987, v. II.
DROMI, José Roberto. *Instituciones de Derecho Administrativo*. Buenos Aires, Astrea y Depalma, 1973.
DUEZ, Paul. *Traité de Droit Administratif*. Paris, Dalloz, 1952.
DURKHEIM, É. *La science sociale et l'action*. Paris, PUF, 1970.
DUVERGER, M. *Métodos de las ciencias sociales*. Barcelona, Ariel, 1971.
EYCKEN, Paul Vander. *Méthode positive de l'interprétation juridique*. Bruxelles, Falk Fils; Paris, Felix Alcan, 1906.

FAGUNDES, Seabra. *Dos recursos ordinários em matéria civil.* Rio de Janeiro, Forense, 1946.

FALCHI, Giuseppino Ferruccio. *L'appello nel studi di procedura penale.* 1952, v. III.

FAUSTO, Macedo; HARNIK, Simone. "Juiz não pode ser um cego cumpridor da lei, diz Limongi". *O Estado de S.Paulo*, 04.02.2005, Nacional, p. A8.

FERRAZ JR., Tercio Sampaio. *Direito, retórica e comunicação.* São Paulo, Saraiva, 1973.

_____. "Por que ler Kelsen hoje?". *O Estado de S. Paulo.*

FLEINER, Fritz. *Instituciones de Derecho Administrativo.* Barcelona, Labor, 1933.

FRAENKEL, E.; BRACHER, K. D. *Staat und Politik.* Frankfurt, Fischer, 1959.

FRANÇA, R. Limongi. *Hermenêutica jurídica.* 2. ed. São Paulo, Saraiva, 1988.

FRANCO MONTORO, A. *Introdução à Ciência do Direito*, v. I, p. 130.

FRIEDE, Reis. "Direito Alternativo: solução para o processo?". *RT* 701, mar./94, p. 50-3; e *Rev. For.* 324, 1993, p. 300-2.

FRIEDRICH, C. J. "Filosofia política, ideologia e impossibilidades". *Revista de Direito Público e Ciência Política.* Rio de Janeiro, FGV, 1959, n. 1/2.

FUNDAÇÃO GETULIO VARGAS. *Dicionário de ciências sociais.* 2. ed. Rio de Janeiro, FGV, 1987.

GRECO FILHO, Vicente. *Direito processual civil brasileiro.* São Paulo, Saraiva. v. I.

GÉNY. *Science et téchnique en droit privé positif.* 2. ed. Paris, Societe du Recueil Sirey, 1927, t. I.

GINER, Salvador. *Dicionário de ciências sociais.* 2. ed. Rio de Janeiro, FGV, 1987.

GLASSON; TISSIER. *Traité théorique et pratique d'organisation judiciaire, de competence et procédure civile.* Paris, Librairie du Recueil Sirey. v. 1.

GOLDSCHMIDT, James. *Derecho procesal civil.* Barcelona, Editorial Labor, 1936.

GOMES, Maria Ivone; MALTA, Christóvão Piragibe Tostes (coords.)/Centro de Estudos Jurídicos das Faculdades Integradas Estácio de Sá. *Dicionário de processo civil.* Rio de Janeiro, Rio, 1957.

GRAU, Eros Roberto. *Direito, conceitos e normas jurídicas.* São Paulo, Revista dos Tribunais, 1988.

GRINOVER, Ada Pellegrini. *Os princípios e o Código de Processo Civil.* São Paulo, José Bushatsky, 1975.

GUIMARÃES MACHADO. *Estudos de direito processual civil.* Rio de Janeiro, Editora Jurídica e Universitária, 1969.

GUSMÃO, Paulo Dourado. "O Direito, a lei e o juiz". *JC*, 15.10.1992.

HAESAERT. *Théorie générale de Droit.* Bruxelles, Bruylant, 1948.

HELLER, H. *Encyclopedia of the social sciences.* New York, MacMillan, 1934.

HESSEN. *Filosofia dos valores.* 3. ed. Lisboa, Cabral Moncada, 1967.

HEYDTE, F. A. *Staats Lexikon.* Freiburg, Herder, 1961, v. VI.

JACQUES, Paulino. *Curso de introdução ao estudo do Direito.*

_____. *Do conceito do Direito.* Rio de Janeiro, Forense, 1964.

JAEGER. *Diritto processuale civile.* 2. ed. Turim, Unione tipografico-editrice torinese, 1943.

JAIME, Jorge. "Dois conceitos: justiça e justo". *JC*, 09.07.1992.

JESUS, Damásio de. *Direito penal.*

JÉZE, Gaston. *Droit Administratif.* 1914.

KELSEN, Hans. *Teoria Pura do Direito.* Trad. de JOÃO BAPTISTA MACHADO. Coimbra, Arménio Amado, 1974.

_____. *The law of United Nations.* New York, The Lawbook Exchange, 1951.

KOLB, W. L. "Images of man and the sociology of religion". *Journal for the Scientific Study of Religion*, 1961-62, v. I.

LACAMBRA, Legaz. *Filosofia del Derecho.* Barcelona, Bosch, 1961.
LARENZ, K. *Metodologia de la Ciencia del Derecho.* Madrid, Ariel, 2001.
LEONE, G. *Sistema delle impugnazioni penali.* Roma, E. Jovene, 1935.
LESSA, Pedro. *Estudos de philosophia do Direito.* Rio de Janeiro, Jornal do Comércio, 1912.
_____. *Filosofia do Direito.*
LEVENHAGEN. *Recursos no processo civil.* São Paulo, Atlas, 1977.
LIMA, Alcides de Mendonça. *Introdução aos recursos cíveis.* São Paulo, Revista dos Tribunais, 1976.
_____. *Sistemas gerais de recursos cíveis.* Rio de Janeiro, Freitas Bastos, 1963.
LIMA, Hermes de. *Introdução à Ciência do Direito.* Rio de Janeiro, Freitas Bastos, 1988.
LITRENTO, Oliveiros Lessa. "A fonte do justo". *JC,* 03.05.1992.
LUNDSTEDT. *Die Unwissenchaftlichkeit der Rechtswissenschaft.* Berlim: 1932-1936.
LYRA, Roberto. *Criminologia.* Rio de Janeiro, Record, 1961.
_____. *Direito penal, Parte Geral.* Rio de Janeiro, Jacynto, 1936.
MACHADO, Hugo de Brito. "Interpretação e aplicação da norma jurídica na Teoria Pura do Direito". *Revista Forense,* v. 281.
MACHADO NETO. *Compêndio de introdução à Ciência do Direito.* São Paulo, Saraiva, 1969.
_____. *Teoria da Ciência Jurídica.* São Paulo, Saraiva, 1975.
MACKELDEY, F. *Elementos de Direito Romano.* Rio de Janeiro, J. Ribeiro dos Santos, 1907.
MALCHER, José Lisboa da Gama. "Encontro do Colégio de Presidentes dos Tribunais de Justiça". *JC,* 26.04.1996.
_____. *Manual de processo penal brasileiro.* Rio de Janeiro, Freitas Bastos, 1980, v. II.
MAREZOLLI, Théodore. *Du droit privé des romains.*
MARINS, Victor A. A. Bonfim. "Sobre o juiz, a lei e a edeia de Justiça". *Revista de Direito Civil,* 36:7.
MARQUES, José Frederico. *Instituições de direito processual civil.* Rio de Janeiro, Forense, 1960, v. IV.
MATIROLO, Luigi. *Trattado di diritto giudiziano civile italiano.* Roma, Nabu, 2012, v. I.
MATTOS, Eduardo Vasconcelos; PEZZATO, Eny Ribeiro. *Processo penal para provas e concursos.* São Paulo, Saraiva, 1983.
MAXIMILIANO, Carlos. *Direito internacional.*
_____. *Hermenêutica e aplicação do Direito.*
MEIRA, Silvio. "Clamor pela Justiça". *JC,* 04.09.1992.
MILLS, C. W. *The sociological imagination.* New York, Oxford University, 1959.
MIRANDA, Pontes de. *Comentários ao Código de Processo Civil.* 2. ed. Rio de Janeiro, Forense, 1955/1962, t. VII e XI.
MIR, Luís. *Guerra civil: estado e trauma.* São Paulo, Geração Editorial, 2004.
MONTEIRO, João. *Teoria do processo civil.* Rio de Janeiro, Borsoi, 1956. v. I.
MONTEIRO, Washington de Barros. *Direito civil.*
MOREIRA, J. C. Barbosa. *Comentários ao Código de Processo Civil.* 5. ed. Rio de Janeiro, Forense, 1985, v. V.
MORTARA, Lodovico. *Commentario del Codice e delle leggi di procedura civile.* Roma, F. Vallardi, 1923, v. II.
MOUQUET, Carlos; BECO, Zorraquim. *Introducción al Derecho.* 7. ed. Buenos Aires, Perrot, 1970.
NAUFEL, José. *Novo dicionário jurídico brasileiro.* 2. ed. São Paulo, Ícone, 1986.
NERY JÚNIOR, Nelson. *Princípios fundamentais – Teoria Geral dos Recursos. Recursos no Processo Civil 1.* São Paulo, Revista dos Tribunais, 1990.

NEVES, Iêdo Batista. *Norma jurídica.*

_____. *Vocabulário prático de tecnologia jurídica e de brocardos latinos.* Lisboa, APM, 1987.

NORONHA, Carlos Silveira. *Do agravo de instrumento.* Rio de Janeiro, Forense, 1978.

NORONHA, E. Magalhães. *Curso de direito processual penal.* 14. ed. São Paulo, Saraiva, 1982.

OLIVEIRA, Lourival Gonçalves. "Duplo grau de jurisdição obrigatório e as entidades de direito público". *Revista Forense.* Rio de Janeiro, 19(282), Trim, abril/junho.

ORESTANO, Ricardo. *L'apello civile in diritto romano.* Turim, G. Giappichelli, 1952.

PACINI, Dante. *Política e Direito.* Rio de Janeiro, Borsói, 1973.

PALMEIRA, Pedro. *Da sistemática dos recursos nos Códigos de Processo Civil do Brasil e de Portugal.* Rio de Janeiro, Freitas Bastos, 1964.

PARSONS, T. *The structure of social action.* New York, McGraw-Hill, 1937.

_____. *Value in social theory.* New York, Harper, 1958.

PASSARINHO, Aldir. "Prefácio". In FRIEDE, Reis; DYRLUND, Poul Erik. *Vícios de capacidade subjetiva do julgador.* Rio de Janeiro, Forense, 1996.

PASSOS, Calmon de. "A formação do convencimento do magistrado e a garantia constitucional da fundamentação das decisões judiciais". Simpósio de Direito Processual Civil, 11.05.1991.

_____. *Comentários ao Código de Processo Civil.* São Paulo, Revista dos Tribunais, 1984, v. X, t. I.

_____. "Democracia, participações e processo". In GRINOVER, Ada Pellegrini; WATANABE, Kazuo. *Participação e processo.* São Paulo, Revista dos Tribunais, 1988.

_____. "O devido processo e o duplo grau de jurisdição". *Revista Forense,* v. 277, jan./fev./mar., 1982.

PEREIRA, Caio Mário da Silva. *Instituições de direito civil.*

PETTI. *Interpretazione della legge e degli atti giuridici.* Milão, Giuffrè, 1949.

PIMENTA BUENO. *Direito público brasileiro e análise da Constituição do Império.* 1957.

PINTO, Renato Sócrates Gomes. *Magistratura e Direito Alternativo.* São Paulo, Acadêmica, 1992.

_____. "Ministério Público e Direito Alternativo". *JC,* 02.09.1995.

PLÁCIDO E SILVA. *Vocabulário jurídico.* 8. e 10. ed. Rio de Janeiro, Forense, 1984/1987.

POPER, K. R. *Misère de l'historicisme.* Paris, Plon, 1955.

POUND, Pascal. *Appellate procedure in civil cases.* Boston, Little, Brown and Company, 1941.

PROVINCIALI. *Sistema delle impugnazioni civile.* Pádua, 1943.

_____. *Delle impugnazioni in generale.* Nápoles, 1962.

QUEIRÓS LIMA. *Princípios de sociologia jurídica.* 2. ed. Rio de Janeiro, Freitas Bastos, 1931.

RAÓ, Vicente. *O Direito e a vida dos direitos.* São Paulo, Max Limonad, 1952, v. 2.

REALE, Miguel. *Lições preliminares de Direito.* 16. ed. São Paulo, Saraiva, 1988.

_____. *O Direito como experiência.* São Paulo, Saraiva, 1968.

REDENTI, Enrico. *Diritto processuale civile.* Milão, Giuffrè, 2011, v. II.

RESENDE FILHO, Gabriel. *Curso de direito processual civil.* São Paulo, Saraiva, 1944, v. III.

REVISTA DE DIREITO DA PROCURADORIA GERAL DA JUSTIÇA. Rio de Janeiro, v. 3, jan./jun., 1976.

REVISTA DI DIRITTO PROCESSUALE, v. XXXIII – II série, ano 1978.

RICKERT, Henrich. *Ciencia cultural y ciencia natural.* Buenos Aires, Espasa-Calpe, 1943.

RIOS, José Arthur. *Dicionário de ciências sociais.* 2. ed. Rio de Janeiro, FGV, 1987.

RODRIGUES, Maria Stella Villela Souto Lopes. *ABC do processo penal.* 6. ed. São Paulo, Revista dos Tribunais, 1983.

ROSA, Felippe Augusto de Miranda. "O Direito como fato". *JC,* 03.09.1994.

______. "O legal e o justo". *JC*, 04.09.1992.

ROSA, Pedro Valls Feu. "O art. 511 do Código de Processo Civil, a Inglaterra e o deputado judiciário". *Revista do Tribunal de Justiça do Distrito Federal e dos Territórios*, Brasília (48):9/95, maio/agosto de 1995.

ROUBIER. *Théorie générale du Droit*. Paris, Dalloz, 1946.

SÁ, Fausto Vicente. "Recursos Protelatórios e o Duplo Grau de Jurisdição". *Revista dos Tribunais*, n. 489, jul. 1976, São Paulo.

SALDANHA, Nelson. *Ordem e hermenêutica*. Rio de Janeiro, Renovar, 1992.

SANCHES, Sidney. "O Judiciário deve cumprir e fazer cumprir a Constituição". *GM*, 25.06.1992.

SANTOS, J. M. de Carvalho. *Repertório Enciclopédico do Direito Brasileiro*. Rio de Janeiro, Borsói, v. XXVII e XLV.

SANTOS, Moacyr A. *Primeiras linhas de direito processual civil*. São Paulo, Saraiva, 1990.

SAVIGNY. *Sistema del diritto romano atuale*, v. VI.

SCIALOJA, Vittorio. *Procedimento civil romano*. Buenos Aires, Ediciones Jurídicas Europa--América, 1954.

SECCO, O. de Almeida. *Introdução ao estudo do Direito*. 2. ed. Rio de Janeiro, Freitas Bastos, 1988.

SICHES, Recaséns. *Tratado General de Filosofia del Derecho*. 3. ed. México, Porrúa, 1965.

SILVEIRA, Eustáquio. "Autofagia do Judiciário". *JC*, 18.05.1993.

______. "Direito Alternativo". *JC*, 02.12.1997.

______. *O (verdadeiro) movimento pelo Direito Alternativo*. Resenha do TRF da 1ª Região, v. 4, n. 4, set./98.

THEODORO JÚNIOR, Humberto. *Estudos de direito processual civil*. 1976, v. 2.

TUCCI, Rogério Lauria. *Curso de direito processual*. São Paulo, Saraiva, 1989, v. 3.

UGO ROCCO. *L'autorità della cosa giudicata e i suoi limiti soggettivi*. Roma, Athenaem, 1917.

VAN ACKER. *Introdução à Filosofia e Lógica*. São Paulo, Saraiva, 1932.

VASCONCELOS, Antonio Vital Ramos de. *Teoria e prática dos recursos*. 2. ed. São Paulo, Saraiva, 1976.

VASCONCELOS, Arnaldo. *Teoria da norma jurídica*. Rio de Janeiro, Forense, 1987.

VASCONCELOS, Luciano. "A postura do julgador". *JCB*, 13.06.1995.

VILANOVA, J. M. *Filosofia del Derecho y Fenomenologia Existencial*. Buenos Aires, Cooperadora de Derecho y Ciencias Sociales, 1973.

VON HAYEK, F. A. *Droit, législation et liberté, in règles et ordre*. Paris, PUF, 1980.

VON KIRCHMANN, Julius Hermann. *La jurisprudencia no es ciencia*. Madri: Instituto de Estudios Politicos, 1949.

WEBER, Max. *Max Weber on the Methodology of the Social Sciences*. Trad. ingl. e org. E. A. SHILS & H. A. FINCH GLENCOE, III. Nova York, Free Press, 1949.

WHITAKER, Fernando. "Direito penal do trabalho". *Revista de Direito do Tribunal de Justiça do Estado do Rio de Janeiro*, 1991, v. 9.

WHITE, W. W. *Political dictionary*. Cleveland/New York, World, 1947.

WUNDT. *Introdução às ciências do espírito*.

ZANZUCCHI. *Diritto Civili*. 5. ed. Milão: Giuffrè, 1962, v. II.

Índice Alfabético-Remissivo

Índice dos Diagramas

Índice das Notas Complementares

Parte 1

Parte 2

Parte 3

Parte 4

Parte 5

Principais Obras do Autor

1.000 Perguntas de Direito Administrativo. 3. ed. Rio de Janeiro, Forense Universitária (Grupo GEN), 536 p.

A Tutela de Urgência no Processo Civil Brasileiro. Rio de Janeiro, Impetus, 287 p. (em coautoria).

Aspectos Fundamentais das Medidas Liminares. 5. ed. Rio de Janeiro, Forense Universitária, 840 p.

Aspectos Jurídico-Operacionais do Agente Infiltrado. Rio de Janeiro, Freitas Bastos, 148 p. (em coautoria).

Ciência do Direito, Norma, Interpretação e Hermenêutica Jurídica. 8. ed. Rio de Janeiro, Forense (Grupo GEN), 228 p.

Comentários ao Código de Processo Civil (6 v.). 3. ed. Rio de Janeiro, Forense Universitária, 3.424 p.

Curso de Ciência Política e Teoria Geral do Estado: Teoria Constitucional e Relações Internacionais. 5. ed. Rio de Janeiro, Freitas Bastos, 550 p.

Curso Resumido de Ciência Política e Teoria Geral do Estado. 3. ed. Rio de Janeiro, Forense (Grupo GEN), 164 p.

Lições Esquematizadas de Introdução ao Estudo do Direito. 2. ed. Rio de Janeiro, Freitas Bastos, 100 p. (em coautoria).

Lições Objetivas de Direito Administrativo. 3. ed. Rio de Janeiro, Freitas Bastos, 378 p. (em coautoria).

Lições Objetivas de Direito Constitucional. 3. ed. Belo Horizonte, Del Rey, 592 p. (em coautoria).

Medidas Liminares e Providências Cautelares Ínsitas. 3. ed. Rio de Janeiro, Juruá, 616 p. (em coautoria).

Técnicas para Provas e Concursos Públicos na Área Jurídica (e Afins). 2. ed. Rio de Janeiro, Forense Universitária (198 p.).

Teoria Geral do Delito: Primeiras Lições. Rio de Janeiro, Freitas Bastos, 370 p. (em coautoria).

Tutela Antecipada, Tutela Específica e Tutela Cautelar. 7. ed. Rio de Janeiro, GZ, 304 p.

Tutela de Urgência em Matéria Tributária. Rio de Janeiro, Fórum, 220 p. (em coautoria)

Vícios de Capacidade Subjetiva do Julgador. 6. ed. Rio de Janeiro, Forense (Grupo GEN), 470 p. (em coautoria).